음식
철학

왜 지금, 맛의 미학…음식철학 담론인가
먹방, 쿡방의 푸드 포르노 벗어날 시그널

■ 음식 철학

맛은 실존의 문제이다. 플라톤과 아리스토텔레스는 맛을 원초적, 본능적 감각으로 분류하면서, 철학에서 제외되는 설움을 계몽시대 이전까지 겪는 과정을 밝혀냈다.

■ 맛의 철학

맛은 미각적인 맛과 은유적이고 철학적인 맛으로 구분 가능하다. 17~18세기 칸트 철학은 "미각적인 맛은 미학적인 맛의 판단을 위한 토대"라며 맛의 주관성을 일궈낸다.

■ 맛의 과학

맛은 역사적으로 어떻게 이해돼 왔을까? 철학자들은 논리적 근거를 정확하게 설명하지 못했고, 자연과학적 개념으로 미각(맛)을 들여다봐야 하는 이유를 설명했다.

■ 그림과 식욕

그림의 매력적인 장식성은 음식 그림을 중요한 묘사 대상으로 만든다. 전통적으로 낮은 지위의 맛을 겉으로 거부하거나 묵살하는 힘을 발휘하는 그림의 장점을 공개했다.

■ 맛의 서사 구조

맛은 서사적 이야기 구조인 문학과 잘 어울린다. 식사는 사람들을 친밀하게 묶어 주거나, 상호 존중하는 사회적 관계를 강화시켜주는 내용을 세계 명작 소설로 보여준다.

맛의 의미,
페미니즘과 어떻게 연결될까

음식
철학

Making Sense of Taste – Food and Philosophy

캐롤린 코스마이어 지음 | **권오상** 옮김

헬스레터

맛은 미학적 감각, 요리는 예술

: 일상 식사도 미학적 의미 갖는다 :

이 책이 처음 출간된 이후 20년 동안 음식과 음료에 많은 철학적 관심이 쏠렸다. 그러나 집필 당시 이 연구는 철학자들이 습관적으로 하는 질문에서 벗어난 것이었다. 이것은 미학의 한 사례에 해당한다. "맛"이라는 말은 미학 분야의 텍스트에서 매우 큰 역할을 하고 있다. 많은 언어에서 "맛"이라는 말은 미학적 분별을 위한 은유로 사용되고 있다.

나는 시각과 청각이 진정한 미학적 감각이라는 사실에 의심을 갖게 되었다. 나는 이런 전통적인 전제들의 근거를 탐구하는 일에 착수했다. 그 성과는 맛의 감각과 그 대상인 음식과 음료의 중요성에 대한 논의로 나타났다.

나는 맛이 미학적 감각이라는 사실을 옹호한다. 그리고 나는 음식과 음료가 예술작품의 상징성을 갖는다고 주장한다. 하지만 나는 음식이 예술작품이 될 수 있다고 주장하는 것은 아니다. 적어도 좋은 예술을 생각한다면 더욱 그렇다.

하지만 나는 요리가 예술의 형태를 표현하는 것이라고 주장할 것이다. 거기에는 음식이 들어가는 예술과 일상적인 삶 사이를 구별하는 문제가 남는다. 그럼에도 불구하고 일상적인 식사와 미식 창작품 모두 미학적인 의미를 갖는다. 의심할 여지없이 이 주제는 논쟁의 대상이 될 것이다. 나는 이런 논의들이 앞으로 생산적인 논쟁의 주제가 될 것이라고 예상한다.

맛보고, 먹고, 마시는 것과 같이 복합적인 활동은 없을 것이다. 그것은 학문 분야로서 자리매김되지 못했다. 그래서 나는 역사학, 심리학, 생리학, 예술, 문학, 인류학, 철학으로부터 샘플을 끄집어내는 작업을 했다.

시간이 흐르면서 맛의 과학은 상당한 진전을 보였다. 3장을 읽는 과학자들은 맛 수용체에 대한 설명들 중에서 지금은 어떤 것들이 낡은 것이 되었는지를 알게 될 것이다. 한 때는 잠정적인 것으로 생각되었던 풍미의 범주들이 지금은 널리 수용되고 있다. 거기에는 우아미(감칠맛)와 같은 것이 있다.

나는 한국의 독자들이 이 책을 읽게 된 것을 매우 기쁘게 생각한다. 나는 매일, 그리고 특별한 때에 우리가 먹는 음식에 대해서 보다 깊은 숙고를 할 수 있기를 기대한다.

2020년 11월 10일

캐롤린 코르스마이어(Carolyn Korsmeyer)
뉴욕 주립대학교(버펄로) 철학과 교수. 미학, 예술철학, 여성주의철학, 정서이론 등에 대한 다수의 책을 저술하였다.

음식 담론의 인문학 방향 제시
미국·영국 대학의 20년간 음식철학 고전

노봉수(서울여대 식품공학과 명예교수)
한국식품과학회 前회장

맛은 미학적인가? 이런 질문은 고대 철학자들부터 현대에 이르기까지 많은 철학자들이 고민하고 생각해 왔던 주제다. 우리가 먹는 음식이 단순히 생존을 위해서 먹는 물질이 아니라, 우리로 하여금 철학적인 의미와 관심을 가져 볼만한 주제라는 사실을 제시하고 있다. 음식철학이란 주제가 우리들에게는 아직 익숙한 주제가 아닐 수도 있겠지만, 그럼에도 불구하고 매우 흥미를 불러 일으킬만한 주제를 다뤘다. 맛이라는 표현이 단순히 미각만을 이야기하는 것이 아니라, 미학의 한 부분을 차지하고 있음을 배울 수 있다. 《음식철학》이 철학자들에게 음식에 관한 이야기를 하고 싶은 것인가, 아니면 음식 담론 참여자들에게 철학적 관점에서 음식을 바라보는 것인가 하는 부분에서 내 판단으로는 후자인 듯하다.

이 책은 〈제1장 감각의 위계 서열〉은 감각과 신체, 그리고 감각의 위계와 전통 연속성에 대하여 플라톤과 아리스토텔레스 등 고대 철학자들이 어떤 생각을 하였는지를 서술하고 있다. 〈제2장 맛의 철학〉에서는 미학과 비미학적인 감각들, 맛의 표준이 되는 열쇠, 미학과 예술적 감각, 미학적인 맛과 미각적인 맛에 대한 이야기다. 〈제3장 맛의 과학〉에서는 사람의 미각, 혀의 조직과 맛의 화학적 성질, 맛에 대한 비하, 신체적인 차이와 맛들, 문화와 맛, 맛의 현상학, 맛의 주관성에 대하여 서술했다.

〈제4장 맛의 의미와 의미 있는 맛〉에서는 맛과 미학적 즐거움, 맛의 상징들, 표상된 음식, 표현된 음식, 의식과 의례, 음식과 예술의 비교 등의 주제, 〈제5장 시각화된 식욕, 맛과 음식을 표현하기〉에서는 표현된 맛-예술에서의 감각 위계, 정물화와 음식에 대한 묘사, 정물화에 대한 찬사, 표현된 식욕에 대하여 서술하고 있다. 〈제6장 식사 이야기〉로 구성되어 있다. 6장에서는 맛, 음식, 식사, 식욕 등의 다양한 의미는 서사 예술에 더 잘 어울리며, 이야기의 줄거리가 되는 소설을 중심으로 식사 장면과 의미를 살펴보고 있어 색다른 흥미를 던져준다. 음식에 대한 서사는 음식이 어떻게 자양분이 되고, 치유와 위안이 되며 소비하는 지를 소설의 이야기 담론으로 펼쳐간다. 식사도 허구적 이야기와 마찬가지로 확장된 사건으로 바라본다. 《모비딕》《등대로》 등 소설을 통해 식사의 사회적 역할에 대해 살펴보고, 일상 속에서의 식사를 다루고 있다.

제3장의 〈맛의 과학〉 편은 저자가 20년 전에 집필한 관계로, 지난

20년 동안 발전해온 맛에 대한 새로운 발견 등이 빠져 있거나 혓바닥의 미각을 느끼는 위치 등 잘못 해석된 부분도 있지만 그럼에도 불구하고 전반적인 구성은 잘 짜여 있다.

저자인 캐롤린 코스마이어 씨는 뉴욕 주립대 버펄로 캠퍼스의 철학 교수로, 미국미학협회 회장을 지냈다. 《음식철학》은 20년 전에 집필했다. 자연과학의 급속한 발전은 이공계통의 책들의 수명이 짧은데 비해, 철학 분야의 책들은 오래되었지만 그 가치를 인정을 받고 있다. 20년이 되어도 아직도 이 분야에서는 고전(명저)으로 알려져 있다. 이 책은 미국과 영국 등 음식관련 학과에서 음식철학 입문서로 활용하고 있다.

최근 식품분야에서도 식품을 바라보는 관점이 인문학에 초점을 두고 바라보는 경향이 늘어나고 있다. 음식 인문학, 한식의 인문학, 밥의 인문학, 채소의 인문학, 고기의 인문학, 식품인문학과 마케팅, 일인분 인문학 등 다양한 서적들이 출간되어 인문학 관점에서 접근하는 노력이 활발해지고 있다. 《음식철학》은 그러한 접근에서 우리가 생각해 보아야 할 요소들은 역사 속에서는 어떻게 관찰하고 발전해 왔는지를 살펴보는 한편 앞으로 식품관련 인문학 분야가 나아가야 할 방향까지 제시하고 있다.

최근 식품분야의 트렌드중 하나인 '스토리텔링'의 새로운 영역이 꽃 펴고 있다. 자연과학적인 관점에서 이야기하는 것이 아니라 인문학적인 관점에서 해석해야할 듯싶다. 그런 면에서 '음식철학'이란 주제는 매우 중요한 부분을 담당하고 있다. 우리나라에서는 아직 이런 분야와 관련된 커리큘럼이 부족한 상태이고, 이를 별도로 공부한 전문가도 드물다. 한식의 세계화도 스토리텔링을 어떻게 이끌어 가야하는가에 따라 발전 속도가 좌우될 수 있다.

이런 즈음에 이제는 국내 대학에서도 우리 한국 음식에 관한 담론이 자리를 잡아야 할 시점이다. 나아가 음식철학에 관한 이야기도 함께 다뤄져야할 때로 본다면 《음식철학》은 매우 중요한 역할을 할 수 있을 것으로 보인다. 그런 것들이 밑바탕이 되어야 한국 음식의 세계화도 자연스럽게 이루어지리라 여겨진다.

한 가지 아쉬운 점이 있다면 식품관련 분야의 사람들이 철학 분야에 대한 이해도가 부족하여, 그들이 이해하기 쉬운 표현이 첨삭되었으면 하는 개인적인 바람을 가져본다.

이 책은 음식철학연구소의 첫 번역 저작물이라고 한다. 매우 귀한 작업을 진행해 주셨다고 보며 이와 관련된 분야의 서적들이 더욱 많이 소개되기를 기대한다.

노봉수

식품공학계와 식품 산업계 등 여러 분야에 많은 업적과 공로가 큰 산학협력형 과학자다. 대중서로 《맛의 비밀》, 《굶는 즐거움 잘 싸야 잘 산다》 등을 집필해 일반인도 친숙하다. 그의 식품 과학에 대한 열정은 '전자코' 개발과 '속풀어쓰' 숙취 음료 개발로 이어진다. 서울대 식품공학과에서 학사 및 석사 졸업, 미국 University of California, Davis에서 박사를 했다. 식품학 저서는 《현장을 위한 식품 문제 해결》, 《식품재료학》, 《실무를 위한 식품가공 저장학》, 《식품화학》 등 20여 권이 있다.

차례

프롤로그 | 맛에 관한 논쟁은 있을 수 없다

제1장 | 감각의 위계서열 _ 맛은 그 자체로 철학적 물음에 답할 수 있을까?

제2장 | 맛의 철학 _ 미각적 맛(t)과 미학적 맛(T) 구분

제5장 | **시각화된 식욕** _ 예술적 관점에서 시각과 미각은 동등하다

제6장 | **식사 이야기** _ 음식은 서사적 이야기와 잘 어울려

"맛을 즐긴다."는 것은 타자의 마음을 이끌어 내기도 하고, 내 기분을 좋게 만들기도 한다. 때때로 탐닉과 학대, 타락과 비뚤어진 '무엇'이 될 수도 있다. 고대 그리스의 대표적 철학자인 플라톤과 아리스토텔레스는 '맛의 쾌락성'을 극단적으로 경계했다. 먹고 마시고 즐기는 쾌락성은 인간의 최고 능력인 지식과 도덕, 예술 행위를 방해한다는 가설을 설정했다. 이는 "맛에 관한 논쟁은 있을 수 없다."는 주장이다. 그러나 맛은 실존의 문제다. '먹지 않음'은 곧 죽음을 의미한다. 고대 철학자들은 맛을 원초적이고 본능적인 감각으로 분류하면서, '맛은 철학적 탐구 대상에서 순위가 밀려나는 서러움을 17~18세기 계몽 시대 이전까지 겪게 된다. 반면에 저자는 '문자 그대로의 맛', 즉 입에서 일어나는 것과 같은 '맛에 이 책의 집필 초점을 맞추고 있다. 문자 그대로의 맛은 미학적 감수성의 메타포(은유)를 제공하는 것을 제외하고는 철학자들의 관심을 끌지 못했다며, 맛은 깊이 탐구해야 할 주제임을 알려준다.

맛에 관한 논쟁은
있을 수 없다

음식철학이란?

− 맛감각과 소비행위 탐구 −

이 책은 맛 감각의 철학서다. 하지만 철학자들과는 사뭇 다르다. 입안에서 일어나는 맛의 감각을 집중 다룬다. 철학자들이라면, 당장 미학적 식별, 예술적 기준과 선호 등으로 주제를 옮겨 갈 것이다. 그러나 나의 논의의 초점은 입안에서 일어나는 "문자 그대로"의 맛에 있다.

우리는 날마다 맛을 경험한다. 그것은 감각기능으로서 강력하고 직접적인 느낌이다. 맛은 도피와 이완, 그리고 즐거움을 안겨주고, 불안을 느끼게도 한다. "맛을 즐긴다"는 것은 타자의 마음을 이끌어 내기도 하고 내 기분을 좋게 해주기도 한다.

그러나 "맛을 즐긴다"는 것은 때때로 탐닉과 학대, 타락과 비뚤어진

'무엇'이 될 수도 있다. 고대 그리스 철학자들은 '맛의 쾌락성'을 경계했다. 먹고 마시고 즐기는 쾌락성은 합리적이고 고차적인 능력을 방해한다고 본 것이다.

맛은 실존의 문제다. '먹지 않음'은 곧 죽음을 의미한다. 그러나 고대 철학자들은 맛을 원초적이고 본능적인 감각으로 보았다. 그것은 낮은 기능의 하나로 분류됐다. 플라톤이 그랬고, 아리스토텔레스도 마찬가지다. '먹는 행위'는 순전히 동물적인 존재와 동일시되면서 철학적 탐구 주제에서 멀어지게 되었다.

사람의 몸과 동물의 본성은 가까운 거리에 있다. 그래서 먹는 행위는 이성과 지식의 영역에서 멀어지게 되었다. 이때부터 맛의 감각은 철학자들의 인식론에서 빠지는 불운을 겪게 된다. 그것은 인식론에서 시각이 강조되는 것과 아주 대조적이다. 윤리이론에서도 맛은 도덕적 삶을 위한 통제 대상이 된다. 결국 맛은 철학에서 곤두박질친다.

"맛에 관한 논쟁은 있을 수 없다."
(De gustibus non est disputandum).

이 문구는 맛의 선호에 대한 고대 철학자들의 이해이자 결론이다. 그들은 맛을 특이하고, 개인적이며, 표준에 저항하는 정도로 해석했다. 맛을 깊이 탐구해야 할 주제로 생각하지 않은 것이다.

나는 서양의 '맛'에 대한 지적 전통에 대해 면밀하게 들여다보고자 한다. "맛은 흥미로운 철학적 주제가 되지 못한다."는 가정은 분명 잘못된 것이다. 그것은 철학적 탐구의 매력적인 주제를 추방해 버리는 것으로 뿌리 깊은 잘못이다.

우리는 거의 날마다 맛있는 음식이나 음료를 먹고 마신다.《음식 철학》은 바로 이런 맛의 대상과 소비 행위를 탐구한다. 맛, 음식과 음료, 그리고 먹는 것과 마시는 것 등이 이 책의 주제다. 맛을 느끼는 것과 그 감각 내용을 밝혀내지 못하면, 맛 감각의 특성과 중요성을 놓칠 수 있다. 철학적으로 보면, 맛의 감각과 대상, 그리고 소비 행위 등을 고찰하는 것은 복잡한 일이기는 하다.

이 책을 쓰는 과정에서 나는 과학자들의 실험 결과를 적극 활용한다. 하지만 나의 방법과 초점은 여전히 철학에 있다. 철학의 역사는 우리가 맛에 대해 생각하는 뿌리가 된다. 철학은 맛 감각에 대한 철학적 개념을 정립해 놓았다.

인간의 지각에 관한 연구는 마음이 정보를 받아들이는 다섯 가지 감각에 주목해왔다. 그 다섯 가지는 시각, 청각, 촉각, 후각, 그리고 미각이다. 서양 철학은 다섯 가지 감각에 위계(hierarchy)를 정했다. 시각의 서열이 첫 번째고, 청각이 그 뒤를 바짝 따라붙는다. 지식의 발달사에서 시각이 가장 중요한 것으로 판단한 것이다.

시각과 청각은 쾌락과 고통의 경험을 보다 덜 수반하는 감각이다. 그래서 몸에서 일어나는 느낌과 같은 경험으로부터 분리되어 있다. 철학자들은 시각과 청각이 인간의 지적 발달과 소통을 가능하게 하는 감각이라고 분류했다.

그러나 미각, 후각, 촉각은 쾌락 또는 고통과 직접적으로, 때로는 불가피하게 연결되어 있다. 매력적인 유희와 연결되는 우려를 낳는 대목이다. 맛은 지각 대상과 가장 밀접하게 일치된다. 맛의 대상은 반드시 입으로 들어가야만 하고, 입안에서 경험되는 느낌이 전달되며, 식도로 내려가고 소화가 되는 경로를 통과한다.

철학자 중 일부는 맛에 대해 관심을 갖는 것을 이론적으로 무시한다. 그러나 맛은 찬미하게 하고 노래를 부르게 하고 영감을 준다. 이책은 맛의 쾌락을 단순히 찬미하려는 것은 아니다. 음식의 준비, 제공 및 기능 등도 심도 있게 다룬다. 먹는다는 것은 그것이 제공하는 쾌락이나 자양물을 훨씬 넘어서는 활동이다. 그것은 환대와 기념, 종교적의례 등 공적인 부분과도 밀접하다.

나의 관심은 맛의 감각에 있다. 현대 과학에서 화학적 감각 중 하나인 후각은 맛과 직접적으로 연결돼 있다. 후각 요소가 없는 맛 감각을 생각한다는 것은 불가능하다. 이런 협동적 관계는 몇몇 연구자들로 하여금 맛과 향을 단일한 감각으로 생각하게 했다. 촉각도 맛의 감각을 동반한다. 맛 경험의 풍부화 과정에는 다섯 가지의 감각 모두가 동원된다.

　나는 식사와 음식, 음료는 철학적 탐구가 필요하다는 가설에서 출발한다. 식사는 개별적 경험이면서도 사회적 패턴을 갖는다. 식사는 크고 작은 공동체에서 강한 사회적 의미를 갖는다. 음식은 제례와 일상의 식사까지 '상징 체계'가 적용된다. 따라서 맛과 그 행동에 관한 연구는 우리를 지각과 인식, 상징적 기능과 사회적 가치를 포함하는 영역으로 안내한다.

　맛, 음식, 그리고 식사에 관심을 갖는 철학 분야는 미학과 예술철학이다. 맛의 감각은 오랫동안 미학과 예술적 특징을 식별하고 비교해 왔다. 이 학문들은 감각의 신체적 작용과 조리법의 발달, 그리고 전 세계를 가로지르는 식사패턴 등을 연구하면서, 맛에 대한 경험적 이해를 제공해 왔다. 시각 예술이 음식에 선물한 다양한 의미들은 미학적 증거를 제공한다. 이는 문학에서 식욕과 식사, 음식에 드러난 가치를 되새김질하는 것과 같다.

　제1장의 〈감각들의 위계〉는 플라톤과 아리스토텔레스의 저작에 관한 토론으로 시작한다. 철학의 거장들은 시각과 청각의 '거리 감각'과 후각, 미각, 촉각의 '신체 감각'을 구분해서 범주화했다. 다섯 가지 감각의 위계를 뒷받침하는 정교한 가치 체계다.

　그런데 그런 감각 위계는 뚜렷하게 젠더(性) 차원으로 드러난다. 보다 높은 차원의 감각들은 남성성의 특징과 가치를 발달시키는 것으로 나타난다. 맛과 다른 신체 감각에 대한 진지한 관심은 철학적 개념에서 배제된다. 신체 감각들은 전통적으로 철학자들의 관심을 전혀 받지 못한 여성의 범주에 묶여 있었다. 젠더에 대한 관심은 나의 논의를 통해서 시시때때로 되풀이 된다. 특히 욕망은 종종 음식과 성, 이 두 가지를 고무(鼓舞)하는 것으로 연상된다.

2000년이 지났음에도, 고대 철학에서 수립된 개념들은 여전히 영향을 준다. 철학자들의 맛에 대한 거부는 지금까지도 넓은 영역에서 그대로 남아 있다. 하지만 18세기 이론가들은 〈맛의 철학〉을 아름다움에 대한 지각과 평가이론으로 발전시켰다. 예술과 미적 가치의 철학적 토대를 형성한 것이다.

제2장은 〈맛의 철학 _ 미학적이고 비미학적인 감각들〉이 주제다. 미학적인 맛과 지각은 '시각'과 '청각'에 집중된다. 문자적(literal)이고, 미학적인 맛이 메타포로서 선택된다. 그러나 미각적(gustatory) 맛은 칸트의 미학 이론에서 추방된다. 예술적 감각에서 맛이 빠져버린 것이다. 헤겔은 좋은 예술을 정의하면서 "눈과 귀의 기예(技藝)를 끌어 올림으로써 몸의 감각을 넘어선다."고 했다. 미학적인 맛을 세련되게 식별하기 위해 미각적인 맛과 평형을 유지하면서 비교된다는 것이다.

미학이론에서 감각적 쾌락의 맛과 미학적 식별능력의 맛 사이에는 지속적인 긴장이 있다. 그런데 좋은 식별력은 쾌락의 의미에서 완성된다. 쾌락은 너무 감각적이어서 미학적으로 생각할 수 없다. 나는 미학적이고, 미각적인 맛 사이의 긴장이 예술과 음식 사이의 차이점으로 드러나는 것을 논의하고자 한다.

제3장은 〈맛의 과학〉의 문제를 다룬다. 맛 감각에 대한 신경화학은 여전히 신비로운 것으로 남아 있다. 하지만, 최근에는 심리학과 생리학의 연구자들 덕분에 상세한 이해가 가능하다. 맛에 대한 과학적 연구도 감각위계설의 영향을 받아왔다. 그러나 이 연구는 맛을 식별하는 능력과 그 발달의 경험적 증거를 제공한다. 냄새가 미식 즐거움의 원인 제공자라는 내용도 포함된다. 맛과 냄새는 '원초적인' 감각들이며 4가지의 기본적인 맛(단맛, 신맛, 짠맛, 쓴맛)이 존재한다.

그러나 맛은 자연적 수용성을 넘어서는 것이다. 식사 행위와 맛의 선호는 서로 다른 사회에서 서로 다른 패턴으로 나타난다. 전 지구를 가로질러, 맛을 보는 행위와 선호도는 그 영역이 실로 다양하다. 이런 문제는 맛의 현상학과 관련하여 검토될 수 있다.

나는 맛 경험에서 생리적, 문화적 요소들을 분석할 것이다. 맛의 감각이 너무 〈주관적〉이어서 이론적 숙고, 비판적 평가, 혹은 철학적 이론화가 어렵다는 전통적 주장을 재평가하고자 한다. 맛 감각의 이해는 모든 맥락이 설명될 수 있는 경우에만 완성될 수 있다.

제4장 〈맛의 의미와 의미 있는 맛〉 편은 미학 인식론자들의 관점을

논의한다. 그것은 맛의 감각을 예술작품과 비슷한 쾌락적 양상으로 이해할 것을 요구한다. 이런 인식론적 차원들은 음식을 예술 작품과 가장 잘 비교할 수 있게 한다. 음식은 다양한 상징성과 의미를 갖고 있다. 그것은 음식이 다양하게 묘사되고 표현되기 때문이다. 음식은 예술작품과 똑같은 상징 행위를 수행한다.[1] 또한 그것은 종교적 의식, 기념행사처럼 사회적 의례로 기능한다. 넬슨 굿맨(Nelson Goodman)의 예술적 상징이론은 이런 논쟁을 뒷받침한다.

음식의 인식론적 탐구–상징 체계 또는 의미 만들기–는 마지막 두 장에서 계속된다. 예술적 표현은 음식과 식사가 갖는 다양한 의미를 발견하게 한다. 이런 의미들은 삶에 함축돼 있다. 하지만 맛, 음식, 식사의 예술적 표현은 음식을 준비하고 먹는 행위들을 훨씬 넘어선다. 앞으로의 탐구 여정은 철학적 텍스트에서 예술 장르로 옮겨간다. 시각 예술, 특히 그림과 서사가 그것이다.

5장 〈시각화된 식욕 _ 맛과 음식의 표현〉은 음식과 식사를 시각 예술로 묘사한 것이다. 그림은 다양한 의미를 지닌 음식과 풍미를 보여준다. 미각적이고 성적인 욕구의 표현은 시각 예술에 복잡한 젠더적 의미를 불어 넣는다. 하지만 본능적 식사와 본능적 섹스는 사회적 의미를 왜곡시키는 행동이 될 수 있다. 두 욕망은 문화적으로 코드화되

---

1 Nelson Goodman, *Language of Art* (Indianapolis: Hackett, 1976) and *Way of Worldmaking* (Indianapolis: Hackett, 1978).

고, 예술적 의미에서 융통성도 갖는다. 그래서 자연스러운 연관성을 갖는 것으로 보인다.

우리는 그림에서 부엌의 물건들을 발견한다. 맛의 감각 위계표도 찾아낸다. 맛이 "낮은" 감각인 것처럼, 음식과 같은 주제를 묘사하는 그림-정물화로 알려진 장르-은 "낮은" 그림으로 지적돼 왔다. 미술 역사에서 정물화는 계속 폄하되어 왔다. 정물화가 일상적이고 사소한 주제들로 가득 차 있다는 것이 원인이다. 그런 낮은 평가는 역사화(歷史畵)의 높은 가치에서 유래됐다.

역사화는 일상의 삶보다 영웅적이고 드라마틱한 이야기와 사건들을 다룬다. 반면 정물화는 식탁과 부엌의 쓰레기들로 가득 차 있으며, 매일의 일상과 관계돼 있다. 그러나 예술사가인 노먼 브라이슨(Norman Bryson)은 정물화를 폄하하는 사람들에 대해 반대한다. 그는 정물화의 도덕적 통찰과 예술적 깊이를 주장한다.

그는 정물화가 사소한 주제들로 가득 찬 것과 거리가 멀다고 주장한다. 정물화는 불가피하게 반복되는 삶의 세계와 신체의 유지 등에 관한 것들이다. 그것은 영웅적인 예술 개념에서 부정되는 가치를 상기시킨다. 즉 시간과 죽음의 평준화 효과라고 말할 수 있다.[2] 정물화

---

2 Norman Bryson, *Looking at the Overlooked* (Cambridge: Harvard University Press, 1990)

의 가치를 이처럼 수정하는 것은 맛의 감각을 철학에 포함하기 위한 것이다. 그것은 삶의 일상적인 측면들이 철학적 전통에서 무가치한 것으로 여겨져 왔던 까닭이다.

예술에서 복잡하게 표현된 음식이나 식욕은 깊은 의미를 나타낸다. 예술에서의 음식 묘사는 정신적 차원으로 확장된다. 예술가들은 식품을 신성하면서도 세속적인 맥락에서 다루어 왔다. 예술가는 실제의 음식을 모방하기도 하고, 환상적인 표현으로 어리둥절하게도 만든다.

그들은 식사로부터 어떤 것을 추상해 냄으로써 지성에 호소할 수도 있다. 그렇더라도, 실제의 음식과 표현된 음식의 유사점과 차이점을 다룰 때 조심해야 한다. 시각 예술에는 식사의 의미가 다양하게 존재한다. 그것은 우리의 삶에서 음식과 식사의 역할이 풍부하며 다양하다는 사실을 증명한다.

맛과 음식, 식사의 가치는 우리 모두에게 명백한 것이다. 식욕의 충족 여부와 상관없이 일상의 삶, 환대 관습, 기념의 의례적 행위에서 그런 가치가 드러난다. 나는 이런 관점을 보다 깊이 있게 탐구하고자 한다. 그래서 나는 이 책의 마지막 장에서 서사에 관심을 갖는다.

서사들은 번거롭고 복잡한 삶을 이야기로 걸러낸다. 이런 방법은 많은 철학자들에 의해서 유용하게 적용되어 왔다. 특히 그것은 윤리적 상황의 독특한 요소들을 탐구하는 철학자들에게 더욱 유용하다.[3] 비록 여러 가치들이 서로 충돌할 수도 있지만, 나는 식사에서 발견되는 가치와 의미를 탐구할 많은 기회를 가졌다.

음식의 가장 상징적인 역할 중 하나는 〈사회적인〉 것에 있다. 식사는 의례, 기념의 한 부분이며, 공동체를 결합시키는 역할을 한다. 이런 과정은 문학, 드라마, 영화 등 서사의 시간성을 넘어서서 일어난다. 거기에서 식사는 공동체를 형성하거나 해체시키는 방식에 대한 반성에로 확장된다. 이야기는 서사적 형식 때문에 상상력이 풍부한 독자들을 맛의 발견, 먹는 행위, 음식에 대한 반성에로 이끌어 간다.

제6장은 5장의 끝부분에서 제기된 주제를 연결하면서 시작한다. 식사의 끔찍하고, 역겹고, 잔혹한 양상들을 다룬다. 식사는 가끔 환대와 공동체의 형성에서 칭송을 받기도 한다. 그러나 음식을 나누는 것이 도덕적 의미를 왜곡시키는 배경이 되기도 한다. 식사는 그 대상을 소모시키는 일이며, 식욕의 진정을 위해 파괴적 추동도 필요하다.

허먼 멜빌(Herman Melville)은 《모비딕》에서 그런 도덕적 문제를 그렸다. "스터브의 저녁식사"에서 식사의 야만적이고 약탈적인 양상을 보여준다. 피쿼드 호의 2등 항해사인 스터브는 가장 좋은 고래 고기를 차지하기 위해서 상어들과 싸운다.

---

3 For example, Martha Nussbaum, *Love's Knowledge* (New York: Oxfoed University Press, 1990) and *Poetic Justice* (Boston: Beacon, 1995)

음식
철학

음식을 예의와 공동체성, 우정의 요소들로 그린 이야기도 발견한다. 이삭 디네센(Isak Dinesen)의 『바베트의 만찬』 이야기는 식사가 줄 수 있는 동료애를 탐구한다. 아주 맛있는 고급요리의 풍미는 종교적 공동체 안에서 사랑과 신성한 연대감을 확인하기 위한 통로다.

비슷한 사례는 버지니아 울프(Virginia Woolf)의 『등대로』의 저녁 파티에도 있다. 저녁 파티는 서로 다른 캐릭터를 가진 사람들의 애정과 관심을 하나로 묶어 놓는다. 하지만 뒤섞인 사건들과 흩어진 경험의 조각들은 저녁 식사가 구성하는 경험과 기억들을 구조화하지 못한다.

문학과 영화에서, 식사에 대한 이야기들은 맛과 음식의 윤리적이고 사회적인 차원을 탐구하는데 유용하다. 음식이 갖는 철학적 의미의 그림을 완성하는데 유용하다.

이 책은 크게 세 부분으로 구성되었다. 앞부분은 감각 위계의 역사적 근거, 맛의 감각은 왜 미심쩍어 보이며, 철학에서 평판이 나쁜지의 이유를 검토했다. 신체 감각과 쾌락에 영향을 미쳐온 이유 등도 분석했다.

중간 부분은 맛 감각이 어떻게 작동하는지 검토했다. 음식 선호와 습관의 발달을 검토하면서, 앞에서 말한 맛에 대한 내용을 바로잡았다. 나는 〈음식의 철학〉에 대해서 다음과 같이 요약한다. 그것은 맛과 식사의 미학적 특성들을 찾고 옹호하는 것이다. 또한 상징적이고 인지적 의미에서 음식과 예술 사이에 평형을 이루게 하는 것이다. 그것은 맛과 음식의 의미를 이해하는 토대가 된다.

나는 중간 부분에서 전통적 감각 위계의 순위를 논박했다. 맛이 미학적 상징성을 갖는 인지적 감각이라는 것이 검증되어도, 감각 위계는 비판되거나 해체되지 않는다. 그것은 감각 경험을 구성하는 개념 구조 안에 가장 깊이 뿌리 박혀 있기 때문이다. 식사가 갖는 어떤 의미는 감각 위계 그 자체에 있다.

마지막 부분에서는 예술적 사례들을 추적하면서, 앞에서 예시된 사례들을 더욱 깊이 이해할 수 있게 했다. 그것은 식사가 갖는 모든 현상들의 의미를 더욱 깊고 넓게 이해하기 위한 것이다. 맛과 음식, 식사의 복잡한 세계와 일상적 삶의 상징성의 복잡한 세계를 보여준다. 마지막 두 장은 감각 위계의 영향을 인정하고 있다. 또한 음식과 식욕을 표현하는 데서 가치들이 통합되는 방식을 인정하고 있다.

최근 몇 년간 철학 이론에서 그 전통적 전제의 재평가가 이뤄지고 있다. 이 책은 서양 철학이 의존하고 있는 물음과는 다른 영역에 관여한다. 그것은 시각의 거리 감각과 대상성의 분리 모델에 관한 것으로, 지각 대상과 지각자의 관계를 특징짓는다.[4]

많은 철학자들은 〈몸〉에 대한 〈마음〉의 우위, 특정 경험에 영향을 미치는 〈보편성 우위〉라는 이론적 집착에서 벗어나기 시작했다. 경험의 신체적 근거에 대한 관심은, 이성과 마음 그리고 신체적 존재에 대한 인식 사이에 균형을 갖게 한다. 음식과 식사에 대한 고찰은 지식과 가치, 미학적 접근에서 지성적 방향을 밝히고 있다. 맛의 경험은 우리를 이런 현상들의 가장 친숙한 영역으로 안내한다.

---

4 Indeed, as Martin Jay has remarked, an entire generation of French philosophy can be regarded as such a critique: *Downcast Eyes: The Denigration of Vision in Twentieth-Century French Thought* (Berkeley and Los Angeles: University of California Press, 1993)

맛의 감각에 대해 전통철학은 인간의 낮은 감각으로 분류했다. 맛의 감각(미각)은 철학적 대상에서 제외된 이유이며, 그 역사는 길고도 뿌리가 깊다. 철학자들에게 맛 감각은 조잡한 주제 중 하나로 여겨졌다. 철학과 과학이 구분되기 이전 시대에 미각과 후각은 시각과 청각보다 무시되고 간단하게만 다뤄지는 불운을 겪었다. 철학자들의 입장에서 맛의 감각은 피상적인 것들 중 하나일 뿐이다. 철학이 먹고마시는 행위들의 중요성을 놓쳐 버린 것이다. 맛 감각은 플라톤과 아리스토텔레스의 눈 밖에 있었다. 그 이유는 무엇일까? 플라톤은 위장에 대해 게걸스럽게 먹어대고 오욕을 참아내는 여물통 정도로 비하했다. 반면 폐와 심장은 반란군인 식욕의 진압군대로 파악했다. 맛은 그 자체로 철학적 물음에 대답할 수 있을까? 맛은 매우 순수한 이론적 설명을 남겨 왔다는 데 저자는 주목한다.

제1장

감각의
위계서열

맛은 그 자체로 철학적 물음에 답할 수 있을까?

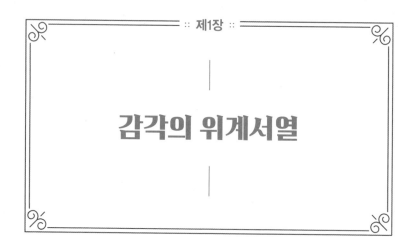

감각의 위계서열

전통 철학에서는 맛의 감각을 보다 낮은 인간의 속성으로 분류해 왔다. 그 역사는 길고 뿌리가 깊다. 플라톤과 아리스토텔레스는 그것을 철학적 사유의 대상으로 생각했다. 그것은 철학적으로 고찰할 가치가 있는 이슈였다. 하지만 여전히 맛의 감각은 철학에서 조잡한 주제들 가운데 하나일 뿐이었다.

철학과 과학이 구분되기 이전 시대에 미각과 후각은 보다 "높은" 감각인 시각과 비교되었다. 미각과 후각에 대한 이런 상대적인 무시는 지식, 도덕, 예술 등을 탐구하는 데서 더욱 뚜렷하게 나타난다. 특히 맛의 탐닉은 도덕성 발달에서 피해야 할 것이었다. 맛은 아름다움의 대상으로도, 예술 작품으로도 인정을 받지 못했다.

나는 이런 전통적 평가들 중 일부를 바로 잡고자 한다. 철학은 먹고 마시는 행위들의 중요성을 간과하고 있다. 그래서 이런 주제들을 왜곡 시키는 개념적 틀을 발견해 내고자 한다. 서양 철학의 전통에서 플라 톤과 아리스토텔레스는 그런 고찰을 하기에 좋은 출발점이 된다. 그 들은 감각 위계의 가치 체계를 온전히 발전시켰다.[5] 그러나 미각과 신 체 감각은 그들의 눈 밖에 있었다.

감각과 신체 _ 플라톤과 아리스토텔레스

초기 그리스 철학자들은 감각들이 어떻게 작용하는지에 관심을 가 졌다. 또 서로 다른 감각적인 느낌들이 어떻게 결합되는지 호기심을 가졌다. 그런데 이 과정에서 촉각과 미각은 그렇게 신비로운 것이 아 니었다. 그 대상들은 피부나 혀와 직접 접촉하는 것이었다. 그러나 후각은 코와 향기가 나는 물건 사이에 거리가 있다. 그 거리가 상당 히 가깝다고 하더라도, 그 대상으로부터 떨어져 있을 때 냄새를 맡 게 된다.

---

5 *The Discovery of Mind: The Greek Origin of European Thought* (1948), trans. T.G.Rosenmeyer (New York:Harper Torchbooks, 1960), p.vii

감각의
위계서열

시각과 청각은 다르다. 지각대상과 감각기관 사이의 접촉은 존재하지 않는다. 감각과 대상들 사이에 어떤 거리가 반드시 존재한다. 눈과 귀의 자극이 어떻게 작동하는지는 몇 세기 동안 논쟁거리가 되었다. 어쨌든 모든 감각에 대한 서양 철학의 분석에서 대상과 지각자 사이의 거리는 중요하다. 그것은 인식론적이고 도덕적이며 미학적인 것으로 생각되었다. 그러나 미각이나 촉각과 같은 신체감각들은 지각 대상의 접근성 때문에 훨씬 "열등한" 것이 되고 말았다.

소크라테스 이전의 철학자들은 감각 작용에 대한 이론을 만들어 냈다. 플라톤과 아리스토텔레스 시대에 와서 그것은 감각을 식별하는 논의로 바뀌었다.[6] 플라톤은 티마이우스(Timaeus)의 사변적(思辨的) 우주론에서 감각에 대한 논의를 확장시키고 있다. 티마이우스는 소크라테스와 대화를 통해서 우주와 삶의 기원이 무엇인지를 탐구한다. 그 대화편의 언어들은 시적이고 공상적인 것들이다. 그 토론자들은 그들이 던진 질문에 대해 어떤 답도 얻지 못할 것을 알고 있었다. 그들의 질문은 우주론적인 것과 뒤섞여 있었다.

살아 있는 생명체들은 어떻게 자연세계에 적응하는가? 그들은 어떻게 여기저기를 떠돌아다니며 번성하는가? 그들은 어떻게 배우는가? 살아 있는 생명체들은 어떻게 그들 밖에 있는 것들과 상호 작용하는

---

6 John I. Beare, *Greek Theories of Elementary Cognition from Alcmaeon to Aristotle* (Oxford: Clarendon, 1906)

가? 특히 이 마지막 질문이 감각에 대해 깊이 생각하게 만든다. 살아 있는 유기체들은 세상에 대한 정보를 수용하도록 설계되어 있기 때문이다.

플라톤은 신체 경험을 통해 제공되는 정보가 확실한지 주의를 기울여야 한다고 말한다. 그의 대화편에는 이런 우화가 담겨있다. 창조주는 영혼들을 낳았고, 그것이 태어난 집으로 하나의 별을 배정해 주었다.(티마이우스 41e)[7] 영혼들은 영원하다. 하지만 새로운 인간이 태어날 때 영혼은 반드시 죽게 돼 있는 몸으로 들어간다.

몸은 그 자체로 영혼의 방해물이다. 그래서 인간은 태어날 때 신이 부여한 지식을 망각하게 된다. 그리고 그것은 반드시 학습을 통해서만 상기(recall)된다.(이런 관점은 메논(Menon), 국가(Republic), 향연(Symposium) 등과 같은 대화편에 가깝다) 몸은 그것을 보존하기 위해서 감각과 감정을 필요로 한다. 그러나 이성적인 영혼이 지혜와 덕을 성취하려면 몸의 감각과 감정을 지배해야 한다. 이것은 살아 있는 개별자를 긴장하게 만든다.

이처럼 영혼과 몸 사이에는 갈등 관계가 있다. 창조주인 신이 인간을 설계할 때 가장 타락한 것으로부터 가장 신성한 부분을 분리시켰

---

7 *Plato : Collected Dialogues,* ed. Edith Hamilton and Huntington Cairns (Princeton, Princeton University Press, 1963). The translation of Timaeus is by Benjamin Jowett.

감각의
위계서열

다. 이성의 집인 머리는 욕구와 열정을 가진 몸통으로부터 분리되었다.(44d, 69d-70a) (플라톤은 이성의 자리로 두뇌를 생각했고, 보다 과학적인 것으로 알려진 아리스토텔레스는 심장으로 생각했다.)[8]

영혼은 세 가지 부분들로 구성된다. 이성은 영혼의 신성한 요소이며 불멸하는 것이다. 그러나 나머지 두 개의 정열적인 영혼들은 분노, 용기와 결부되어 있다. 몸의 가장 높은 부분인 머리를 차지하는 것은 불멸하는 지성의 영혼이다. 격정(passion)의 영혼은 가슴에 위치한다. 그것은 몸통의 가장 낮은 부분에 위치한 식욕을 제어한다. (그러나 미각의 주요 기관인 혀와 후각 기관인 코가 머리 부분에 위치하고 있다. 특히 미각의 기관이 머리에 있다는 것은 잘못 설계된 것 같다.)

아마도 플라톤은 혀에 돋아 있는 돌기를 생각한 것 같다. 그는 음식이 입안으로 들어갈 때 혀의 작은 혈관을 관통한다는 사실을 관찰한 것 같다.(65d) 그것은 정맥과 타액관의 팽창과 상충에 의해 그 효과를 느끼게 한다. 플라톤은 몇 가지 기본적인 맛에 대해 이름을 붙일 수 있다고 생각했다. 그것은 현대 심리학에서 일반적으로 알려진 4개의 미각과 같다. 쓰고, 달고, 시고, 짠맛이 그것이다. 플라톤은 여기에 깔깔하고, 떫고, 매운 맛을 덧붙였다.(65e~66c)[9]

---

8 Beare, *Greek Theories*, p.5, and D.W.Hamlyn, *Sensation and Perception: A History of the Philosophy of Perception* (New York: Routledge & Kegan Paul. 1961), p.6

9 George Malcolm Stratton, *Theophrastus and the Greek Physiological Psychology before Aristotle* (New York: Macmillian, 1917), pp.44-45

맛 좋은 음식 조각들은 풍미가 있는 물질이다. 우리는 그것이 녹을 때 맛을 느낄 수 있다. 그리고 그 맛은 혀의 혈관을 통해 심장으로 전달된다. 씹은 음식은 목을 통과하여 위장으로 내려간다. 갈빗대 안에 있는 폐와 심장은 이성의 도움으로 식욕의 반란을 진압한다.(70b-d)

소화기관인 위장에 대하여 플라톤이 그려낸 이미지는 생생하면서도 유익하다. 위장은 게걸스럽게 먹고, 오욕을 참아내는 장기(stomach)인 여물통이다. 그것은 육체를 유지하기 위해 일을 하는 영혼의 한 부분이다. 식욕은 강력하고 끈질긴 힘을 가지고 있다. 그래서 야생의 짐승과 같이 쇠줄로 묶어 두어야만 한다. 그는 다음과 같은 경고문을 그림으로 걸어 놓았다.

"고기와 술, 그리고 육체적 욕구와 관련된 영혼은 횡경막과 배꼽 사이에 위치한다. 그것은 육체에 음식을 제공하기 위해 고안된 여물통이다. 그것은 야생의 짐승과 같이 쇠사슬로 묶어 두어야 하지만, 사람으로 살기 위해서는 양분이 공급되어야 한다. 이 열등한 창조물을 여기에 배치시킨 것은 언제나 그 여물통을 채워야만 하기 때문이다."(70e-71)

몸과 마음의 합성물인 인간은 생명을 유지하기 위해서 음식을 먹어야 한다. 좁은 의미에서 "인간"은 음식을 필요로 하는 "사나운 짐승"과 같다.[10] 나중에 이 "인간"이라는 말은 인간만 가진 독특한 이성적 특성을 의미하게 되었다. 플라톤의 관점에서 이 "인간"이라는 용어는 이

**감각의
위계서열**

성적인 영혼과 동물적인 육체의 결합을 의미하게 된다.

〈국가편〉 Ⅸ,588c-e에는 또 다른 이미지가 나타나 있다. 인간의 영혼은 세 가지 구성요소를 갖는다. 많은 머리를 가진 짐승(욕망), 사자(영혼), 그리고 사람(이성)이 그것이다. 욕망이나 욕정은 죽을 수 밖에 없는 인간 존재의 열등함을 나타낸다. 그것은 살아 있는 피조물의 비이성적 요소들이다. 그것은 인간을 인간답게 만드는 가치 있는 속성에 대해서 부차적인 것이다.

점을 쳐서 여물통에 있는 짐승을 통제(음식을 자제하게 하는 것)하여 차분하게 만들 수 있다. 하지만 티마이우스는 미치지 않고서는 그런 점을 칠 수 없다고 지적한다.[11] 음식을 탐하는 것은 사나운 짐승과 같이 제정신이 아니기 때문이다. 음식을 탐하는 다른 하나는 남아도는 음식을 저장하는 창자다. 창자가 없어야만 폭식을 하는 사람의 식욕이 제압될 것이다. 폭식은 영혼의 높은 기능을 시험해 볼 기회를 박탈한다. 티마이우스는 다음과 같이 추측하였다.

"조물주는 인간이 풍미 때문에 필요한 양보다 더 많이 먹고 마시며 무절제하게 될 수 있다는 것을 알았다. 그래서 조물주는 남아도는 고기와 술을 저장할 하복부를 만들었다. 그것은 병(病)이 인간을 빨리

---

10 This use of "man" refers generally to person of either sex. But see below for some complexity regarding Plato's assessment of woman.

11 See also Socrates' objections to the inspiration of the performing rhapsode in *Ion*.

파멸시키지 못하게 하고, 수명을 다 채우고 죽게 하기 위한 것이었다. 그리고 그 창자에 구불구불한 주름을 만들어서 음식이 빨리 지나가지 못하게 하고, 더 많은 음식을 요구하게 하였다. 그 결과 모든 종족들은 끝없이 폭식을 하게 되고, 철학과 문화를 적대시하게 되며, 우리 안에 있는 가장 신성한 것에 대해서 저항하게 되었다."(72e-73a)

여기서 폭식은 지혜를 사랑하는 철학에 대해 명백한 적이 된다. 그렇다고 그것이 미각 자체를 고발하는 것이 아니다. 식욕의 탐닉과 남용을 고발한 것이다. 하지만 미각은 늘 식욕의 위험성에 연루되어 있다. 미각은 먹는 즐거움을 주며, 그 즐거움은 식욕을 탐하도록 유혹한다.

식욕과 균형을 이루게 하고 철학에 봉사하도록 선택된 감각은 시각이다. 비록 환상과 잘못된 지각에 빠지는 경향이 있기는 하지만, 시각적 경험은 우리를 쾌락의 탐닉에 빠지지 않게 한다. 플라톤의 『대화편』을 보면 시각은 감각적인 것들을 지적인 행동으로 나아가게 한다. 티마이우스가 관찰한 것을 살펴보자.

"시각은 우리에게 가장 큰 혜택을 주는 원천이 된다. 만약 우리가 별과 태양과 하늘을 볼 수 없다면, 우리는 이 우주에 대해 아무것도 말할 수 없게 될 것이다. 그러나 낮과 밤, 그리고 달과 해의 일주를 보는 것은 우리로 하여금 수(數)를 창조하게 하고, 시간의 개념을 갖게 하며, 우주의 본성에 대해 탐구하게 하는 힘을 갖게 한다. 이런 원천으로부터 우리는 철학을 이끌어 내게 되었다. 죽을 수밖에 없는 인간에

**감각의
위계서열**

게 그보다 더 좋은 것이 주어진 적은 없다."(47a-b)

플라톤은 시각적인 은유와 이미지를 좋아했다. 그것은 알 수 없는 세계에 대한 지식을 갖게 하기 때문이다. 『국가편』 Ⅶ에 나오는 동굴의 우화는 시각적인 이미지들을 갖고 있다. 그 우화에 나오는 태양의 이미지는 선(善)의 형상과 일치한다. 그 태양 빛은 세계를 볼 수 있게 한다. 그것은 형상적 실재(세계의 참모습)를 지적으로 파악할 수 있게 한다. 그래서 플라톤은 모든 감각들 중에서 시각이 태양 빛과 같은 것이라고 말했다.(국가편, 508b)[12]

이 구절에서 티마이우스는 시각의 경험이 광대한 대상을 다룰 수 있다고 말한다. 우리는 눈으로 볼 수 있는 모든 것을 분류하고 이름을 붙일 수 있다. 그래서 합리적인 탐구가 가능하다. 밤하늘을 조망하는 것과 같은 경험은 시각적 경험과 지적 탐구가 협동하는 사례를 보여준다. 지각자(知覺者)는 거리가 떨어져 있는 대상에 대해서 알고 싶어 한다.

별들은 서로 거리가 떨어져 있지만 셀 수도 있고 이름을 붙일 수도 있다. 그래서 이런 시각적 경험은 수학과 언어의 발달을 촉진시킨다. 시각은 가장 훌륭하고, 가장 순수한 빛의 요소들을 가지고 있다. 전

---

12 Martin Jay, *Downcast Eyes: The Denigration of Vision in Twentieth-Century French Thought* (Berkeley and Los Angeles: University of California Press, 1993), Introduction

체 속에서 부분적인 것들을 선별해 낼 수 있다.(45c) 시각은 모든 신체 감각들의 방해를 최소화할 수 있다. 또한 형상(Form)에 대한 궁극적인 이해에서 지성이 가미될 수 있다.[13]

플라톤은 시각이 근본적으로 불의 요소로 구성된다고 생각했다.[14] 그는 시각에 빛이 요구된다는 사실을 주목했다. 그래서 그는 눈이 지각 대상에 불의 광선을 쏘아 보낸다고 생각한 것 같다. 바꾸어 말하면 지각 대상과 눈은 빛을 매개로 만난다. 가시광선은 지성이 자리잡고 있는 마음에 감각을 가져다주는 도랑인 셈이다. 그러나 시각 경험은 미각이나 촉각과 같이 신체 상태의 변화를 겪지 않는다.[15]

다른 감각 경험들과 같이 시각 또한 착각을 만들어 낼 수 있다. 그러나 그것은 신체 감각들을 괴롭히는 욕망의 힘으로부터 비교적 자유롭다. 지각 대상과 시각 기관인 눈 사이에는 거리가 있다. 이 거리는 몸으로부터 마음을 분리시키는 효과를 갖는다. 그것은 지성적 탐구를 위해 마음을 자유롭게 하는 효과를 준다. 또한 몸이 결코 할 수 없는 신성한 영역을 여행할 수 있게 해 준다. 시각은 신성에 대한 갈망을 갖고 지성을 촉진하게 한다.

---

13 Eva Keuls, *Plato and Greek Painting* (Leiden: E.J.Brill, 1978), chap.2
14 Many Greek thinkers chose the four elements of Empedocles-earth, air, fire,and water-in various combinations as components of senses. Arisotle, *De Sensu, sec. 2; De Anima,* bk.1 ; Hamlyn, *Sensation and Perception,* p.20
15 See *Greek Theories*, pp.274-76

감각의
위계서열

티마이우스는 다음과 같이 말한다. "신이 시각을 고안해 내고 그것을 우리에게 준 목적은 천상의 비밀스런 경로를 보게 하기 위한 것이었다. 그리고 그와 비슷한 인간의 지성적 경로에 적용하기 위한 것이었다. 그것은 우리의 마음을 혼란시키지 않고 이성의 진리에 관여하고 그것을 배우게 한다. 또한 신의 행로를 그르치지 않고 모방할 수 있으며, 우리의 변덕스러움을 규제할 수 있게 한다."(47c)

시각은 플라톤이 그린 이미지들을 지배하고 있다. 그러나 그는 다른 "거리 감각"인 청각에도 비슷한 효과가 있음을 알고 있었다. 그는 시각에 내재되어 있는 지성을 청각으로 확장시켜 나갔다. 그는 "말하기와 듣기는 똑같은 것으로 인정될 수 있다."고 말한다.

"그들은 같은 목적으로, 그리고 비슷한 이유로 신에 의해서 주어진 것이다."(47c) 청각은 언어의 발달과 훈련에 기여할 뿐만 아니라, 음악에 있는 하모니와 리듬을 지각하게 한다. 그래서 듣기와 말하기는 맛을 보고 먹는 것과 대비된다. "미각은 몸에 음식을 제공하는데 필요한 것이지만, 말하기는 사람으로부터 흘러나오고 지성을 부여한다. 그것은 인간의 모든 지각과정에서 가장 고귀한 것이다."(75e)

시각과 청각의 높은 감각들은 지성적 친화성을 갖는다. 반면에 미각은 몸을 유지하기 위해서 더럽혀질 수 있다. 이들은 엄격하게 대조된다. 플라톤의 철학적 삶이란 살아 있는 동안 가능한 한 몸을 초월할 것을 요구한다. 그래야 지성이 영원한 이데아의 세계를 알 수 있고 진리를 엿볼 수 있다.

플라톤의 『대화편』의 향연(Symposium)에는 다음과 같은 내용이 있다. 저녁에 손님들은 연회를 축하하기 위해 모였다. 그들은 "사랑"에 대한 철학적 대화를 하면서 머물러 있었다. 그런데 그들은 음식과 술, 그리고 플룻을 연주하는 소녀의 공연까지도 거부하였다.[16] 소크라테스가 그의 삶의 마지막 순간에 말한 것은, 철학자는 음식과 술, 그리고 섹스에 대해 관심을 갖지 말아야 한다는 것이었다.(파이돈, 64d)

플라톤은 오직 신체가 죽은 이후에야 영혼은 형상과 다시 결합될 수 있다고 주장한다. 그래야 망각된 이데아의 진리를 온전히 상기할 수 있다. 이런 플라톤의 선언은 영혼을 모든 감각들로부터 분리시킬 것을 요구한다.(파이돈, 65c) 감각은 그 자체로는 이데아에 대한 지식을 산출하지 못한다. 감각들은 결코 실수나 오류들로부터 자유로울 수 없다. 그것은 감각 대상들이 물질적인 현상세계를 차지하고 있기 때문이다.

아리스토텔레스는 플라톤보다 덜 이상주의적이고 금욕주의적이었다. 그는 보다 과학적이고 실용주의적으로 감각을 다루고 있다. 그리고 감각 위계에 대한 보다 복잡한 관점을 제시하고 있다. 그것은 두 철

---

16 William J. Slater, ed., *Dining in a Classical Context* (Ann Arbor: University of Michigan Press, 1991), contains essays on symposia-festival drinking parties- of the ancient world.

학자가 형이상학에서 서로 다른 뿌리를 갖기 때문이다. 아리스토텔레스는 형상이 질료를 필요로 하는 것과 같이 영혼은 육체를 필요로 한다고 주장한다.

플라톤과 달리 아리스토텔레스는 지식은 보편성과 특수성 모두를 가져야 한다고 주장한다. 보편성(형상)을 안다고 해서 특수성(질료)을 아는 것을 보증할 수 없다. 게다가 특수성을 알기 위해서는 감각 경험이 반드시 필요하다.(De Anima 424a 18ff)[17] 또한 감각은 쾌락의 원천이 된다. 그런 쾌락은 실천적 지혜를 구성하는 선(善, goodness)의 차원에서 중요한 요인이 된다.

아리스토텔레스에서 지식이란 인간이 얻으려고 노력하는 참된 목표들 중 하나다. 또한 시각과 청각은 인식론적으로 가장 중요하고 우월한 감각이다. 그는 그의 저작 『형이상학』(Metaphysics)의 유명한 구절에서 다음과 같이 말하고 있다. "모든 사람들은 자연스럽게 지식을 갈망한다. 그런데 그것은 우리의 감각에 주어지는 쾌락과 관련이 있다. 그 쾌락이 쓸모 있는 것인지는 알 수 없지만, 그 자체로 '좋은 것'임에는 틀림없다. 특히 시각은 다른 감각들보다 사물들 사이의 많은 차

---

17 Deborah K.W.Modrak, *Aristotle: The Power of Perception*(Chicago: University of Chicago Press, 1987) and R.J.Sorabji, "Intentionality and Physiological Process:Aristotle's Theory of Sense Perception," in *Essays on Aristotle's "De Anima"* ed. Martha C. Nussbaum and Amelie Oksenberg Rorty(Oxford: Clarendon, 1992)

이점들을 발견할 수 있게 한다."[18]

　시각은 우리에게 세상에 대한 정보를 가장 많이 알려 준다. 그런 점에서 다른 모든 감각들보다 우월하다. "모든 물체들이 색깔을 갖고 있다는 사실 덕분에, 시각은 모든 것들의 성질을 구별할 수 있게 된다."(Sense and Sensibilia 437a5-10) 하지만 어떤 감각도 그 자체로는 충분히 기능할 수 없다. 그래서 인간이 지식을 탐구하고 학습하는 과정에서 청각 또한 시각만큼 중요하다. 사실, 청각의 말하고 소통하는 기능은 다른 어떤 감각들보다도 교육에 큰 도움을 준다.(437a10-15)

　『영혼론』(De Anima)은 삶에 생기를 불어넣는 원리들을 분석한 것이다. 그것은 인간의 다섯 가지 감각들을 체계적으로 열거하고 있다. 그 감각들은 지각 대상이 완전히 다르다. 또한 각각의 감각들은 다른 방법으로는 지각될 수 없는 성질들을 갖는다. 색깔은 시각에 적합한 대상이고, 눈 이외의 다른 기관에서는 감각될 수 없다. 소리는 청각에, 맛은 미각에, 향기는 후각에 적합한 대상이 된다. 마찬가지로 거칠고 부드러움, 따뜻하고 차가움 등과 같은 성질들은 촉각에 적합한 대상이다. 더 나아가서 아리스토텔레스는 촉각의 대상은 성격과 기질에 의해서 더 분류될 수 있다고 말했다. 그는 촉각이 감각의 수용성과 결부된 것일 수 있다고 생각했다.[19]

---

18 Quotations from Aristotle come from *The Complete Works of Aristotle*, ed. Jonathan Barnes, 2 vols.(Princeton: Princeton University Press, 1984).

19 Cynthia Freeland, "Aristotle on the Sense of Touch," in Nussbaum and Oksenberg Rorty, *Essays on Aristotle's De Anima*

감각의
위계서열

아리스토텔레스는 대상의 성질들이 하나 이상의 감각에 수용될 수 있다고 생각했다. 그는 운동, 수, 모양, 크기와 같은 것들을 "공통 감각"이라고 불렀다. 그런데 시각은 이런 대상들에 대한 유용한 정보를 준다. "우리는 특히 이 감각(시각)을 통해서 모양, 크기, 운동, 수 등과 같은 공통 감각을 지각한다."(Sense and Sensibilia 437a5-10) 공통 감각의 관점에서 촉각은 시각에 동반된다. 그리고 "공통 감각"이라고 부르는 수용 능력들은 조정이 필요하다.[20] 또한 공통 감각은 개별 감각들로부터 나온 데이터들을 서로 연관 짓는다. 그래서 대상 전체의 인상을 만들어낼 수 있게 된다.

감각에 대한 이런 분석은 인간의 지각에만 초점을 맞춘 것이 아니다. 아리스토텔레스는 살아 있는 생명체 일반에 대해 탐구하였다. 그리고 그들을 서로 다른 자연의 위계질서 속에 배치시켰다. 그는 가장 낮은 감각 레벨인 촉각을 고찰하는 데서 시작했다. 여기서 "가장 낮은"이라는 말은 빈약한 감각기능을 의미하는 것이 아니다.

아리스토텔레스는 다른 어떤 피조물보다도 인간의 촉각이 더욱 민감하다고 생각했다. 인간의 촉각의 우수성은 모든 동물들 중에서 인간이 가장 지적인 존재라는 것을 의미한다. (그는 부드러운 살을 지닌 사람들이 딱딱한 살을 지닌 사람들보다 더 영리하다고 말한다. [De. Anima,421a25])

---

20 *Sensation amd Perception*, pp.17-30 ; Charles H. Kahn, "Sensation and Consciuosness in Aristotle's Psychology, in Barnes, *Articles on Aristotle*. vol.4

촉각은 살아 있는 모든 감각 생물들이 갖는 가장 기본적인 감각이다. 식물들은 감각 없이 살아간다. 하지만 가장 열등한 동물들조차도 촉각을 갖는다. 그래서 쾌락과 고통, 매력과 혐오를 느끼는 기본 능력을 갖게 된다. 동물들은 그런 느낌에 반응한다.[21]

아리스토텔레스의 감각 위계에서 미각은 촉각 다음에 나온다. 거기에는 몇 가지 이유가 있다. 우선 어떤 생물들은 스스로에게 영양분을 공급해야만 생존할 수 있다. 미각은 음식물을 섭취하기 위한 도구로서, 촉각과 밀접하게 연관되어 있다. 그는 영양을 공급하는 다양한 촉각에 대해 미각의 라벨을 붙이기까지 했다.

미각과 촉각이 작용하는 방법은 똑같다. 그것은 감각기관과 감각 대상 사이에 근접성과 접촉성이 있기 때문이다. 그런데 아리스토텔레스는 이 문제를 약간 애매하게 다루고 있다. 어떤 경우에는 혀를 맛을 보는 기관으로 언급한다. 또 어떤 경우에는 중간 매개체로 언급하고 있다. 그와 비슷하게 피부도 접촉기관, 혹은 매개체로 애매하게 사용되고 있다.

미각의 대상은 맛의 느낌이 나타나기 전에 작게 분해되어야 한다.

---

21 Aristotle of course does not have microscopic organisms in mind. It is interesting to note that taste and *smell*, now classified together as chemical senses, are today sometimes regarded as the most"basic" senses because even microorganisms respond to chemical stimuli, as we shall see in Chapter 3

**감각의
위계서열**

그리고 맛이 좋은 음식은 습기가 있어야 한다. 하지만 수분 그 자체가 맛의 느낌으로 전환되는 것은 아니다. 혀가 미각을 위한 체내의 매개체이며, 피부가 촉각의 매개체다. 그가 생각하기에 이런 감각들의 참된 기관은 심장 부위에 있었다.

미각과 촉각의 느낌이 발생하기 위한 외부의 매개체는 존재하지 않는다. 아리스토텔레스는 혀와 피부가 미각과 촉각을 위한 기관(organ)이라고 말하고 있다. 미각과 촉각은 접촉 감각으로서 신체 접촉의 관점에서 이해될 수 있다. 그리고 신체는 이들 두 감각의 작용에 직접 관여하며 미묘한 변화를 겪는다.

반면에 시각과 청각은 신체와는 분리된 매개 기능을 요구한다.(De An. 419a10-25) 시각의 경우 그 대상에서 어떤 교란이 일어날 때 빛이 그것을 전달하는 매개체가 된다.(아리스토텔레스는 눈이 시각 대상에 도달하는 광선을 발산한다는 생각은 거부했다.) 공기는 소리를 위한 매개체다. 공기가 교란될 때 청각의 느낌이 생겨난다. 물 또한 소리를 위한 매개체로 작용할 수 있다. 또한 수중 동물의 경우에는 시각을 가능하게 하는 빛을 잡을 수 있다.

아리스토텔레스는 후각에도 매개적 지위를 부여한다. 시각이나 청각과 마찬가지로 후각 또한 대상과의 거리가 있을 때 작동한다. 그러나 후각이 시각이나 청각과 다른 점은 이성의 발달에 잘 기여하지 못한다는 것이다. 그는 후각을 미각과 촉각 사이에 있는 다리와 같은 것으로 보았다. 그리고 청각과 시각의 말단에 있는 감각으로 생각한 것 같다.(Sense and Sens. 445a5-8)

아리스토텔레스는 시각과 청각이 미각이나 촉각보다 우월하다는 몇 가지 근거를 제시했다. 무엇보다도 시각을 통해 수용되는 정보의 질이 다른 감각을 통해 수용되는 것보다 우수하다. 시각은 다른 감각들에 비해 더욱 많은 "형상"들을 대상의 성질들로 규정할 수 있다.

우리는 질료가 아니라 형상을 통해서 지각한다.[22] 아리스토텔레스는 감각 작용을 다음과 같이 규정하고 있다. "감각은 질료가 아니라 사물의 감각적 형상을 수용하는 힘이다. 그것은 쇠나 금이 없이 한 조각의 밀랍으로 도장을 새기고, 반지와 같은 인상을 남기는 것과 같은 방식이다."(De An. 424a18-21)

어떤 대상과 그것을 지각하는 사람과의 "거리"는 시각의 복잡함을 식별할 수 있게 한다. 그것은 관찰자를 그 대상으로부터 분리시킨다. 그래서 대상을 전체적으로 조망할 수 있게 하며, 많은 공통감각들을 볼 수 있게 한다. 이와 같이 시각과 청각이 갖는 거리는 지각을 그 지각 대상으로부터 분리시킨다. 그래서 신체 상태에 보다 적은 혼란을 일으킨다.

---

22 We can note an apparent anomaly with the operation of taste, however: though it may only an object's form-that is, it's sensible qualities- that is tasted, clearly the entire package of form and matter is ingested, masticated, swallowed, digested.

감각의
위계서열

반면에 신체 감각들 −특히 후각이나 미각과 같은− 은 지각자의 주관적인 상태에 한정된 범위를 갖는다. 촉각은 어떤 중요한 대상의 정보를 전달할 수 있다. 그러나 그 쾌락은 후각이나 미각의 쾌락과 똑같이 미혹될 수 있다. 그것은 어떤 사람의 몸 상태에만 주의를 집중시키기 때문이다.

플라톤과 아리스토텔레스는 맛 좋은 음식에 쾌락이 동반된다는 사실을 인정한다. 건강에 좋은 음식은 영양섭취에 도움이 된다는 사실에 공감한다. 하지만 아리스토텔레스는 신체적 쾌락에 대해서 플라톤보다 훨씬 덜 까다롭다. 사실 감각적 즐거움은 온전하고 좋은 삶을 위한 미덕들 중 하나다. 그러나 미각과 촉각은 제멋대로 된 감각이 되어 악덕이 될 수 있다. 그래서 절제와 중용이 그리스의 기본 덕목들 중 하나가 되었다.

이런 감각의 위험에 빠지지 않기 위해서는 특별히 성격이나 기질을 연마해야 한다. "만약 누군가가 먹고 마시는 것 혹은 성적 충동에 대한 갈망이 없이, 아름다운 조각상이나 말(馬) 혹은 사람을 보거나, 아름다운 음악을 듣는다면, 그는 사이렌(Siren)의 마법에 걸린 사람보다 방탕하지 않을 것이다. 절제와 방탕은 그 대상에 의해서만 느껴진다. 짐승에게도 쾌락과 고통을 느끼는 두 가지 감각이 있다. 그것이 곧 미각과 촉각이다. 그러나 짐승들은 조화와 아름다움 등과 같은 감각적 즐거움에 대해서는 전혀 알지 못하는 것처럼 보인다."(Eudemian Ethics 1230b31-1231a1)[23]

(Siren, *Σειρήνες* 은 그리스 신화에 나오는, 아름다운 인간 여성의 얼굴에 독수리의 몸을 가진 전설의 동물들이다. 세이렌은 여성의 유혹 내지는 속임수를 상징하는데, 그 이유는 섬에 선박이 가까이 다가오면 아름다운 노랫소리로 선원들을 유혹하여 바다에 뛰어드는 충동질을 일으켜 죽게 만드는 힘을 지녔기 때문이다. 세이렌의 노래는 저항할 수 없을 정도로 매혹적이어서 수많은 남성들이 목숨을 바치지 않으면 안 되었다.-역자 주)

니코마코스 윤리학에서 아리스토텔레스는 신체감각은 유혹에 잘 빠지는 반면, 시각과 청각 등 거리감각은 망상에 빠질 수 있다고 보았다. 그리고 지나치거나 모자라는 정도에 따라 쾌락을 즐길 수 있는 것으로 보았다.(1118a2-6) 이와 같이 청각과 시각 또한 감각을 잘 못 사용하게 되면 질적으로 떨어져 낮아질 수 있다.(Tim 47d)[24]

미각이나 촉각에서의 쾌락은 특히 더 위험한 것이다. 이들 두 감각의 운동과 함께 몸에는 작은 변화가 일어나게 된다. 그러면 언제나 쾌락과 고통이 동반될 수 밖에 없다. 미각은 폭식이나 과음에 빠질 수 있고, 촉각은 성적 방탕에 빠질 수 있다.

아리스토텔레스는 금욕주의자는 아니었다. 하지만 그의 중용이론

---

23 *A History of Six Ideas: An Essay in Aesthetics,* trans. Christopher Kasparek (Warsaw: Polish Scientific Publishers, 1980)

24 E.H.Gombrich, *Meditation on a Hobby Horse,* 2d ed. (London: Phaidon, 1971), p.17

**감각의
위계서열**

은 이런 내용들을 강조하고 있다. 그의 추론에 따르면, 선한 성질들은 지나침이나 부족함에 의해서 파괴될 수 있다. 이것은 경험적으로 확실한 관찰에 의한 것이다. 다이어트(diet)의 사례에서도 발견될 수 있다. 그것은 실천적 지혜와 덕성의 발달을 추구하는 사람들을 위한 지침이 될 수 있다.

음식은 기능성을 가진 것이다. 그것은 건강을 위해, 그리고 에너지와 힘을 유지하기 위해 필요하다. 그러나 음식을 너무 많이 먹게 되면 메스꺼워진다. 많은 음식을 오랫동안 먹게 되면 건강을 해치게 된다. 또 음식을 너무 적게 먹으면 몸이 허약해지고, 극단의 경우에는 죽음에 이르게 된다.

그래서 적절한 양의 음식을 먹고 중용을 지키는 것이 사람을 이롭게 한다. 음식은 측정 가능한 것이다. 하지만 양극단 사이의 중용은 모든 사람에게 똑같이 적용될 수 없다. 아리스토텔레스가 관찰한 레슬링 선수 밀로(Milo)는 많은 양의 음식이 중용으로 요구되었다. 그것은 몸을 많이 움직이지 않는 습관을 가진 사람에게는 지나침의 극단이 될 것이다. (Nic. Eth. 1106b1-5).[25]

대부분의 금욕주의 철학자들도 생존을 위해서는 반드시 음식을 먹

---

25 Theodore Tracy, *Physiological Theory and the Doctrine of the Mean in Plato and Aristotle* (The Hague: Mouton, 1969)

어야 한다는 사실을 알고 있었다. 적당한 양의 음식을 먹는 것은 부득이하게 해야 하는 일이다. 그러나 아리스토텔레스는 그의 윤리이론을 감각적 쾌락과 고통을 포함하는 심리학에 맞추고 있다. 그는 덕성을 발달시키기 위해서 쾌락과 고통을 다루는 방법을 배워야 한다고 주장한다.(Nic. Eth,Ⅱ,3;Ⅵ,Ⅱ, Ⅹ,1) 과식은 맛의 쾌락뿐만 아니라 많은 양의 음식을 탐하는 것이다.

그는 목구멍의 감각을 일종의 촉각과 같은 것으로 해석하고 있다. "짐승들"은 맛을 보는 것이라기보다 삼키는 것에 더 관심을 갖는다. "그래서 대식가들은 긴 혀를 갈망하는 것이 아니라, 두루미와 같은 긴 식도를 갈망한다."(Eud, Eth. 1231a15-16) 절제는 먹고 마시는 것에서 사려 깊은 쾌락을 가질 것을 권한다. 반면에 음식을 먹는 데서 전혀 쾌락을 느끼지 못하는 사람은 무감각한 사람일 것이다.

아리스토텔레스는 인간과 다른 동물의 감각기능을 비교하였다. 그 차이점은 자연적이고, 발달적이며, 도덕적인 이슈들과 관계된다고 보았다. 예민함의 관점에서 보면, 인간의 촉각과 미각은 다른 동물의 감각과 비교할 때 가장 좋은 식별력을 갖는다.(De An, 421a17-20) 그러나 인간의 우월한 감각인 시각과 청각은 매나 올빼미, 또는 개와 같은 동물들의 감각에 비해 열등하다.

하지만 인간의 우월한 감각들은 인지발달에서 가장 중요한 것이다. 그것은 오직 인간에게만 있는 지적 능력을 위한 중요한 감각 장치다.

**감각의
위계서열**

지식은 인간이 태어날 때부터 가지고 나오는 것이 아니라 감각을 통해 획득된다. 이론적인 것이든 실천적인 것이든 어떤 감각들은 지식의 발달을 위해 이성의 기능과 협력한다.

이런 의미에서 볼 때 시각은 가장 발달된 감각이다.(그것은 다섯 가지 감각 모두가 정상적으로 기능하는 것을 가정한 것이다.) 아리스토텔레스는 장님으로 태어난 사람들이 귀머거리로 태어난 사람들보다 지적으로 더 우월하다고 가정했다.(Sense and Sens. 437a10-15) 그러나 말하기와 학습에서의 중요성 때문에, 듣기 또한 지성의 발달에서 결정적으로 중요하다.

도덕적인 사람들은 지성을 함양하지 못하는 감각들을 추구하지 않는다. 그런 감각들을 훈련한다고 해서 인간의 지성이 발달하는 것은 아니기 때문이다.[26] "먹는 것과 섹스의 쾌락은 그 어떤 것도 사람을 가치 있게 해 주지 못할 것이다. 그런 선택을 하는 사람은 짐승으로 태어난 존재나 다를 바가 없다는 것이 분명하다."(Eud. Eth. 1215b31-36; viz. Nic. Eth. 1118a-b)

그러나 낮은 감각의 쾌락이라고 해서 다른 동물과 인간이 똑같은 것은 아니다. 인간은 낮은 감각의 쾌락에 대해서 반성을 할 수 있다.

---

26 I am glossing over distinction among sense experience, perceiving, knowing that would be germane to study of Aristotle's epistemology. For a treatment of these issuses, see Modrak, *Aristotle.*

예를 들어 식도락가와 같이 맛의 느낌을 즐길 줄 아는 사람도 있다. 그러나 미각적 풍미가 아무리 세련된 것이라고 해도 그것은 여전히 낮은 감각의 쾌락으로 남는다. 그런 감각적 쾌락이 지적 쾌락보다 낮은 것이라고 생각하는 아리스토텔레스의 판단을 뒤집기는 어렵다.

이것은 왜 눈과 귀의 기예가 향수나 요리 같은 감각적 기예보다 우월한지를 잘 말해준다.[27] 시각과 청각은 모방 기술을 발달시키고, 인간의 삶과 도덕성을 묘사하도록 해준다. 그러나 아무리 좋은 요리라고 해도 이런 도덕성에는 미치지 못한다.[28]

플라톤은 《대 히피아스》(Hippias)에서 시각과 청각의 쾌락들만을 아름다운 것으로 규정하고 있다.(297e) 미각에는 도덕적 불신이 일어나며 미학적 의구심으로까지 확대된다. 이런 관점은 현대 철학이 구분하는 것과 일치한다. 눈과 귀에서 지각될 수 있는 아름다움과 다른 감각기관들에서 지각될 수 있는 쾌락은 구분된다.

플라톤과 아리스토텔레스는 고차적이고 인지적인 감각들보다 미각과 같은 신체 감각이 저급한 것이라고 생각했다. 시각과 청각은 감각 대상과 감각기관 사이의 거리를 조작할 수 있다. 그래서 지각 주체인

---

27 Aristotle has passing remarks on this subject; see, e.g., *Nic. Eth.* Ⅶ,1153a25. Plato argues in the *Gorgias* that cookery is not an art but something like a routine.

28 David Summers, *The Judgment of Sense: Renaissance Naturalism and the Rise of Aesthetics* (Cambridge: Cambridge University Press, 1987), pp.54-62

감각의
위계서열

신체로부터 신체 밖의 지각 대상으로 주의를 돌릴 수 있다. (현대 이론가들은 시각과 청각의 감각(sensation)과 지각(perception) 사이의 구별이 잘 식별되지 않는다는 관점을 갖는다.)[29]

반면에 미각, 촉각, 후각의 감각들은 입, 손끝, 그리고 코의 통로에 위치하는 것으로 "몸 안"에서 경험되는 것이다. 이 세 가지 감각들은 모두 지각자의 몸 안에서 현상적으로 경험된다. 그래서 주관에 따라 그 감각의 정도가 각기 다르다. 고통은 실제로 몸 안에서 몸과 함께 여행한다. 후각은 냄새가 나는 대상이 위치하는 곳에 머문다.[30]

미각은 다음 둘 사이에서 나타난다. 하나는 우리의 입 안에서 맛을 내는 것이다.(음식이 입안에서 맛을 내는 경우를 생각할 수 있다) 다른 하나는 미각이 미각 촉진제로 경험되는 것이다.(입안에 침이 고이는 경우를 그 예로 들 수 있다.)

촉각에 의해서 전달되는 정보는 대상의 성질에 직접적인 주의를 기울인다. 다른 두 신체 감각(미각, 후각)과 마찬가지로, 촉각도 체현(體現
-신체를 통해 드러나는) 되는 것들 중 하나로 생각된다. 몸의 중심부 감각들은 지각자를 그 혹은 그녀의 살(피부)에 대한 앎의 상태에 가둬

---

29 Nicholas Humphrey, *A History of the Mind* (New York: Simon&Schuster, 1992), chap.4 and Hamlyn, *Sensation and Perception,* chap.1

30 Paul Grice, "Some Remarks about the Sense" in *Studies in the Way of Words* (Cambridge: Harvard University Press, 1989).

놓는다.[31]

그러나 시각과 청각은 놀랍게도 여전히 객관적인 것으로 남는다.[32] 즉 시각과 청각은 "객관적인" 정보를 얻기 위한 원천이 된다. 그것은 지각자의 몸의 외부 세계에 대해서 알 수 있게 한다.(그렇다고 해서 몸이 정보를 받아들이는데 미치는 영향을 부정하는 것은 아니다.) 이런 말단 감각의 경험들은 감각을 넘어서기를 갈망하고, 순수한 지성에로 올라가고자 한다.

시각과 청각에 의해서 전달되는 정보, 특히 시각 정보는 보편적 지식을 산출하는 반성과 추상화에 도움이 된다.(이런 보편화를 가능케 하는 것은 지성적 활동이다. 그것은 어떤 특수한 것들만을 아는 감각 경험을 넘어선다.) 그것은 우리의 관심이 몸의 특정한 상태보다 밖을 지향해 있기 때문이다. 그 결과 마음은 대상들을 일반화하는 경향을 갖게 된다.

예를 들면 우리는 밖의 대상들에 대해 수를 세기도 하고 수치를 부여하기도 한다. 또한 그 대상의 성질들을 색깔이나 모양과 같은 범주로 구분하기도 한다. 진리가 외부세계에 대한 것이라면, 그 진리에 대한 언어는 사람들에게 공통으로 발달하며 공유될 수 있다. 반면에 신

---

31 Vision need not lead one to imagined disembodiment, as Maurice Merleau-Ponty demonstrates in *Phenomenology of Perception*, trans. Colin Smith(London: Routledge & Kegan Paul, 1962)

32 Subjectivity and taste are analyzed further in Chapter 3.

감각의
위계서열

체 감각에 의해서 전달되는 정보는 특별하고 특수한 것이며 "지금-여기"에 존재하는 것이다.

인지 감각의 경험은 쾌와 고통을 반드시 동반하는 것은 아니다. 반면에 신체 감각의 경험은 쾌-고통의 일정한 원자가를 갖는다. 이런 이유로 미각이나 성적 쾌락과 같은 것들은 탐닉에 빠지는 경향이 있다. 그래서 이런 신체 감각들의 유혹에 대해서는 자기통제나 절제를 발달시켜야 한다.

마지막으로, 우리는 습관적으로 인지 감각의 대상들을 아름다운 것으로 생각하는 경향이 있다. 그러나 신체 감각의 대상들 또한 최상의 쾌락을 줄 수 있다. 그것은 가장 세련되고 정화된 형태를 띠기도 한다.

감각의 위계와 전통의 연속성

감각 위계는 고대 그리스·로마 시대부터 있었다. 그 후 여러 세기에 걸쳐 지각의 철학(philosophy of perception)에서 끈질기게 주장되어 왔다.[33] 감각의 과학은 변화를 거듭해 왔지만, 그것의 위계는 지각

---

33 See Jay, *Downcast Eyes,* and Humphrey, *History of Mind,* for discussions about the primacy of vision in Western philosophical theories......See also Michel Jeanneret, *A Feast of Words,* trans. Jeremy Whiteley and Emma Hughes (Chicago: University of Chicago Press, 1991)

이론에서 일관되게 나타났다. 그것은 온전한 전통이 되었고 그 전통에 비추어 평가되었다. 시각은 계속적으로 지성의 상징이 되어 왔다. 레오네 에브레오(Leone Ebreo)가 분명히 지적하는 바와 같이 눈은 지성과 모든 알 수 있는 것들의 스파이와 같은 것이었다.[34] (레오네 에브레오, 1465-1535년, 스페인계 유대인 의사이자 철학자, 『사랑에 관한 대화록』 Dialohi d'amore 의 저자. 우리는 정신적 아름다움과 물질적 아름다움이 유사한 덕분에 정신적 아름다움을 이해하지만 정신적 아름다움이 우리를 더 깊이 움직인다는 등 플라톤적 르네상스의 이념을 전개하고 있다.- 역자 주)

그러나 여러 철학자들의 사상에서 저급한 감각의 위험성은 극단에 도달하게 된다. 스토아 학파의 마르쿠스 아우렐리우스(Marcus Aurelius)는 사실상 음식과 육체에 대해서 경멸하도록 충고하고 있다. 토마스 아퀴나스(Thomas Aquinas)의 중요한 저작들은 중세 기독교 세계에 아리스토텔레스의 사상을 전파하였다. 그에 따르면 인간의 행복이 육체의 쾌락에 있다고 하는 것은 분명히 잘못된 것이다. 그 주된 쾌락이 식사에 있거나 섹스에 있기 때문이다.[35]

그런 생각들이 철학에서만 나타난 것은 아니다. 그림의 역사 또한 시각을 극찬하고 있다. 레오나르도(Leonardo da Vinci)는 그림을 말하

---

34 Quoted in Summers, *Judgement of Sense*, p.33

35 Thomas Aquinas, *Summa Contra Gentiles*, trans. English Dominican Fathers (New York: Benziger, 1928), vol.3, pt. 1, p. 67

**감각의
위계서열**

기보다 더 뛰어난 보편 언어로 발전시켰다. 말하기의 이해 척도는 특정한 언어의 유창성에 기인한다. 그러나 눈은 인간에게 보편적인 정보를 파악하게 한다.[36] 헨리 피참(Henrie Peacham)은 "눈이 가장 우월하고 고귀한 감각"이라고 선언하였다. 그것은 학문과 예술의 일반적인 목표가 무엇인지를 잘 말해주기 때문이다.[37]

데카르트는 그의 광학 연구에서 다음과 같이 반복해서 말한다. "우리의 삶에서 행위는 전적으로 감각에 의존한다....시각은 감각들 중에서 가장 고귀하고 가장 포괄적인 것이다."[38] 모든 지식이 감각 경험으로부터 나온다는 것을 보여주기 위해 전념했던 영국 경험론자들 또한 대부분의 관심을 시각에 쏟아부었다. 게다가 지각과 관련된 현대 철학도 거의 변함없이 시각적 지각에 초점을 맞추고 있다. 그런데 그런 이론들의 근거는 대개 플라톤과 아리스토텔레스가 제시한 것이었다.[39]

지난 몇십 년 동안 영어권 철학자들이 언급한 내용을 살펴보자.

---

36 James Ackerman, "Leonardo's Eye," *Journal of the Warburg and Courtauld Institutes* 41 (1978).

37 Henrie Peacham, *Graphice* (London: Printed by W.S. for John Browne, 1612), p.65

38 René Descartes, *Optics*, in *The Philosophical Writings of Descartes,* trans. John Cottingham, Robert Stoothoff, and Dugald Murdoch, 3 vols.(Cambridge: Cambridge University Press, 1985), 1:152

39 There are exceptions. Jay, *Downcast Eyes,* chap. 5, note that not every European philosophy is so bound up with sight. The German hermeneutic tradition, for example, tends to valorize the sense of hearing.

"우리는 촉각이 없이 시각 경험만으로도 몸에서 분리된 이미지를 마음 속에 떠올릴 수 있다. 시각은 촉각의 느낌과 같이 물질 세계에 대한 우리의 존재적 참여를 요구하지 않는다.....시각의 명료함은 청각과 대조되며, 그 대상에 개입하지 않는 것 또한 촉각의 느낌과 대조된다. 그것의 시간적 즉시성(동시성)은 청각이나 촉각의 느낌과 다르다. 그것은 시각이 모든 감각들 중에서 가장 우수한 것이라는 믿음을 갖게 한다."[40]

이 철학자들은 후각과 미각을 전혀 우수한 감각으로 생각하고 있지 않다.

그러나 감각 위계의 꼭대기에 시각을 올려놓는 것보다 더 중요한 것이 있다. 그것은 시각을 청각과 같은 감각으로부터 구분하기 위한 근거를 제시하는 것이다. 그리고 그 근거는 중요한 철학적 이슈가 된다. 20세기 현상학자인 한스 요나스(Hans Jonas)는 1954년 논문에서 이 문제를 설명하고 있다. 그는 시각이 왜 항상 철학에서 중심역할을 하는지 그 이유를 밝히고 있다.

요나스가 그의 논문에서 보여주는 주제는 "시각의 고귀함"이다. 그는 다른 감각들과 구별되는 시각의 세 가지 모습을 보여주고 있다. 첫

---

40 G. Vesey, "Vision" in *Encyclopedia of Philosophy,* ed. Paul Edwards, 8 vols. (London: Macmillan, 1967), 8:252

**감각의
위계서열**

째는 시각 경험의 내용이 갖는 동시성이다. 우리 앞에 보여지는 것은 모두 동시에 펼쳐져 보인다. 청각이나 촉각과 달리 시각 작용에는 시간적 계기가 요구되지 않는다. "그것은 동시적으로 그렇게 작용한다. 우리가 눈을 뜨면 대상들을 한꺼번에 비추어 볼 수 있으며, 공간에 펼쳐진 세계가 동시에 드러난다. 그리고 그것은 무한정의 거리를 계속 간다. 또한 시각이 정적인 질서 속에서 어떤 방향을 갖는 것이라면, 그것은 대상을 벗어난 것이 아니라 대상을 향해 있을 것이다."[41]

다른 감각들은 시간의 흐름에 따라 거리를 두고 발생하는 순차적 경험이 요구된다. "이와 같이 시간의 제약을 받는 감각들은 기호로 표시되는 것과 분리되어, 또는 지속되는 존재와 분리되어서는 결코 경험될 수 없다."[42] 요나스는 청각과 촉각이 시각과 흥미롭게 대비되는 감각이라고 믿었다. 요나스의 관찰에 의하면, 청각은 시각보다 더 수동적인 감각이다. 그것은 지각자가 소리가 발생하는 것을 기다려야 하기 때문이다. 거기에는 물질 세계의 "바깥쪽"을 넘어서 헤매는 시선과 같은 것이 없다.[43]

촉각은 청각과 함께 시간의 흐름에 따라 순차적으로 일어나는 느

---

41 Hans Jonas, "The Nobility of Sight", *Philosophy and Phenomenological Research* 14.4(1954) : 507

42 Jonas, "Nobility of Sight", p.508

43 This characterization of auditory perception, questionable in any case, is challenged by the work of composers such as John Cage.

낌을 갖는다. 촉각의 대상은 반드시 마음이 만들어 내야만 하며 그 시간적 본질은 "현재"에 있다. 반면에 시각은 "확장된 현재"를 보여 줄 수 있다. 이것은 다음과 같은 철학적 관점에서 그 심오한 의미를 드러낸다. "지속적인 대상의 확장된 '현재'를 갖는 시각의 동시성(simultaneity)만이 변화와 불변을 구분하고 생성과 존재를 구분할 수 있다. …… 마음이 언제나 현재로 존재하는 영원의 관념을 알 수 있는 감각적 토대를 제공하는 것은 오직 시각 뿐이다.[44]

다른 감각과 구별되는 시각의 두 번째 특징은 "역동적 중립화"(dynamic neutralization)다. 우리는 어떤 것과의 관계 속에 들어가지 않고도 그것을 볼 수 있다. 지각자는 보기 위해서 사물에 영향을 미칠 필요가 없어 보인다. 이와 반대편에 있는 것은 특히 촉각이다. 촉각은 적어도 피부에 압력을 가하는 것과 같은 힘이 요구된다. 그러나 시각은 명상을 하는 것과 같으며 전혀 관여하는 것이 없다.

요나스가 말하고자 하는 세 번째 특징은 시각이 작용하는 공간적 거리에 있다. 거리는 앞에서 말한 시각의 두 가지 특징과 관련된다. 시각은 "이상적인 거리 감각"이며, 지각자와 대상 사이의 근접성이 없는 장점을 갖는 유일한 감각이다. 결국 요나스가 말하는 것은 시각이 가장 고귀한 감각이라는 것이다.

---

44 Jonas, "Nobility of Sight", p.513

감각의
위계서열

앞에서 다룬 내용들은 다음과 같은 철학의 기본 개념들로 요약될수 있다. 첫째, 지속적 현존의 개념을 제공하는 "표상의 동시성"이다. 거기에서 변화와 불변, 시간과 영원이 대비된다. 둘째, 역동적 중립화다. 그것은 질료와 구별되는 형상을, 존재와 구별되는 본질을 제공한다. 또한 이론과 실천의 차이점을 드러낸다. 셋째, 거리는 무한성의 관념을 제공한다. 그래서 마음은 시각이 가리키는 곳을 향해 나아간다.[45]

그러나 청각과 촉각은 "철학적 감각"으로 인정받지 못한다. 하물며 미각과 후각은 지성을 위해 얼마나 쓸모없는 것이 되겠는가! 그런 감각들이 경험되기 위해서는 너무 많은 시간이 요구된다. 또한 그들이 기능하기 위해서는 대상과의 친밀하고 실제적인 관계가 요구된다.

특히 미각의 작용에는 실행이 필요하다. 그래서 이론과 실천 사이를 구분하는 것은 상상하기 어렵다. 미각은 촉각 보다도 몸과의 관련성이 더 깊다. 미각의 대상은 실제로 몸으로 들어가야 한다.

요나스가 주장하는 시각의 철학적 개념은 추상적 차원을 나타낸다. 그것은 가능한 한 몸의 경험으로부터 분리되어 있다. 그러나 그의 저작이 나온 이후에 그의 철학은 상당한 비판을 받아 왔다. 생성을 넘어서는 존재, 실천을 넘어서는 이론의 중요성에 대한 그의 가정에

---

45 Ibid.,p.519

많은 의문이 제기되었다. 현대 철학자든, 고대 철학자든 그들의 저작에서 우리는 육체적 감각의 본성을 발견할 수 있다. 또한 그 감각들이 너무 낮게 평가되는 이유를 알 수 있다.

나는 미각의 본성에 대한 전통 철학의 판단들이 적절한 것인지 의문을 제기할 것이다. 그러나 그런 생각을 하기 전에, 나는 또 다른 맥락에서 감각들의 우선순위를 매겨 보고자 한다. 감각들의 순위를 매기는 개념적 틀은 많은 철학자들에 의해서 비판적으로 검토되었다. 그것은 서양의 지적 전통에서 오랫동안 수용되어왔던 많은 관념들을 재평가하게 된다. 또한 철학적인 문제에 대한 왜곡은 중요한 관심사들을 부정해 버릴 우려가 있다. 예컨대 젠더(Gender)에 대한 고찰은 철학이 무시해 버린 중요한 항목들 중 하나다.

전통 철학은 다섯 가지 감각들 중 시각과 청각의 우월성을 인정해 왔다. 그것은 인식론, 도덕론, 그리고 미학적 근거를 갖는다. 그러나 그것은 전통적으로 철학에서 널리 사용되는 근본 가정들에 근거한다.[46] 그 가정들은 이미 플라톤과 아리스토텔레스가 그들의 감각 경험에 대한 연구에서 발전시킨 것이었다.

그런 가정은 등급이 매겨진 개념의 쌍들을 일렬로 세워놓는다. 그것

---

46 Some of the ideas of the next few pages I first developed in "Gender Bias in Aesthetics," *American Philosophical Association Newsletter on Feminism and Philosophy* 89.2 (Winter 1990)

**감각의
위계서열**

은 몸보다 마음을, 감각보다 이성을, 짐승보다 사람을, 자연보다 문화를 더 높은 것으로 본다. 또한 여성보다 남성을 우월한 위치에 배치시키며, "여성성"으로 명명된 것들 위에 "남성성"의 특징을 올려놓는다.

이런 가정들에 젠더 차원이 있다는 것은 중요하다. 도덕론, 과학철학, 형이상학, 그리고 인식론에서 페미니스트들은 다음과 같은 개념적 근거의 뿌리를 추적해 왔다. 즉 여성보다 남성이 더 우위에 있다고 보는 근거의 뿌리를 추적해 왔다.

많은 인식론자들은 전형적으로 이성적인 인식주체를 남성으로 본다. 여성은 감각이나 감정에 의해서 더 많이 지배되는 것으로 간주돼 왔다. 도덕론에서는, 책임감 있고 공정성을 갖는 모델은 남성이다. 반면에 여성은 우유부단함과 용서의 이미지를 갖는다. 정치학에서는, 공공성과 추상성을 갖는 것은 남성의 영역이며, 그것은 "마음"과 관련된 것이다. 여성의 영역은 가정적인 것이며 그것은 "몸"과 관련된 것이다.[47]

이런 2항(二項)의 개념 구조가 갖는 치명적인 결과는 각 쌍들 중 하나의 항이 다른 항보다 더 우위를 차지하는 데 있다. 거기서 열등한 항으로 분류된 모든 것들은 이론적으로 무시된다. 우리는 감각 이론에서 이런 사고 방식의 특수한 변형을 볼 수 있다.

---

47 Genevieve Lloyd, *The Man of Reason: "Male" and "Female" in Western Philosophy* (Minneapolis: University of Minnesota Press, 1984) ; Luce Irigaray, *Speculum of the Other Woman* (1974), trans. Gillian C. Gill (Ithaca: Cornell University Press, 1985)

어떤 관점에서 본다면 플라톤은 이런 철학적 주장에서 예외가 될 수도 있다. 그는 『국가 V』에서 여성을 남성과 동등한 지위를 가져야 하는 이상적인 모습으로 그리고 있다. 이런 양성간의 동등성은 그가 『티마이우스』를 시작하는 구절에서도 확인된다. 그러나 이런 관점은 그리스의 지배적인 여성관 뿐만 아니라, 그 이후의 많은 정치 이론들과도 일치되지 않는다.[48]

여성은 비록 이성이 내재되어 있다 할지라도 열등한 인간으로 취급된다. 플라톤이 상상하는 "영혼 환생설"에 따르면 신이 인간을 창조했는데, 그 때 형편없이 잘 못 살았던 남성의 영혼이 다시 태어나면서 여성으로 창조되었다는 것이다. 만약 남성이 처음에 좋은 삶을 살지 못하면, 그는 보다 열등한 여성의 화신으로 다시 태어나야 한다.(42b)

어떤 사람의 삶에서든 비이성적인 행동은 이런 강등의 이유가 된다. 그런 비합리성은 두려움과 같은 비열한 감정이나 지나친 욕망에 빠지는 데서 나타난다. 여성은 합리적으로 통제할 수 있는 힘이 열등한 존재다. 그래서 보다 낮은 신체 감각의 욕망이나 쾌락에 순응하는데 더 적합하다. 이것은 누군가가 이전에 악행을 한 몸에서 다시 살기 위해 처벌을 받는 것이라고 추측해 볼 수 있다.

---

48 For some feminist analyses of Plato, see Nancy Tuana, ed., *Feminist Interpretation of Plato* (University Park: Pennsylvania State University Press, 1994).

**감각의
위계서열**

플라톤의 관점에서 보면 신체를 초월할 수 있고, 감각을 다스릴 수 있으며, 지식을 획득하는 것은 남성적인 능력이다. 여기에는 감각의 사용에 대한 젠더화가 함축되어 있다. 즉 시각과 청각의 말단 감각은 보다 고차적인 것으로서 덕망 있는 남성의 지성 통제 능력과 짝을 이룬다. 반면에 미각이나 촉각 등 신체 중심부의 낮은 감각들은 욕망이나 쾌락과 짝을 이루며 여성성과 관련된다.

하지만 이것들은 그렇게 단순하게 연관지을 수 없는 것이다. 온전한 감각 기능을 가진 여성은 분명히 다섯 가지 감각을 모두 가지고 있다. 그리고 그런 감각들은 실제로 서로 다른 기능들을 수행한다. 따라서 남성과 여성을 구분하고 그것에 따라 감각을 분류하는 것은 받아들이기 어렵다. 신체 감각과 연관되어 있다고 하는 "여성성"의 개념은 애매한 것이다. 실제의 여성에게 맞지 않다. 그것은 젠더의 개념적 틀 속에 많은 모순이 존재한다는 것을 의미한다.

아리스토텔레스는 형이상학, 인식론, 도덕론, 정치학, 그리고 생물학적 근거에서 계속 여성을 폄하해 왔다. 그것은 널리 알려진 사실이다. 그러나 어떤 주석가는 그를 이 주제에 관한 한 가장 영향력 있는 사상가라고 말한다. "아리스토텔레스는... 이전의 철학자들이 제기한 성 정체성의 물음에 대해서 한결같은 대답을 한 최초의 철학자였다.... 그는 남성과 여성의 차이가 철학적으로 중요한 것이며, 남성이 자연적으로 여성보다 우월하다고 주장했다."[49]

아리스토텔레스는 남성과 여성이 각기 대조를 이루는 것으로 규정했다. 그는 피타고라스가 만들어낸 대조표를 그의 『형이상학』 10장에서 요약하고 있다. 남성은 능동적인 반면 여성은 수동적이다. 남성은 활기가 넘치는 반면 여성은 냉담하다. 남성은 생산적이고 완전한 반면 여성은 비생산적이고 불완전하다. 남성은 태아의 발달 단계에서 형상이 주어지는 반면 여성은 오직 질료만 주어진다. "아리스토텔레스는 가장 근본적인 형이상학적 범주에 남성과 여성 사이의 적대적 대립관계를 만들어 놓았다."[50]

쾌락이 어떻게 다루어지는지에 대한 아리스토텔레스의 관점에서 감각에 대한 젠더적 의미가 발견된다. 그는 남성과 여성이 사회 계급 차원에서 동등한 것으로 생각하지 않았다. 여성은 그 본성에서 남성보다 능숙하지 못하다. 여성들의 이성적 능력은 그들의 욕구와 감정을 보다 잘 통제할 수 없다. 이런 2항(二項) 관계에서, 그 첫 번째 항은 두 번째 항을 다스리는 통치자를 의미한다.

이런 통치 기능은 형이상학적인 원리에서 불가피하게 사회적 의미를 불러들이게 된다. 참된 통치자는 가정에서는 남편이며 아버지다. 덕망 있는 남자/인간에 있는 이성은 감정과 욕구를 훈련시킨다. 가정에서 남성의 독특한 덕목은 지배적인 것이어야 한다.(이성의 지위를 갖

---

49 Prudence Allen, R.S.M., *The Concept of Woman: The Aristotelian Revolution,* 750 B.C-A.D.1250(Montreal: Eden Press, 1985), p.83

50 Ibid.,p.89

감각의
위계서열

기 때문에) 여성의 독특한 덕목은 복종적인 것이어야 한다.(감정과 욕구의 지위를 갖기 때문에)

다른 한편, "거리 감각"은 남성에게 적합한 것이고, "신체 감각"은 여성에게 적합한 것으로 보인다.[51] 거기에는 다음과 같은 것이 부가된다. 즉 여성의 마음은 추상적이고 보편적인 형상을 이해하는 지성을 덜 갖고 있다. 그들은 독특한 감각적 판단으로 한층 더 기울어져 있다.[52] 시각은 지성적인 것이며 보편화하는 능력을 갖게 한다. 그러나 신체감각은 이런 지성적인 활동에 도달하지 못한다. 어떤 느낌을 받는 순간 몸의 독특한 상태에 얽매이게 된다.

아리스토텔레스는 여성의 시각에 대한 특이한 교설을 주장한다. 그러나 그가 제시하는 근거는 신뢰성을 의심하게 한다. 그는 생리를 하는 여성의 시선은 거울이나 다른 반사 표면을 흐리게 한다고 주장한다. "매우 밝은 거울의 경우, 생리를 하는 여성이 그 거울을 바라보면, 그 표면은 핏발이 선 붉은 구름처럼 된다. 만약 그 거울이 새것이라면

---

51 "Throughout dominant Western religious and philosophical traditions, the 'virile' capacity for self-management is decisively coded as male": Susan Bordo, "Reading the Slender Body," in *Body/Politics: Woman and the Discourse of Science,* ed. Mary Jacobus, Evelyn Fox Keller, and Sally Shuttleworth(New York:Routledge, 1990), p.101

52 Whitney Chadwick notes that the assumption that woman were inapt at mathematics prevented much education in linear perspective and affected the participation of females in the development of Renaissance painting. See Woman, *Art, and Society*(London: Thames&Hudson, 1990), pp.66-67

그런 얼룩을 닦기가 쉽지 않다. 오히려 낡은 거울이 더 쉽다."(『꿈에 대하여』 459b28-30)

남성과 여성은 어느 정도 다르게 기능하는 눈을 가진 것처럼 보인다. 여성의 눈은 시각적 이미지를 왜곡시키는 현상에 영향을 받는다. 아리스토텔레스가 이런 민속학(民俗學)을 지어낸 것은 아니다. 그러나 그는 그것을 체계적인 과학에 포함시켰다. 결과적으로 그의 권위가 그런 민속학의 전파에 힘을 실어주게 되었다.(1612년, 영국의 헨리 피참(Henrie Peacham)은 아리스토텔레스를 인용하면서 그와 똑같은 관점을 주장하고 있다. 플리니(Pliny the Elder)는 여성의 시각에 의해서 손상되고 흐려질 수 있는 물품들의 항목에 상아와 대리석을 추가했다.)

이런 이론의 창시자들에 의해서 우리는 예기치 않게 감각의 왜곡된 위계 구조를 갖게 되었다. 어떤 감각들은 그 기능상 남성적 특성을 갖는 것으로 간주되었다. 다른 것들은 자동적으로 여성적 특성을 갖는 것으로 간주되었다. 그것은 그 감각들이 남성과 여성 안에서 서로 다르게 작용한다고 추정되기 때문이 아니다. 그것은 이성적 본성의 발달에 기여한다고 보는 거리 감각이 남성적인 것으로 간주되기 때문이다. 자연스럽게 신체 감각의 약점들은 암묵적으로 "여성성"으로 지명된 범주에 들어간다.

감각에 대한 현대의 과학적 연구를 살펴보면, 그것은 고대인들의 억측과는 훨씬 거리가 멀다. 그런 과학적 연구에서 정상적인 방법으로 감각들이 기능한다면 젠더는 거의 표면화되기 어려울 것이다. 그런 젠더 차원은 감각들이 사회적이고 문화적인 가치를 나타내기 위해서 사용될 때 발생하게 된다.

그러나 감각 위계에 뿌리 박혀 있는 가치 체계는 여전히 고대의 철학이론을 넘어서지 못하고 있다. 플라톤과 아리스토텔레스의 이론은 현대에도 여전히 교훈적으로 작용하고 있다. 그들은 가치를 나타내는 철자법에서 매우 명쾌하다. 그들은 몸이 경험에 관여하는 방법에 따라서 감각을 본다.(시각과 청각은 몸의 경험에 대한 관여가 미각이나 후각보다 적다) 감각에 대한 그리스인들의 가치 체계는 지금도 끊임없이 지속되고 있다.

이런 관점은 우리를 어디로 인도하는가? 거리감각이 남성적인 성취를 의미한다면, 신체 감각은 여성적인 재능의 영역을 의미하는가? 이런 경로를 따라가자면 감각의 젠더화는 과대평가된다. 그것은 어떤 특정한 의도를 가지고 감각의 특성을 선택적으로 구분하는 것이다. 이제 이런 논의에 대한 페미니스트들의 비판적 관점을 살펴보고자 한다.

엘렌 식수(Hélène Cixous)는 그의 관음증 이론에서, 보는 사람에게는 보는 위치가 그의 관심 대상으로부터 "안전한 거리"에 있어야 한다고 주장한다.[53] 여기서는 요나스가 고귀함의 상징으로 칭찬했던 "넓게 훑어보는" 시각이 "은밀한 감시"로 나타난다. 그것은 신체 감각의 참여와 관여에 대한 거부로 나타난다. (Hélène Cixous, 1937~ 프랑스의 페미니스트 작가, 시인, 철학자, 그녀의 책 〈메두사의 웃음〉으로 가장 잘 알려짐, 이 책은 직접적으로는 프로이트의 논문 〈메두사의 머리〉를 겨냥하고, 간접적으로는 여성성을 메두사와 같은 괴물로 규정지어 온 남성적 전통에 대항한다. 포스트 구조주의적 페미니즘의 초기 사상가- 역자 주)

뤼스 이리가레이(Luce Irigaray)는 촉각을 여성의 영역으로 지적하고 있다. "형상을 식별하고 구별하는 시각의 우위성은 여성의 에로티시즘에는 낯선 것이다. 여성은 보는 것보다 접촉에 의해서 쾌락을 느낀다. 여성은 소극성에 위탁되고 아름다운 숙고의 대상이 되고 싶어한다.[54] (Luce Irigaray, 1930~ , 벨기에 태생, 프랑스의 페미니스트, 철학자, 정신분석가, 〈성은 하나가 아니다〉 This sex is not one, 1977, 남성 문화에 의해서 대상화된 '여성성'을 지적하고 남성적 정체성에 대항하는 여성의 차이성을 지적함- 역자 주)

로빈 쇼트(Robin Schott)와 수잔 보르도(Susan Bordo)는 인식 대상에 대한 시각적 거리감의 가치를 발견했다. 그것은 탄생과 죽음의 여성성의 세계를 두려워하는 남성성 이론에서 두드러지게 나타난다.[55]

---

53 Hélène Cixous, "Sorties", in Cixous and Catherine *Clément, The Newly Born Woman* (1975), trans. Betsy Wing(Minneapolis : University of Minnesota Press, 1986), p.82

54 Luce Irigaray, *This Sex Which Is Not One* (1977), trans. Catherine Porter with Carolyn Burke (Ithaca: Cornell University Press, 1985), pp.25-26

**감각의
위계서열**

그런 사고 방식의 기저를 이루는 것은 남성은 합리성으로, 여성은 비합리성으로 연결짓는 2항 구조다. 식수는 이것을 "남성의 명령에 대한 여성의 복종으로 보았다. 그것은 기계적인 기능과 같이 나타난다."[56]

마틴 제이(Martin Jay)는 "남근로고스시각중심주의"(phallogocularcentrism)라는 이름을 붙였다. 그것은 감각 위계의 문제에 광범위한 관계를 맺게 된다. 보는 것은 여성이 남성과 똑같이 누릴 수 있는 특권이 아니다. 다른 감각들보다 눈은 더욱 대상화하고 조종한다. 눈은 거리를 두고 그것을 유지한다. 우리 문화에서 후각, 미각, 촉각, 그리고 청각에 대한 시각의 우월성은 신체적 관계의 빈곤화를 초래해 왔다.[57]

에블린 폭스 켈러(Evelyn Fox Keller)와 크리스틴 그론코프스키(Christine Grontkowski)는 지식이 적절한 시각적 메타포를 가질 수 있다는 것에 공감한다. 그들은 몸의 눈이 "마음의 눈"으로 대체될 때 젠더 편견에 대한 담론이 시작된다고 주장한다. 그런 젠더 편견은 시각을 지식의 감각적 메타포로 사용하지 않을 때 나타난다. 그것은 지식이 지각 대상의 불개입을 요구하기 때문이다.[58]

---

55 Robin May Schott, *Cognition and Eros: A Critique of the Kantian Paradigm* (Boston: Beacon, 1988) ; Susan Bordo, *The Flight to Objectivity: Essay on Cartesianism and Culture* (Albany: SUNY press, 1987)

56 Cixous, "Sorties", pp.64-65

57 Luce Irigaray quoted in Jay, *Downcast Eyes*, p.493

58 Keller and Grontkowski, "Mind's Eye"

이제 촉각을 여성의 영역에 귀속시키는 관점을 살펴보자. 어떤 에로틱한 감촉과 이미지를 구성한다면 촉각은 여성적인 것으로 간주될수 있다. 우리가 엄마의 부드러운 감촉을 근사하게 묘사할 수 있다면그것은 분명 여성적인 것이다.(이리가레이의 주장에 의하면 여성적 감촉에의 욕구는 임산부인 상태와 아기를 돌보는 상태에서 지배적이다.) 그러나 분명히 촉각은 부드러운 것과 마찬가지로 난폭한 것일 수도 있다. 더 나아가서 촉각을 여성의 영역에 귀속시키는 것은 그것의 복합적인 사용을 무시하는 것이다.

감각 위계에서 한층 더 중요한 것은 촉각과 두 개의 거리 감각(시각과 청각) 사이의 유사성이다. 그것은 그 대상들을 구문론적으로(syntactically) 구조화할 수 있다. 즉 시각이나 청각과 마찬가지로, 촉각도 개별적이면서도 반복적이고 조직적으로 복합적인 전체로 구성되는 대상을 갖는다.

이것은 촉각을 사용하는 언어 시스템인 점자법(Braille)의 토대가 된다. 시각과 촉각은 대상의 성질이나 특징을 파악하기 위해서 밀접하게 공동으로 작용한다. 시각과 촉각은 그 차원이나 형태에서 아리스토텔레스의 "공통감각"으로 파악된다.

그러나 미각과 후각은 몸 안에서 단일한 대상을 갖는다. 그래서 감각을 더욱 개별적인 사건으로 만든다. (미각의 맛은 어쨌든 (몸의) 작은 부분에 해당한다. 그것은 몸의 일부에서 일어나며 단 한번에 그치는 사건이다.) [59]

감각의
위계서열

브라이언 오쇼너시(Brian O'Shaughnessy)는 촉각은 대상들과 가장 직접적으로 관계하기 때문에 신체 경험을 위해서 반드시 필요한 것이지만, 넓은 세계를 규정하는 지식을 갖지 못한다고 주장한다. 또한 후각과 미각은 거의 모든 척도에서 4~5개의 부분으로 나누어진다는 사실을 관찰했다.[60] (Brian O'Shaughnessy ; 1925~2010년, 호주의 철학자, 영국 킹스 칼리지 교수, 신체적 행동과 의지의 본성에 관한 영향력 있는 논문들을 씀-역자 주)

이런 고찰들은 촉각의 중요성을 증대시키기는 하지만, 어떤 것도 여성에게 적합한 것은 없다. 나는 두 가지 감각(후각과 미각)이 젠더 분석을 위해 더욱 풍부한 잠재력을 갖고 있다고 믿는다. 또한 "여성성"이라는 개념은 애매한 근거를 가지고 있다는 사실이 확인될 뿐이다.

여성은 보다 덜 이성적이고, 보다 낮는 감각과 연관성을 갖는다는 것은 무엇을 의미하는가? 이 물음에 대해서 우리는 다음과 같은 추론을 할 수 있다. 즉 여성들은 미각이나 촉각과 더 큰 연관성을 갖는다는 것이다. 그런데 그것들은 시각이나 청각의 기능보다 폄하된다. 그런 신체 감각은 보다 낮은 인식능력과 가치를 갖는다. 이런 것들이 여성성과 관련될 수 있다는 것이다.

---

59 Augustine, *The Free Choice of the Will*, trans. Robert P. Russell, O.S.A (Washington, D.C.: Catholic University of America, 1968), p.128

60 Brian O'Shaughnessy, "The Sense of Touch," *Australasian Journal of Philosophy* 67.1(March 1989): 37

그것은 대립되는 두 쌍 중 보다 낮은 가치를 갖는 항목에 해당한다. 사회적 삶의 패턴은 어느 정도 그런 연관성을 설명할 수 있다. 역사적으로 오랫동안 그리고 다양한 사회에서 남성과 여성의 2항 구조는 공적인 영역과 사적인 영역으로 구분되어 왔다. 음식의 맛, 미각적 욕구 등의 가치는 공적인 지위에 속하게 되었다. 그러나 식사를 준비하는 일은 여성, 하인, 노예의 몫이 되었다.[61]

반면에 합리성은 남성적인 기준으로 규정된다. 그것은 욕정이나 욕망과 같은 동물적인 기능을 초월하는 것이다.[62] 대개 여성적인 특징으로 간주되는 성향들은 합리적 탁월성의 부족으로 치부된다. 그러나 이런 것들은 인간 고유의 특성을 이해하기 위한 노력과는 거리가 멀다. 사람들의 중요한 관심거리들은 주로 "남성적인" 주제에만 쏠려 있다.

여성들의 흔한 일상, 여성적 본성, 여성성 등은 이론적 탐구에서 중심적으로 검토되지 않는다. 사실상 많은 저작들에서 여성과 "여성성"으로 간주되는 표현들은 전혀 이론적인 것으로 간주되지 않고 있다. 여성에 대한 전형적인 고정관념들은 어떤 의심도 없이 받아들여지고 있다. 그것은 철저하게 검토되고 있지 않으며, 자명한 진리로 받아들

---

61 See also Sherry Ortner's argument in "Is Female to Male as Nature Is to Culture?" in *Woman, Culture, and Society,* ed Michelle Zimbalist Rosaldo and Louise Lamphere (Stanford: Stanford University Press, 1974)

62 Often included in the faculties that are designated "animal" emotions. Emotions are immensely complex intentional states, however, and all but the very basic emotions as fear and anger are arguably as unique to human beings as ration deliberation.

감각의 위계서열

여지고 있다.

플라톤이나 아리스토텔레스의 심리학은 과학적으로 빗나간 것이다. 그들은 영혼이 분할될 수 있다고 보았다. 그들은 머리를 몸으로부터 분리시켰다. 욕구는 통제가 요구된다. 특히 음식과 섹스는 위험한 욕구다. 성적 욕구를 위해 사용되는 유혹의 모습은 일반적으로 여성의 몸이다. [63]

철학은 미각이나 다른 신체 감각들을 잘 다루지 않는다. 철학은 감각 세계를 너무 포괄적으로 다룬다. 그것은 요나스의 시각에 대한 논의를 살펴보면 분명해진다. 시간을 초월하는 영원, 특수를 초월하는 보편, 실천을 초월하는 이론이 철학적 관심의 기반에 있다. 미각은 이런 쌍들 중 앞의 것에 해당한다. 즉 영원, 보편, 이론 등에는 적합하지 않은 감각이다.(사실 어떤 철학자는, 만약 요리를 하는 것과 같은 행동이 이론적 관심의 초점이 된다면, 이론과 실천 사이의 구별은 전혀 무의미할 것이라고 추측한다.) [64]

---

63 This generalization is complicated but I think not refuted by Greek homosexuality, for the ideal homosexual union was with a person of equal intellectual virtue and social status. The temptation a woman represents is only bodily. Kenneth J. Dover, *Greek Homosexuality* (Cambridge : Harvard University Press, 1978) pp.12, 103-4, 106, 149.

64 Lisa Heldke, "Recipes for Theory Making," in *Cooking, Eating, Thinking: Transformative Philosophies of Food* (Bloomington : Indiana University Press, 1992)

철학에는 어떤 갭(gap)이 있다. 그것은 전에는 감추어져 있었지만 이제야 드러나게 되었다. 그런 갭에는 어떤 생략과 왜곡이 있게 마련이다. 철학은 중요한 신념과 실천을 간과하고 살아 있는 가치를 무시하는 방식으로 이론을 발전시켜 나갔다. 그래서 맛에 대한 이론적 논의들은 실제로 사용하는 감각과 대상에서 자주 벗어나게 되었다.

맛 그 자체에 대한 철학적 물음은 성립될 수 있는가? 이론가들이 신체 감각과 그 쾌락의 비천함을 가정하기 때문에 그런 물음들은 묵살되어야 하는가? 그러나 맛에 대한 정교한 연구들은 감각이 철학적 관심 영역이 아니라고 하는 단순한 판단을 거부하게 만든다.

사실 우리는 맛 감각을 굉장히 복잡하게 사용한다. 주목할만한 것은 맛이 매우 순수한 이론적 설명을 남겨왔다는 사실이다. 오래 전 어떤 멕시코 사람은 마음이 어떻게 치킨에 의해서 자극을 받는지에 대해 관찰하고 철학적 사고를 했다. 소르 주아나(Sor Juana)는 음식이나 맛을 그녀의 연구 주제로 추구한 것은 아니었다. 하지만 그녀가 "아리스토텔레스가 요리를 했더라면, 그는 더욱 많은 글을 썼을 것"이라고 한 말은 옳은 것이었다.[65] (Sor Juana Inés de la Cruz ; 1648~1695년, 철학자, 작곡가, 시인으로 사랑, 페미니즘, 종교 등과 같은 주제로 글을 씀)

---

65 Sor Juana Inés de la Cruz (1648 or 1651-1695), *The Answer / La Respuesta*, ed. and trans. Electa Arenal and Amanda Powell(New York: Feminist Press, 1994), p.75

**감각의
위계서열**

맛은 미각적인 맛이 있고, 은유적이고 철학적인 맛으로 구분 가능하다. 그러나 정작 둘로 구분되는 용어들은 복잡하고 번거로운 수식어를 만들어 내야 하는 어려움이 뒤따른다. 구분하기 위해 동원된 간계한 형용사 수식어는 독자들을 혼돈의 세계로, 또는 〈음식철학〉을 고립에 빠뜨릴 수도 있다. 맛은 아름다운 성질을 지각하고, 그 대상들 사이에서 미세한 차이를 골라내는 능력이다. 반면 차이점은 철학적 맛을 동반하지 않고는 누구에게도 정확하게 알려질 수 없다. 미각적인 맛은 미학적(철학적) 맛과 함께 묶여서 나타나는 경향이 있다. 이런 경향은 17~18세기 칸트 철학에 와서 중요한 논쟁거리다. 미각적인 맛은 미학적인 맛의 판단을 위한 토대로 이해된다. 맛은 지극히 주관적이어서, 평가나 판단이 현대에 와서 보다 정밀하고 철저한 검토를 받게 된다.

저자는 현대 미학의 텍스트들에서 어떻게 맛이 미학적 감상에 가깝게 수용되는지를 쾌락의 경험론으로 살펴보고 있다. 맛의 문제를 공식화하고 표준을 세움으로써 '아름다움'의 상대주의로부터 구출하고자 한다. 미학적 탐구 주제로서 미각적 맛과 미학적 맛은 구분했지만, 그럼에도 깔끔하게 해결하지는 못했다.

맛의 철학

미각적 맛(t)과 미학적 맛(T) 구분

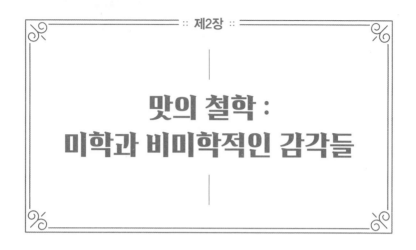

맛의 철학 : 미학과 비미학적인 감각들

"맛"이라는 말은 미학적 성질들에 대한 식별을 의미한다. 그것은 강한 흥미를 불러 일으키기도 하고 역설적이기도 하다. 18세기 유럽 철학에서 나타난 맛 이론의 주요 주제들 중에서 미각적인(gustatory) 맛은 배제되었다. 그러나 맛의 감각은 언어적, 개념적인 틀을 제공하게 된다. 그것은 또한 예술 작품의 미학적 감상이론을 형성한다.

사실상 신체 감각에 대한 지적 감각의 우위성은 미학적인 것과 비미학적인 감각들 사이를 구별하게 된다. 그러나 미학적 감각과 비미학적 감각은 그 위계가 동일하다. 이런 분류는 예술 형식을 인정하는 감각 경험과 그렇지 않은 것 사이를 동등하게 구분한다.

이제 우리는 문자적이고 미각적인 맛과 은유적이고 미학적인 맛을 다루고자 한다. 그런데 그렇게 둘로 구분되는 용어들은 복잡하고 번거로운 수식어들을 형성한다. 나는 이 장에서 그런 수식 형용사들을 생략하고자 한다. 그래서 실제적인 맛감각을 언급할 때에는 소문자 t를 "맛"의 의미로 사용할 것이다. 그리고 대문자 T는 미학적인 맛을 의미한다. 그것은 "맛의 철학" 혹은 "맛의 철학적인 문제"를 의미한다.

"맛" _ 문자적인 사용에서 유비적 사용으로

철학자들은 은유적 언어를 사용해서 이론을 만든다.[66] 플라톤은 감각적 이미지를 체험적으로 사용함으로써 추상적 세계를 비추었다. 그런데 20세기의 사상가들은 특히 은유(Metaphor)라는 주제에 대해서 반성해 왔다.

이리스 머독(Iris Murdoch)은 은유란 우리가 상황을 인식하기 위한 근본 형식이라고 말한다. 거기에는 공간적 은유, 운동적 은유, 시각적 은유가 있다.

"머독이 믿고 있는 철학 체계란 핵심 이미지를 탐구함으로써 이해

---

66 This use of the term "metaphor" is its general connotation, whereby systematic comparisons are structured into a variety of linguistic expressions. It does not distinguish among analogy, simile, metonymy, metaphor in the stricter sense, etc

될 수 있다. 사실 어떤 개념들은 은유에 의존하지 않고는 토의를 할 수 없는 것들이 있다. 그것은 개념들 자체가 깊은 은유를 담고 있고, 비은유적 요소들로는 분석될 수 없기 때문이다."[67]

마크 존슨(Mark Johnson)은 인지 과학에서 은유에 경험적 증거가 제공된다는 사실을 발견했다. 즉 은유는 단지 언어적 현상에 그치는 것이 아니다. 그것은 우리의 세계를 더욱 근본적으로 구조화하는 개념이자 경험적인 과정이다. [68]

만약 이런 관점이 옳다면, 은유적 언어는 단지 화려한 언어의 적용, 즉 수식적이고 수사적인 적용이 아니다. 그것은 은유를 사용하지 않고는 언급될 수 없고, 말할 수 없는 근본적인 것이다. 은유는 개념적 틀을 통해서 의미의 그물망을 형성한다.

철학은 그 개념적 탐구에서 감각적 은유를 자주 사용한다. 가장 추상적인 개념들이 친숙한 지각 경험을 그 토대로 요구하기 때문이다. 특히 우리가 1장에서 살펴본 바와 같이 철학이 시각적 은유에 의존하는 것은 주목할 만하다.

머독은 "보는, 응시하는, 햇빛의, 밖을 주목하는"이라는 관념들을

---

67 Iris Murdoch, *The Sovereignty of Good* [1970](London: Routledge, 1991), p.77

68 Mark Johnson, "Introduction: Why Metaphor Matters to Philosophy," *Metaphor and Symbolic Activity* 10.3 (1995): 157

사용해서 도덕적 이해의 과정을 설명한다. 이것은 플라톤이 사용한 방법이기도 하다. 더 나아가서, 자크 데리다(Jacques Derrida)는 모든 철학적 담론들(형이상학에 이르기까지)은 감각적 유형의 은유들로 구성된다고 보았다. 그는 미학에 대해서 다음과 같이 설명한다. "우리는 실제로 시각, 청각, 촉각의 은유에 대해서 말한다(인식의 문제에서 그 요소가 되는 것으로서). 매우 드물기는 하지만 후각과 미각의 은유 또한 무의미한 것이 아니다."[69]

다른 철학 분야와 달리 미학 이론은 맛감각의 모델을 사용하는 빈도가 높다. 하지만 그런 미학 조차도 미각적인(gustatory) 언어를 마지못해 받아들인다. 그것은 대부분의 이론에서 미학적인 맛(T)이 시각과 같이 분리되고 사색적인 거리를 확보하려고 하기 때문이다. 그것은 은유 뒤에 숨어 있는 문자적인 감각(t)에서 벗어나 있다. 미학적인 맛(T)과 미각 사이의 평행과 긴장은 특히 미학 이론의 형성기에 극적으로 나타났다.

지각, 쾌락, 아름다움, 그리고 예술에 대한 독특한 철학적 접근은 18세기 유럽에서 나타났다. 그런 접근을 시도한 저작들은 맛(T)에 대한 개념을 그 중심으로 삼고 있다. 맛은 잘 구분될 수 있는 감각으로, 그리고 아름다움을 포착할 수 있는 것으로 생각되었다.

---

69 Jacques Derrida, "White Mythology." in *Margins of Philosophy*, trans. Alan Bass (Chicago: University of Chicago Press, 1982), p.227

이 시기에 맛의 개념이 철학의 저작에서 넓게 나타나고 있는데 그것
이 곧 미학(aesthetic)이 된다. 뤼크 페리(Luc Ferry: 1951~. 프랑스의 철학
자이자 정치가)는 다음과 같이 말하고 있다.

철학의 한 분야로서 미학의 탄생은 미적 표상의 근본적인 변형과
관련되어 있다. 맛에 관한 사고의 경우, 그 근본 변형은 인간 주관성
의 본질을 파악하는 데서 나타난다. 맛은 가장 주관적인 것이다. 맛
의 개념에서 "아름다움"이란 그런 인간의 주관성과 관련되어 있다. 즉
우리의 감각이나 감정을 자극하는 것은 쾌락으로 규정될 수 있다.[70]

어떤 관점에서 맛의 감각은 이미 알려진 철학적 주제 안에 들어 있
는 것처럼 보인다. 그러나 감각적인 맛(t)은 결국 맛(T)의 철학에서 배
제되었다. 그럼에도 불구하고 감각적인 맛이 어떻게 미학이론을 발전
시켰는지에 대해서는 더 고찰해 보아야 할 것이다.

현대 철학의 지적 전통에서 감각적인 맛은 긍정적인 관점을 갖는다.
미학의 맥락에서 볼 때 특히 미각(gustatory sense)이 가장 많이 사용
되고 있다. 맛의 풍미는 실제적인 반응으로 지각과 쾌락이 결합되어
나타난다. 더 나아가서 맛은 아름다운 예술작품을 감상하는 것과 그
것이 갖는 사회적 품격에 비유된다.

---

70 Luc Ferry, *Homo Aestheticus: The Invention of Taste in the Democratic Age,* trans.
   Robert de Loaiza(Chicago: University of Chicago Press, 1993),p.19

영국 언어인 "taste"는 역사적으로 몇 가지 의미를 갖게 되었다. 그것들은 감각 경험에 의해서 어떤 대상을 "친숙하게 안다"고 하는 관점과 관련된다.[71] 인간은 그것이 음식이든, 행동이든, 어떤 유형의 대상이든 어떤 것을 "맛보고 싶다"라고 표현한다. 맛을 보는 느낌은 불가피하게 감정적인 원자가를 갖는다. 즉 맛을 보는 것은 쾌나 불쾌와 같은 느낌으로 기록된다. 감각은 직접적이고 주관적인 승인에 의해서 경험의 질을 판단하게 된다. 그래서 "맛을 보는 것"은 개인적인 성향이나 기호를 나타내게 된다.

맛의 은유는 대상의 단일한 성질들에 관심을 갖는다. 또한 그것은 "아름다움"이라는 말로 설명되는 좋은 성질에 대해 관심을 갖는다. 그러나 사실 아름다움이란 규정하기 힘든 개념이다. 대상들은 매우 다양하게 아름다운 모습을 드러낸다. 그러나 대체로 아름다움을 구성하는 것을 구체적으로 명시하기란 불가능한 것이다.

개별 대상들의 좋은 점을 판단하는 것은 어떤 원리나 규칙들로부터 추론될 수 없다. 즉 "맛"(T)은 감각적 원인이나 현상을 지배하는 원리를 산출하는 것은 아니다. 그것은 직접적인 경험대상, 즉 체험을 통해서 알고, 주관적인 반응을 일으키는 느낌을 통해서 가치를 평가한다.[72]

---

71 Oxford English Dictionary(1971), s.v. "Taste"

72 Some of these generalizations about the operation of the sense of taste are questionable, and indeed can be seen to reflect the typology of the lower senses as somehow more "natural" and less rational than higher senses.

맛의 철학 :
미학과 비미학적인 감각들

이것은 예술이나 자연 대상의 아름다움에 적합한 판단 유형이다.

아름다움과 예술에 대한 토론에서 주로 등장하는 언어는 이미 18세기 이전에 잘 정립되어 있었다. 맛과 그 판단 사이의 연관성은 15세기 이전에도 발견될 수 있다. 그러나 17세기에 와서 그런 사용이 확산되었다.[73]

실제로 스페인, 이탈리아, 영국, 프랑스, 독일에서 "문자적인 맛"(gusto(영), goût(프), Geschmack(독))이 사용되었다. 그것들은 결국 미학적 성질로 "표기된" 것을 알아차리는 능력을 비유적으로 말한 것이다.[74]

맛은 아름다운 성질을 지각하고, 지각 대상들 사이에서 미세한 차

---

73 Comprehensive anaylses of this development include David Summers, *The Judgement of Sense : Renaissance Naturalism and the Rise of Aesthetics* (Cambridge: Cambridge University Press, 1987); Jeffrey Barnouw, "The Beginnings of 'Aesthetics' and Leibnizian Conception of Sensation," in *Eighteenth Century Aesthetics and the Reconstuction of Art,* ed. Paul Mattick, Jr. (Cambridge : Cambridge University Press, 1993) ; Dabney Townsend, "Taste: Early History," in *Encyclopedia of Aesthetics,* ed. Michael Kelly, 4 vols.(New York; Oxford University Press, 1998), vol.4 ; Giorgio Tonelli, "Taste in the History of Aesthetics from the Renaissance to 1770," in *Dictionary of the History of Ideas,* ed. Philip P. Weiner, 5vols(New York: Scribner, 1973), vol.4. For an account of the earlier philosophy leading up to theory of Taste, see Umberto Eco, *Art and Beauty in the Middle Ages,* trans. Hugh Bredin(New Haven: Yale University Press, 1986).

74 Joseph Addison, "Pleasures of the Imagination I," *Spectator*, no. 409(1712); Voltaire, entry on "Goût"("Taste") in Diderot and D'Alembert's *Encyclopédie*(1757).

이점을 식별하는 능력이다. 그런 차이점은 맛(T)이 없이는 누구에게도 알려질 수가 없다. 많은 미학적 식별의 유형들은 맛(T)의 개념으로 함께 묶이는 경향이 있다. 그러나 초기 이론의 전문 용어들은 "아름다움"에 더 초점을 맞추고 있었다.

그것은 주관이 자연의 아름다움을 즐기든, 복잡한 예술작품을 감상하든 마찬가지다. ("맛"(T)은 또한 사회적 주관성을 의미하기도 한다.) 그런데 18세기에 와서 고귀함, 숭고, 조화, 고풍스러움 등과 같은 다른 특성들도 동일한 중요성을 갖게 되었다. 결국 그 이론에서 다루어지는 언어들은 미학적 쾌락의 일반적 개념 안에 자리를 잡게 되었다.

은유적인 맛의 의미와 함께 "미학"(aesthetic)이라는 말이 현대 철학에 나타나게 되었다. 그것은 그리스 말에서 따온 것으로 바움가르텐(Alexander Baumgarten)에 의해서 감각적 지각을 지칭하는 것이 되었다. 그는 미학을 "감각적 지각의 과학"이라고 말했다.

그는 "지각된 것들"(aestheta)을 "인식된 것들"(noeta)과 대비시켰다. 인식된 것들은 지성이 인식의 내용을 만들어내는 것으로서 논리학의 대상이다.[75] 그런데 바움가르텐은 특히 시(詩)에 흥미를 가졌다. 그는 비록 시가 논리적이고 지성적인 관념들을 제공하지는 못하지만, 특별한 표상들을 생생하게 제시해 준다고 주장했다.[76]

어떤 철학적 물음들은 맛에 대한 은유적 사용과 관련된다. 그런 은유적 사용은 예술적 성질들을 식별하고 아름다움에 대한 가치를 판단한다. 이런 논의들의 중요한 이슈 중 하나는 맛(T)의 정신적 상태에 관한 것이다. 그런데 이런 정신적 기능은 이성의 사용과 관련이 있는가? 아니면 감각 경험이나 감정과 같은 더 직접적인 반응과 관련이 있는가?

맛(T)이 이성 능력의 기능이든, 감정적인 기능이든 간에, 어쨌든 그것은 감각, 감성, 혹은 감정 등과 함께 17~18세기의 중요한 논쟁거리였다. 적어도 칸트가 그의 《판단력 비판》에서 복잡한 해결책을 내놓기 전까지는 그랬다.

18세기 철학의 가장 영향력 있는 이론들을 살펴보면, 이성에 대한 감성의 승리는 미학적 인식 요소들을 약화시킨다.[77] 그러나 맛은 미

---

75 Alexander Baumgarten, *Reflections on Poetry*(1735), trans. Karl Aschenbrenner and William B. Holther(Berkeley and Los Angeles: University of California Press, 1954) p.78. In Baumgarten's 1750 work, *Aesthetica*, the term "aesthetic" became particularly associated with beauty. In the *Critique of Pure Reason*(1781) Kant used "aesthetic" to refer to sense perception; in the *Critique of Judgement*(1790) he employed it to refer to judgement of Taste, or the judgement that something is beautiful. The term "aesthetic" was not used in English until the nineteenth century.

76 Although the aesthetic faculty is inferior in its knowledge to the intellectual faculty, aesthetic experience is still a type of cognition. As we shall see shortly, this cognitive element of the notion of the aesthetic temporarily disappears from theoretical view as the discipline develops.

77 This historical development is criticized at length by Hans-Georg Gadamer, *Truth and Method,* trans. Joel Weinsheimer and Donald G. Marshall (New York : Continuum, 1989), pt.1

학적인 맛(T)을 위한 적절한 은유를 만들며, 그것이 '감각적'인 것이라는 사실은 분명하다. 그것은 직접적으로 지각되는 성질들에 반응하는 경향성으로 이해될 수 있다.

그래서 미각적인 맛은 미학적인 맛(T)의 판단을 위한 토대가 된다. 게다가 맛 감각은 미학적인 맛과 똑같은 작용을 하는 것으로 보인다. 문자적인 맛의 경험은 미학적인 성질의 식별과 같이 개별적인 경험을 요구한다.

누구든 실제로 스튜(stew : 고기와 채소를 넣어 국물이 있게 끓인 요리)를 맛보지 않고는 그 스튜의 맛을 판단할 수 없다. 어느 누구도 이 특별한 요리를 위한 레시피를 읽는다고 해서 그 맛을 추정할 수는 없다. 음식은 반드시 우리 입에서 씹고 삼켜져야 하며, 그 풍미가 혀에서 느껴져야만 한다.

음식과 음료는 모두 "풍미가 있다"거나 "맛이 좋다"라는 평가를 하게 된다. 이런 언어의 선택에서 미각적 은유들이 계속 일어난다. 그것들은 모두 쾌락이나 고통의 반응과 강하게 결합되어 있다. 더 나아가서 "반감"을 갖는 것 또한 지성적 판단 그 이상의 것이다. 즉 그것은 문자적이고 은유적으로 "맛이 없음"을 의미한다.(특히 강한 혐오감은 역겨움을 불러일으킨다.)

그런데 그런 평가나 판단들은 매우 주관적인 것이다. 그것은 본질

적으로 "그 혹은 그녀"의 주관적인 반응이다. 여기서 제기되는 맛의
주관성은 나중에 더욱 정밀하고 철저한 검토를 하게 될 것이다. 이제
우리는 현대 미학의 텍스트들에서 어떻게 맛이 미학적 감상에 가깝
게 수용되는지를 살펴보고자 한다.

18세기 초 아베 뒤보(abbé Dubos ; 1670~1742년, 프랑스의 작가)는 미
각적인 맛에 마음이 끌리게 되었다. 그는 미학적 판단이 이성보다는
감정에 근거한다고 주장했다.

만약 누군가가 라구(ragout: 고기와 야채에 갖은 양념을 하여 끓인 음식)
의 맛이 좋은지 나쁜지를 판단해야 한다고 하자. 그는 그 혼합물들의
비율을 규정하기 위해서 풍미의 기하학적 원리를 제시할 수 있을까?
음식을 만드는 각각의 재료들의 성질들을 밝혀낼 수 있을까? 그것은
어느 누구도 할 수 없는 일이다.

그러나 우리는 요리사의 기예를 위해 설계된 "감각"(감각적 지각)을
가지고 있다. 또 그런 기예에 대한 이성적 인식 없이도 라구를 맛보고
그것이 좋은 것인지를 안다. 그것은 어느 점에서는 똑같은 마음의 작
용이며, 우리를 즐겁게 하고 흥분시키는 똑같은 그림이다.[78]

볼테르(Voltaire)는 디드로와 달랑베르의 백과전서(Diderot and

---

78 Abbé Jean-Baptiste Dubos, *Réflexions critiques sur la poésie et sur la peinture*
(1719;2d ed. 1770) (Geneva: Slatkine, 1967), p.225

D'Alembert's Encyclopédie)에 맛(T)에 대한 짧은 논문을 기고했다. 그 논문에는 슈발리에 드 조쿠르(chevalier de Jaucourt)의 문자 그대로의 맛(t)에 대한 항목이 제시되어 있다.

두 작가는 풍미로서의 감각과 예술 애호 사이를 손쉽게 바꿔 가면서 "맛"(t)에 대해서 기록하고 있다. 조쿠르는 "일반적으로 맛은 감각 기관을 자극하면서 그 대상을 즐기는 것이다…… 사람들은 라구나 스튜를 맛보는 것과 같이 음악과 그림을 맛본다."고 말한다.

볼테르는 그런 비교를 더 추적하였다. 그는 음식과 예술 두 종류의 맛이 반응의 직접성에서 뿐만 아니라 교육의 필요성에서도 비슷하다는 것을 발견한다. 볼테르는 "맛은 혀와 입천장에서 재빨리 식별되며, 그 반응을 예측할 수 있다. 그것은 관능적으로 좋은 것을 즐기며, 혐오스러운 것을 거부한다. 입천장은 가끔 불확실하고 의심스러운 것을…… 어떤 형태를 갖도록 돕는 습관이 있다."[79]고 주장한다.

그런데 교육을 통해서 좋은 습관을 배우는 것은 맛(T)을 묘사할 수 있는 발달단계의 필수 조건이 된다. 맛(T)은 미학적 즐거움을 일으키는 성질들을 알아채는 자연적 소질이라고 추측된다. 이런 소질은 좋은 맛(T)을 얻어내기 위해서 훈련되고 개선될 필요가 있다. 취미가 고상한 사람(L'homme de goût)은 조심스럽게 그 소질을 함양해야 한다.

---

79 Chevalier Louis de Jaucourt and Voltaire, entries s.v. "Goût" in Diderot and D'Alembert, *Encyclopédie*.

맛의 철학 :
미학과 비미학적인 감각들

이런 논의는 계몽시대 유럽의 미학 개념에 그 초점을 두고 있다. 중요한 것은 맛의 감각이 미학적 식별의 의미로 사용되고 있다는 사실이다. 그러나 미학에서 맛에 대한 가장 정교한 이론은 아마도 인도의 전통에서 발생했을 것이다.

인도에서 라사(rasa; 인도 미학에서 의미하는 맛)는 경험의 주인(host)을 의미한다. 그것은 음식과 예술 모두에서 품질을 검증하는 것을 말한다. 라사는 문자적으로는 식물의 즙을 의미한다. 그러나 거기에는 더욱 많은 의미들이 담겨있다. 즉 어떤 것을 증류하여 짜낸 진액, 그 맛 혹은 풍미, 그것을 접하는 사람의 즐거움 등의 의미를 함축한다.

라사는 예술 작품을 포함하여 창작된 대상의 품질을 의미한다. 또한 그것은 관람객의 즐거움이나 고조된 미적 관심과 관련된다. 따라서 인도 미학에서 라사는 감상되는 성질의 "대상"을 말하기도 하고, 그런 라사에 대한 "경험"을 말하기도 한다. 예술적 표현 능력을 의미하기도 한다.

약 2000년 전에 바라타(Bharata Muni)는 라사의 개념을 다음과 같이 정의했다.

"라사는 어떻게 맛볼 수 있는가? 그것은 마치 좋은 성품을 가진 사람이 여러 가지 양념으로 요리된 음식을 먹으면서 그 맛을 즐기고 쾌락과 만족감을 얻는 것과 같다. 세련된 사람들은 그들의 감정 상태를 오랫동안 맛본다. 그들은 여러 가지 감정 상태들을 단어나 몸짓으로 표현하며 쾌락과 만족감을 얻는다."[80]

(바라타(Bharata Muni(200B.C) ; 인도의 이론가, 철학자로서 라사의 감정으로 알려진 심리적 상태를 밝혔다. 라사는 다음과 같이 8가지로 분류된다. : ① 사랑, 애정(sringra), ② 희극, 유머(hasya), ③ 비애(karuna), ④ 공포, 광란(raudra), ⑤ 용감, 용기(vira), ⑥ 두려움, 무서움(bhayanaka), ⑦ 혐오, 불쾌(bibhatsa) ⑧ 감탄, 놀라움(adbhuta))

"라사"의 의미는 오랜 역사를 거치면서 발달해 왔다. 그것은 유럽 언어에서 나타나는 "맛"의 의미보다 훨씬 더 복잡하다. 감각 경험의 세련된 식별이라는 의미와 유사성이 있다. 그것은 대상의 성질에 대한 식별이자 동시에 예술의 특별한 성질을 얻기 위한 경험이다.

맛은 분명히 예술적 진가를 경험하고 미학적으로 중요한 대상을 표현하는 개념이다. 이 주관적이고 신체적인 감각은 규정하기 어렵고 말로 표현하기 힘들다. 그런 것들은 미학의 다양한 전통에서 나타난다. 어쨌든 맛의 감각은 가장 고귀하고, 세련된 문화적 창조물이다. 이런 사실은 맛을 보다 낮은 감각으로 분류한 감각 위계가 아이러니한 것임을 말해준다.

---

80 Quoted in B.N.Goswamy, "Rasa: Delight of the Reason," in *Aesthetics in Perspective*, ed. Kathleen M.Higgins(Fort Worth: Harcourt Brace, 1996), p.694.

맛의 철학 :
미학과 비미학적인 감각들

이와 같이 미각적인 맛은 미학적 식별의 분석을 위해 활용된다. 우리는 철학에서도 그런 이론의 개발을 기대할 수 있었을 것이다. 하지만 현대 유럽의 미학이론에서는 미각적인 맛이 거의 잊혀지고 있다. 유럽의 맥락에서 "맛"(T)은 단지 이론적인 개념으로 발전했기 때문이다. 또한 감각적인 맛의 주관성은 고질적인 철학적 문제를 제기하기 때문이다.

두 종류의 맛(미학적인 맛과 미각적인 맛)의 차이점을 알지 못하면, 우리는 아마 18세기 유럽 철학이 직면했던 이슈들을 다루기 어려울 것이다. 어째서 맛은 그 은유적 사용에서만 미학의 구성요소가 되는지를 이해할 필요가 있다. 또한 우리는 "아름다움"을 분석하는 이론가들에 의해서 제기된 문제들을 고찰해 볼 필요가 있다.

맛의 문제

"맛에 대한 문제"는 간단히 말하면 다음과 같다. 본질적으로 미학적 반응은 쾌락과 관련되기 때문에 주관적인 것이다. 그러나 아름다움과 예술적 가치에 대한 판단은 주관적인 상태를 말하는 그 이상의 것이다. 그런 판단은 평가의 기준을 공유할 것을 요구한다.

그런데 맛(T)의 철학은 미학적 반응의 주관성을 어떻게 알 수 있는가? 또한 맛 판단의 주관성 그 이상의 것을 어떻게 수용할 수 있는

가? 주관주의적 입장은 어떻게 상대주의를 피할 수 있으며, 그것에 상응하는 평가 기준을 가질 수 있는가? 이런 물음은 18세기 담론에서 특히 중요한 의미를 갖는다.

17~18세기 유럽 철학(특히 영국 철학)은 경험론이 지배했다. 그 이전의 몇 세기 동안, 어떤 절충파 플라톤주의자들은 아름다움에 대한 이론적 지식을 지배했다. 우리는 그런 접근을 "플라톤주의"라고 부른다. 그것은 아름다움을 이해하는 마음의 기능이 이성적 기능이라고 본다. 그리고 아름다움은 어떤 객관적인 성질을 가지고 있다고 본다.

그러나 아름다움의 상태는 약간 신비로운 것이다. 그것은 '감탄'이라는 주관적 감정과 관련될 수 있다. 그래서 아름다움이 객관성과 관련되면 불편함을 낳는다. 그것은 어떤 것이 아름답다고 하는 것은 "뭐라 말할 수 없는 것"(je ne sais quoi)이라고 하는 프랑스식 주문(呪文)에서도 잘 나타난다. 그것은 아름다움의 속성에 대한 분석적 표현을 거부한다.

경험주의의 영향이 점차 커짐에 따라 아름다움의 객관적 성질은 거부되었다. 그것은 단순히 어떤 종류의 쾌락으로 분류되었다. 그러나 철학에서 지각과 가치 이론이 변화하면서, 아름다움과 쾌락의 동일시가 맛(T)의 개념에 영향을 미치는 새로운 문제를 일으키게 되었다.

일찍이 영국에서 맛(T)의 문제에 영향력 있는 이론들은 대부분 존

로크(John Locke)의 분석에서 나왔다.[81] 로크는 아름다움에 대해서 약간 직설적으로 표현했으며, 맛(T)의 철학이 마음의 작용이라고 분석했다.

《인간 오성론》(1690)에서 로크는 모든 "관념들"은 궁극적으로 감각 경험으로부터 나온다고 주장했다. 그런 감각 경험들은 곧 마음의 내용들이며, 우리의 감각 기관들이 외부 세계와 접촉하면서 생긴 결과다.[82] 결국 관념들은 감각작용(직접적으로는 감각경험, 혹은 반성작용)의 결과이며, 마음의 작용이 다른 관념들을 형성하게 된다.

관념들은 단순한 것이거나 복합적인 것이다. 단순관념은 마음이 어떤 현상을 수용한 것일 뿐이다. 이때 마음은 수동적일 수 밖에 없다. 그것은 마음이 임의로 만들어낼 수도 없고 변형시킬 수도 없다. 그것은 모양, 색깔, 질감, 맛 등과 같은 정신적 이미지다.

다른 한편으로 마음은 능동적으로 단순관념을 재료로 하여 다른 종류의 관념을 만들어낸다. 이 때 단순관념들은 이런저런 방식으로 조합되거나 합성되어 다른 종류의 관념이 된다. 이를 복합관념이라고

---

81 Dabney Townsend, "Lockean Aesthetics," *Journal of Aesthetics and Criticism* 49.4 (Fall 1991). Townsend argues, however, that few early aesthetic theory were really consistently empiricist. See also Carolyn Korsmeyer, "The Eclipse of Truth in the Rise of Aesthetics," *British Journal of Aesthetics* 29.4 (Autumn 1989).

82 John Locke, *Essay Concerning Human Understanding* (1690), bk.2, chap.8, sec.8, in *Collected Works* (Freeport, N.Y.: Books for Libraries Press, 1969), 1:243.

부른다. 복합관념은 이미 있는 단순관념들을 소재로 만들어진다. 로크는 복합관념으로 양상(Modus), 실체(Substance), 관계(Relation) 등을 들고 있다.

양상은 어떤 사물의 상태나 성질과 같은 것이다. 예를 들면, 움직이는 것이나 지속적으로 존재하는 것과 같은 것이다. 실체는 많은 단순관념들이 의존하는 어떤 기체(基體 ; 기반이 되는 것)와 같은 것이다. 예를 들면 신과 같은 것을 생각해 볼 수 있을 것이다. 관계는 사물 밖에 있는 어떤 것과 덧붙어 있는 것이다. 예를 들면 남편이라는 관념은 아내라는 관념과의 관계 속에서만 생각될 수 있는 것이다.

신체에서 지각되는 대상의 성질들은 다시 두 가지로 구분된다. 제 1성질들(모양, 크기, 단단함, 움직임과 멈춤의 상태 등)은 그 자체로 신체에 귀속되는 것이다. 그것은 대상이 인간의 지각에 영향을 미쳐서 추상화된 것이다. 제 2성질들(색깔, 소리, 맛 등)은 여러 가지 단순관념들이 원인이 되어 신체의 부분에 영향을 미친 것이다. 그 관념들은 절대로 유사하지 않으며, 그 신체적 원인을 알 수 없어 정확하게 묘사할 수가 없다.

로크에 따르면 마음은 관념들에 작용할 수는 있으나, 그것에 어떤 것도 덧붙일 수가 없다. 마음은 감각적 인상이 나타난 여러 상황들로부터 관념들을 추상해 낼 수 있다. 또한 마음은 복합관념을 그 부분들로 구분할 수 있다. 그 부분들을 다시 새로운 복합관념으로 재구성

맛의 철학 :
미학과 비미학적인 감각들

할 수 있다. 인간의 모든 정신적 과정들은 이런 관념들에 대한 작용을 내포한다. 그러나 감각적 원인을 추적할 수 없는 요소들은 어떤 경우에도 관념이 될 수 없다.

로크에서 아름다움은 '복합된 양태'(mode)다. 그것은 쾌락과 고통을 포함하는 단순관념들로 구성된 복합관념이다. 아름다움은 색깔과 모양의 복합체로서, 보는 사람들에게 유쾌함을 갖게 하는 원인이 된다.[83]

아름다움은 객관적인 자극을 갖지 않으며, 어떤 보편적인 합의도 존재하지 않는다. 이런 현상에는 가변성이 존재한다. 따라서 어떤 관찰자에게 즐거움을 주는 색깔과 모양이 다른 관찰자에게도 즐거움을 줄 것이라는 보증은 없다.

이런 상대주의의 위험성은 17세기 아름다움과 쾌락에 대한 이해에서 더욱 분명하게 나타난다. 쾌락은 자발적인 관심이나 욕구가 충족될 때 나타나는 느낌으로 생각되었다. 만약 쾌락이 아름다움의 결정적 요인이라면, 그 아름다움에는 개인적인 가변성이 너무 많아지게 된다.

가치에 대한 이기주의적이고 상대주의적인 이론으로 평판이 높은 사람은 토마스 홉스(Thomas Hobbes)다. 그의 쾌락에 대한 분석은 이

---

83 Ibid., chap.12, sec 5, p.281

런 상대주의적 접근법의 위험성을 더욱 분명하게 드러낸다.

홉스가 다루고 있는 쾌락은 다음과 같은 두 가지 원리에 근거한다. 그 하나는 인간의 모든 행동이 욕구 또는 혐오에 의해서 동기화된다는 것이다. 다른 하나는 이기적 본성과 만족할 줄 모르는 욕구를 가진 인간이 항상 최대한 자기 이익을 추구하는 방식으로 행동한다는 것이다.

그래서 아름다움을 단지 자기 이익의 기호로만 구성하는 것이 곧 쾌락이 된다. 관찰자는 가능한 한 자기 이익에 상응하는 느낌을 갖고 어떤 대상을 바라보게 된다. 그러나 모든 사람들이 똑 같은 것을 욕구하는 것은 아니므로, 욕구라는 용어는 그 사용자들과 관련해서만 사용된다.

"선과 악, 경멸 등과 같은 말들은 그 말과 관련된 사람들에게만 사용된다. 거기에는 결코 절대적인 어떤 것이 존재할 수 없다. 또한 대상 자체의 본성으로부터 주어지는 선과 악의 공통된 규칙 따위는 존재하지 않는다."[84]

---

84 Thomas Hobbes, *The English Works of Thomas Hobbes of Malmesbury,* ed. Sir William Molesworth, 11 vols. (London:J. Bohn, 1839-45), 3:40-41. Hobbes distinguishes between two kinds of pleasure: sensual pleasure-largily gratification of the sense of taste and touch- and pleasure of the mind. the latter –which include both aesthetic pleasure and the bases of moral assessments- come about by the fulfillment of imaginative expectation. A useful discussion of these points is to be found in C.D. Thorpe, *The Aesthetic Theory of Thomas Hobbes* (Ann Arbor: University of Michigan Press, 1940).

맛의 철학 :
미학과 비미학적인 감각들

그럼에도 불구하고 홉스의 가치 평가에는 이성의 기능이 존재한다. 사람들은 아름다움이나 좋음을 발견하는 과정에서 개인적으로 강점과 약점을 계산한다. 그러나 이런 분석은 맛(T)의 이론에서는 좋지 않은 결과를 가져온다.

만약 아름다움(맛 판단의 대상으로서)이 쾌락이라면, 그리고 그 쾌락이 욕구를 만족시키는 것을 의미한다면, 또한 그 욕구가 '자아'를 지향한다면, 맛(T) 판단은 주관적인 것일 뿐만 아니라 상대적인 것이다. 하지만 이렇게 주관에 제약된 쾌락은 아름다움의 경험에서 개인의 이익을 이성적으로 계산하게 한다. 이런 쾌락과 자아지향적 욕구의 결합은 홉스의 이기주의를 거부하는 미학과 도덕이론으로부터 비난을 받아왔다.

그 당시의 철학자들은 행복이 단지 상대적인 것이고 자기 이익만을 위한 가치판단일 뿐이라고 생각했다. 또한 아름다움이 쾌락의 한 유형일 뿐이라는 결론은 상당히 확고해졌다. 그러나 그 후 많은 가치 이론가들은 쾌락에 대한 이해를 수정하는데 상당히 많은 시간을 쏟아부었다. 그들은 쾌락이 언제나 자아를 지향하는 것도 아니며, 개인적인 것이 아니라는 것을 보여주려고 했다. 이런 이론적 변화들은 다양하게 나타났다.[85]

---

85 See Peter Kivy, "Recent Scholarship and the British Tradition: A Logic of Taste – The First Fifty Years," in *Aesthetics: A Critical Anthology*, ed. George, Dickie and R.J. Sclafani (New York: St. Martin's Press, 1977)

샤프츠베리(Lord Shaftesbury:1671~1713년)와 허치슨(Francis Hutcheson :1694~1746년)과 같은 이론가들은 그런 변화의 선구자들이었다. 나중에 칸트(Immauel Kant)는 그의 《판단력 비판》에서 그런 움직임을 체계화했다. 칸트는 쾌락을 욕구 충족의 표시가 아니라고 분석했다. 쾌락은 이기적인 욕심이나 개인적인 관심으로부터 완전히 자유로워야만 한다. 이런 이론들의 중요한 공헌점은 미각적이고 문자적인 맛(t)을 미학적인 맛(T)으로부터 이론적으로 분리시킨 데 있다.

허치슨의 《아름다움과 가치 관념의 기원에 관한 탐구》(1725)는 로크의 "관념 이론" 위에 세워진 것이다. 아름다움과 같은 도덕적 성질들은 쾌락으로 환원된다. 그러나 로크와 달리 허치슨은 아름다움을 마음이 구성한 복합된 양식으로 보지 않았다. 허치슨에 따르면, "아름다움"은 감각경험에 의한 관념과 같이 직접적이고 수동적으로 지각되는 것이다.[86] (그는 아름다움을 로크의 단순관념과 같은 것으로 보았다.)

아름다움이 감각적인 것이라면, 그것을 수용하는 감각기관이 있어야 한다. 허치슨은 이것을 "내감"(inner sense)이라고 명명했다. 그것은 어떤 쾌락을 즐기고 수용하는 인간의 능력을 의미한다. "아름다움은 우리 안에서 일어나는 관념이며, 아름다움의 감각은 우리가 이 관념을 수용하는 능력이라고 생각된다."[87] 또한 이런 관념을 받아들이는

---

86 Whether the idea of beauty that he envisages as the object of an inner sense is simple or complex is a muddy issue. See Peter Kivy, *The Seventh Sense* (New York: Burt Franklin, 1976).

성향은 인간의 보편적인 본성이다.

허치슨의 철학적 작업은 일반적으로 생각하는 좋은 맛(T)의 원천을 발견하기 위한 것이었다. 또한 내감의 적절한 기능을 왜곡하고 미적 판단의 불일치를 야기하는 심술궂은 맛(T)의 원인을 찾기 위한 것이었다.

허치슨은 공통의 쾌락이 가능하다고 보았다. 그러려면, 쾌락이 어떤 이기적인 욕구나 이익을 만족시키는데 반응하지 말아야 한다고 추측했다. 이런 생각은 점점 "사심없는 쾌락"(disinterested pleasure)이라는 용어로 명명되기 시작했다. 이 용어는 이기심의 충족에서 오는 욕구나 쾌락으로부터 구분되었다.[88]

허치슨에 따르면 욕구의 충족은 "이성적"(rational) 쾌락의 한 종류에 불과하다. 이성적 쾌락은 지성에서 발견된다. 그것은 여러 대상들

---

87 Francis Hutcheson, *Inquiry into Original of Our Ideas of Beauty and Virtue(1725)*, ed. Peter Kivy (The Hague: Martinus Nijhoff, 1973), p.34. Hutcheson explicit target is Bernard Mandeville, whose theory of value is also rationalist and egocentric. Hutcheson refers to it as the "rational interest theory"

88 Disinterested pleasure plays a central role in aesthetic from the eighteenth century throught the twentieth. But contrary to popular generalization, the concept of disinterested enjoyment of art was not new in the eighteenth century; it has much older forebears. See Summers, *Judgement of Sense*, pp.63-65. Jerome Stolnitz traces the concept of disinterestedness from the eighteenth through the twentieth centuries in "On the Origin of 'Aesthetic Disinterestedness'," *Journal of Aesthetics and Art Criticism* 20(Winter 1961):131-43.

의 소유가 가져다 줄 수 있는 결과들을 숙고한다. 또한 감각적 쾌락에 아름다움을 제공하는 대상은 직접적인 것이다.

"어떤 대상들은 '직접적으로' 이런 아름다운 쾌락의 원인이 된다. 우리는 그것을 지각하기에 적합한 감각을 가지고 있다. 하지만 그것은 어떤 이익을 전망함으로써 일어나는 "환희"(joy)와는 구별된다."[89]

아름다움이나 미학적 가치는 비도구적인 것이거나 비실제적인 것이다. 아름다움은 욕구뿐만 아니라 이성적인 계산으로부터도 구별된다. 그러나 맛(T)의 판단은 어떤 대상이 아름답다는 "판단"이며, 미학적 쾌락을 일으키기에 적합한 것이다. 이런 비실제적인(nonpractical) 미학적 쾌락은 미학 이론의 발달 과정에서 '문자적인 맛'이 뒤로 빠지는 이유가 된다.

그럼에도 불구하고 문자적인 맛은 계속적으로 미학적 감성을 제공해왔다. 미각의 즐거움은 직접적으로 감각적 쾌락의 탁월한 사례가 된다. 그것은 미학적 쾌락에 필적할만한 것이다. 동시에 그것은 전형적으로 허기를 달래고 식욕을 충족시키며, 취미의 충족을 위한 기호(嗜好)의 한 사례로 제시되곤 한다.

사실상 허치슨은 아름다움의 "내감"이 다섯 가지 외감 중 두 가지

---

89 Hutcheson, *Inquiry*, p.37.

맛의 철학 :
미학과 비미학적인 감각들

감각, 즉 시각과 청각에 대응하는 것이라고 명시하고 있다. "고대인들 (특히 그리스인들)은 보고 듣는 감각의 특별한 품격을 보게 되었다. 보고 듣는 대상에서 우리는 아름다움(kalon)을 식별해 낼 수 있다. 그것은 다른 감각 대상들에 속하는 것으로는 생각되지 않는다."[90] 여기에서 맛(t, 미각적인 맛)은 맛(T, 철학적이고 미학적인 맛)으로 유추될 수 있지만, 그 맛(t)은 결국 맛(T)의 문제에 대한 철학적인 대답에서 주변부에 놓이게 된다.

미각적인 맛은 "맛(T)의 판단"과 같이 질적인 것은 아니다. 식사는 분명히 사적인 관심과 결부된 실제적인 행동이다. 전통 사상은 신체적 쾌락에 대하여 두 종류의 맛(미각적인 맛과 미학적인 맛)을 구분하려고 하지 않았다. 미각적인 쾌락은 분명히 신체적이고 동물적인 것으로 생각되었다. 그래서 한 차원 더 높은 미학적 쾌락의 후보로는 생각되지 못했다.(콩디약, Condillac은 맛이 가장 직접적이면서도 마음을 산란케 하는 쾌락으로 보았다.)[91]

현대 초기의 미학이론은 맛(T)의 문제에 대답하는 과정에서 발전하였다. 그것은 미학적인 판단을 구분하는 기준을 제공하는 토대를 마련했다. 그러나 문자적인 맛(t)을 지각하는 것은 매우 주관적이고 상

---

90 Ibid., p.47.

91 Abbé Etienne Bonnot de Condillac, *Treatise on the Sensations*(1754), trans. Geraldine Carr (Los Angeles: University of Southern California Press, 1930), pp.55-56.

대적인 것으로 생각되었다. 맛의 취향에는 "맛에 대해서는 더 이상 따질 것이 없다"(De gustibus non est disputandum)라는 격언이 오랫동안 사용되어 왔다.

그러나 철학자들은 그와는 반대 방향으로 나아갔다. 음식과 음료에 아름다움의 대상이 될만한 공통된 취향들이 있을 거라고 주장했다. 하지만 문자적인 맛의 성질들이 이미 주관적이고 상대적인 것으로 받아들여진 이래로, 그런 공통 취향은 아직 검증된 바가 없었다. 또한 어떤 곤란한 철학적 이슈로 제기되지도 않았다.

경험주의가 등장하면서 아름다움은 새로운 상대주의로 나아갔다. 더 나아가서 그것을 회의주의의 위험으로부터 구출해 내야만 했다. 철학자들은 맛(T)의 문제를 공식화하고 맛에 대한 표준을 세움으로써, "아름다움"을 상대주의로부터 구출해 내고자 했다. 그러기 위해서는 맛(T)이 문자적인 맛(t)의 성질들과 어떻게 달라야 하는지를 보여주어야 했다. 결국 감각적인 맛에 관련된 것들을 생각하지 않는 것이 맛(T)의 가장 중요한 문제가 되었다.

미학적 탐구 주제로서 문자적인 맛(taste)과 미학적인 맛(Taste)은 점차 구분되었으나 아직 깔끔하게 해결된 것은 아니다. 그들 두 가지 사이에 있는 유비(類比·맛대어 비교함, analogy)는 여전히 사용되고 있다. 또한 문자적인 맛은 미학적 식별 현상을 특징지우기 위해 계속 활용될 것 같다.

이런 사고방식에서 가장 영향력 있는 철학자들 중 한 사람이 흄 (David Hume)이었다. 그는 그를 따르는 사람들보다도 더 진지하게 그런 유비를 사용했다. 흄은 문자적인 맛들을 비교함으로써 미학적인 맛(T)의 표준을 세우하려고 했다. 그런데 그것은 오늘날에도 논란거리로 남아 있다.

흄에게 맛의 표준이 되는 열쇠

흄은 "맛의 표준에 관하여"(1757)라는 논문을 썼다. 그것은 맛의 철학에서 가장 유명한 유비적 논증 중 하나로 꼽는다. 흄은 맛(T)의 이론이 반드시 다루어야 하는 것에는 명백하게 반대되는 양극단이 있다고 말한다. 한편으로 맛은 개별적인 것이며, 한 사람 한 사람에게 모두 다른 것이다. 다른 한편으로는 어떤 사람들의 맛 판단이 다른 사람들 것보다 더 낫다는 것을 모두가 동의할 수 있다.

"진정으로 단 것이나 쓴 것을 확인하려는 것은 무의미한 일이다. 감각적 기질에서 보면, 똑같은 대상이라도 어떤 사람에게는 달고, 어떤 사람에게는 쓴 것이 될 수 있다. 속담에서 말하는 것처럼, 맛에 대해서 논쟁을 벌이는 것은 무의미한 일이다. 그러나 정신적인 것과 마찬가지로 신체적인 맛의 공리를 찾고 확장해 나가는 것은 매우 자연스러운 것이고 필요한 것이기도 하다."[92]

맛(T)의 문제에 대한 흄의 해결책은 맛(t)의 주관성을 받아들이는 것이었다. 또한 인간은 대상들 안에 있는 동일한 성질을 즐기려고 하는 기질에서 매우 비슷한 성향을 가지고 있다. 즉 대상들 안에 있는 동일한 성질에 대해서 주관은 비슷한 쾌락적 반응을 한다.

그는 그 시대의 많은 철학자들과는 달리, "대상"들의 특수한 성질이 맛을 나타낸다는 주장에 반대했다.[93] 오히려 맛(T)의 표준은 "판단"에 의해서 구성되며, 경험을 통해서 개발될 수 있다고 생각했다.

예술을 감상하는 사람들은 작품 안에 있는 미묘한 뉘앙스를 식별하는 훌륭한 능력을 발달시켜 왔다. 흄은 이런 사람들을 "섬세한 맛(T)"을 지닌 사람들이라고 말했다. 하지만 누구나 그런 섬세한 맛을 지닐 수 있는 것은 아니다. 좋은 환경에 있는 사람들은 교육을 통해서 그런 맛을 발달시킬 수 있다. 맛은 한 번 발달하게 되면, 다른 사람들보다 더 잘 즐길 수 있고 훌륭한 비평을 할 수 있게 된다.

흄은 맛에 대해 어떤 판단을 해서는 안되는 사람의 조건도 제시하

---

92 David Hume, "Of the Standard of Taste," in *Essays Moral, Political, and Literary*, ed. T.H.Green and T.H. Grose, 2 vols. (London: Longmans, Green, 1898), 1:269.

93 Hutcheson, for example, posited uniformity amidst variety as the stimulus for aesthetic pleasure. William Hogarth prefered the line of grace; see his *Analysis of Beauty* (1753) (New Heaven: Yale University Press, 1997). Though Hume does not name objective qualities that trigger aesthetic pleasure, he does refer to principles that describe the object of Taste, complicating interpretations regarding what constitutes his standard of Taste.

고 있다. "흥분 상태에 있는 사람은 풍미에 대한 식별력을 갖지 못한 다."[94] 섬세한 맛(T)을 지적할 수 있는 훌륭한 감수성이 있어야 한다.

흄은 세르반테스의 돈키호테(Don Quixote)와 산초 판차(Sancho Panza)의 친척의 성격을 각색함으로써 섬세한 맛의 특성을 설명하고 있다. 돈키호테와 판차의 친척는 특별한 와인 시음 콘테스트에 참가 하고 있었다. 그들은 와인 통을 받아 한 모금씩 마셨다. 한 사람은 그 와인이 가죽의 미약한 냄새를 제외하고는 아주 좋다고 생각했다. 그 러나 다른 한 사람은 금속의 흔적을 지닌 오염을 발견했다.

그들과 함께한 친구들은 그런 섬세한 맛을 모르는 멍청이들이었다. 그들은 와인의 특유한 맛 외에는 아무것도 맛볼 줄 몰랐다. 그러나 그 통에서 와인을 바닥이 보일 때까지 따라내자 가죽끈이 붙은 열쇠가 발견되었다. 그것은 그 통 속에 우연히 빠진 것이었다. 그래서 산초의 친척이 옳았음이 입증되었다.

흄이 제시하는 섬세한 맛의 사례는 우리의 지각기관(organs of perception)과 관련되어 있다. "그 어떤 것도 그 지각기관들을 피할 수 없으며, 동시에 어떤 구성 성분이라도 정확하게 지각될 수 있다." 와인 에 담긴 열쇠에 대한 일화를 마무리하면서, 흄은 "이 이야기가 우리에 게 주는 가르침은 정신적인 맛과 신체적인 맛 사이에 커다란 유사점

---

94 Hume, "Of the Standard of Taste," p. 271.

이 있다"고 주장한다.[95]

두 가지 맛 사이에 평행선을 달리는 것은 맛의 표준이 인간 본성에서 발견된다는 것을 의미한다. 이와 관련하여 룩 페리(Luc Ferry)는 그 일화가 두 가지 의미를 갖는다고 말한다.

첫째로 흄의 미학 모델은 "요리 솜씨로서의 맛"이라는 본래적 의미와 일치한다. 그리고 거기에서 "아름다움"은 쾌락에로 환원된다. 둘째로 만약 아름다움이 오직 쾌락에만 있다면, 즉 인간의 생물학적 구조에 적합한 것이라면, 그 기준은 거의 본질적으로 인간적 조건에 의해서 규명될 것이다. 그리고 그것은 어쨌든 보편성을 띨 것이다. 그것이 본질적으로 감각적인 것인 한, 그것은 모든 인간에게 공통된 것이기 때문이다.[96]

아리스토텔레스 이래로 철학자들은 '보고 듣는' 감각 대상에 대해서만 "아름답다"라고 말했다. 신체 감각은 아름다움에 대한 관조적 기쁨보다 감각적인 쾌락을 제공한다. 그런데 흄은 인간이 형태학적으로나 심리학적으로 다른 사람들과 비슷하게 닮았다는 사실에 근거해서 맛의 표준을 세우려고 하였다. 하지만 이런 표준을 세우려고 하는 흄의 의도는 보다 발달된 미학이론으로는 인정받지 못했다.

---

95 Ibid., p. 273
96 Luc Ferry, *Homo Aestheticus*, p.58.

흄이 제시한 맛의 표준을 위한 준거는 그가 비판한 다른 것들보다도 느슨하다. 그는 아름다운 것들의 특성과 위대한 예술품의 원리들에 대해서 명확하게 말하지 못하고 있다. 게다가 그는 전문가들이 "일반적으로 동의하는" 맛의 표준에 대해서 만족하고 있다.[97]

그는 맛에 대해서 모든 사람들이 동의할 수 없다는 사실을 인정했다. 어떤 집단의 사람들은 그들의 맛(T)을 비슷하게 연마하기도 한다. 하지만 그것은 단지 그 집단의 식도락가들이 좋아하는 요리에 대해서 동의하는 것에 지나지 않는다. 판단이 서로 다른 연령층, 서로 다른 문화적 친밀감 등은 의견이 일치될 수 없음을 말한다. 그런데 그런 조건에서 우리는 부질 없이 서로 모순된 정서를 조화시키기 위한 표준을 찾고 있는 것이다.[98]

다른 철학자들은 "일반적인 동의"라는 표준에 대해서 별로 만족스러워 하지 않는다. 그들은 "아름다움"과 "맛"(T)의 확고한 근거를 밝힐 것을 요구한다. 아름다움과 쾌락 사이의 혼란을 차단하고 철학적으로 엄격한 구분을 할 필요가 있었다. 흄에 대한 비판가이면서도 경험주의의 신도였던 임마누엘 칸트에게 이런 구분은 반드시 필요한 것이었다.

---

97 George Dickie argues that this is in fact a virtue of Hume's theory that makes it superior to others of his century: *The Philosophical Odyssey of Taste in the Eighteenth Century* (New York: Oxford University Press, 1996).

98 Hume, "Of the Standard of Taste," p.281.

칸트 _ 동의할 수 있는 것 vs 아름다운 것

칸트는 진정한 미학적 판단 주변에 가장 엄격한 출입 금지 구역을 설치한 사람이다. 또한 그는 미학적 감성에 대한 은유로서 맛의 감각적이고 문자적인 의미(t)를 적용한다. 주관적 반응의 직접성, 평가에서 쾌락이 갖는 중심적 역할, 판단의 특이성 등, 이런 모든 요인들은 문자적이면서도 미각적인 맛과 연결돼 있다.

그러나 흄과 달리 칸트는 미학적인 맛과 미각적인 맛 사이에 평행선을 긋지 않는다. 따라서 그가 "순수한 아름다움"이라고 부르는 판단만이 "보편성을 지닌 맛(T)"으로 인정된다.

칸트는 맛의 이율배반(antinomy)이라고 부르는 미학이론의 틀을 만들어 냈다. 아름다움에 대한 판단은 한편으로는 순전히 주관적인 것처럼 보인다. 그것은 쾌락에 대한 판단들이기 때문이다. 개별적 판단들 사이의 차이는 개념의 공유를 통해서 조정될 수 없다.

다른 한편으로, "무엇이 진정 아름다운 것인가"에 대한 판단은 개별적 지각의 변덕을 초월하는 것이다. 그것은 어떤 원리에 호소함으로써 판정되어야 할 문제다. 칸트는 섬세한 미각을 가진 사람들(예를 들면 미식가들)에 의한 경험적 일반화에 만족하지 않는다. 그는 아름다움에 대한 판단이 어떻게 "일반적 동의"를 얻을 수 있는지, 더 나아가서 어떻게 "보편성"과 "필연성"이 성취될 수 있는지를 제시했다.

맛의 철학 :
미학과 비미학적인 감각들

우리는 "어떤 것이 아름답다"라는 선언을 한다. 거기에서 어떤 사람들은 그 자신의 쾌락, 즉 "개인적인 것"으로서의 쾌락을 판단 근거로 취한다. 반면에 모든 사람들은 "지각 대상" 안에서 쾌락을 찾을 수 있고, 또 찾아야만 한다.(앞에서 흄은 지각 대상 안에서 찾을 수 있는 쾌락을 부정하였다. 그는 지각 주관에서만 쾌락을 찾을 수 있다고 보았다.)

칸트는 감각 위계의 전통적인 구분을 강조하고 있다. 시각과 청각의 경험에 근거한 미적 판단과 신체 감각의 쾌락은 구분된다. 그러나 가장 중요한 것은 "동의할 수 있는(agreeable) 것"과 "아름다운(beautiful) 것"을 구분하는 것이었다.

"동의할 수 있는 것"은 모든 사람들이 그들 자신의 판단을 인정하는 것이다. 그것은 어떤 대상을 좋아한다고 말하는 개인적인 느낌에 근거하는 것이다. 그것은 그 개인에게만 국한된 표현이다.

카나리아산 백포도주(canary wine)가 "동의할 수 있는 것"이라고 말할 경우를 생각해 볼 수 있다. 만약 누군가가 그의 말이 옳다고 하고, 또 "나는 그것에 동의할 수 있어"라고 상기시켜 준다면 그는 아주 만족할 것이다. 이것은 혀, 입천장, 그리고 목구멍의 맛에 대한 주장일 뿐만 아니라, 우리의 눈과 귀에서 동의할 수 있는 것에 대한 주장이다.

만약 다른 사람의 판단이 우리와 다르기 때문에 옳지 않다고 논박한다면, 그것은 잘못된 것이다. 그래서 "동의할 수 있는 것"에 대해서

음식
철학

는 다음과 같은 원리가 나온다. 즉 모든 사람들은 "그 자신의 감각적인 맛"을 가지고 있다.[99]

모든 감각들은 동의될 수 있거나 "단지 즐길 수 있는" 경험들을 제공한다. 여기서는 보기나 듣기 같은 몸의 말단부 감각으로부터 맛, 냄새, 촉감과 같은 몸의 중심부 감각을 구분할 필요가 없다.

또한 맛(taste; 문자적인 맛)과 맛(Taste; 미학적인 맛)이라는 두 종류의 판단이 구별될 수 있다. 미각적이고 문자적인 맛의 선호와 관련하여 우리는 "그 자신 각자에게"라고 말한다. 다른 한편 미학적 판단의 차이점에 대해서 다투기도 한다.

거기에는 맛(T)에 대한 논쟁에 호소할 수 있는 어떤 "규칙"이나 "원리"가 없다. (칸트는 "맛(T)에 대해서는 논쟁이 있을 수 없는 것이 사실이다"라고 말했다). 또한 미학적 판단이 무질서한 감각적 판단들을 받아들이는 것도 아니다.[100]

칸트는 문자적인 맛의 감각과 아름다움의 경험 사이를 분명하게 구

---

99 Immanuel Kant, "Analytic of Beautiful," 1:7, *Critique of Judgement*, Werner S. Pluhar (Indianapolis: Hackett, 1987), p.55

100 Kant's acceptance of the saying that "there is no disputing about Taste" requires him to distinguish between disputing and quarreling : "über den Geschmack lässt sich streiten (obgleich nicht disputieren)" (*Kritik der Urteilskraft*, ed. Karl Voländer [Hamburg: Felix Meiner, 1968], p.196.

맛의 철학 :
미학과 비미학적인 감각들

분할 것을 요구한다. 그는 순수한 미학적 판단의 조건을 다음과 같이 규정한다. 첫째로 맛(T) 판단은 어떤 지각 대상이 아름답다고 하는 판단으로, 그것은 "사심없는"(disinterested) 쾌락을 포함한다. 그것은 어떤 대상이 도덕적으로 좋고, 현실적으로 쓸모 있고, 감각적으로 쾌락을 주는지 등에 근거해서 승인되는 것이 아니다. 순수한 쾌락은 지각 대상의 "표상"(Vorstelling) 안에 있는 것이다.

둘째로 맛(T) 판단을 구성하는 쾌락적 느낌은 주관적인 것이다. 그러나 맛 판단은 또한 어떤 특별한 보편 타당성을 요구한다. 미학적 쾌락은 "사심 없는" 것이기 때문에, 그것은 똑같은 대상에 대해 똑같은 말을 적용할 수 있다. 우리는 맛(T) 판단을 다른 사람들과 함께 공유하기를 기대한다.

칸트에 의하면 미학적 쾌락은 "보편적인 것"이며, 맛(T) 판단은 전형적으로 "필연성"을 갖는다. 그것은 마음이 보편적 특성을 갖기 때문이다. 그래서 모든 지각자들은 아름다움을 감상하는 데서 온전한 일치를 이룰 수 있다.

칸트는 비판철학의 초기 단계에 지식, 경험, 그리고 도덕적 요소들의 선험적(a priori) 근거를 제시했다. 그것은 인간의 합리성 자체가 갖는 구조다. 합리적 존재인 인간이 경험에 대해서 선험성(a priori)을 갖는다는 것은, 어떤 보편성과 필연성이 있어야 한다는 사실을 말한다. 그러나 칸트는 미학적 판단에 그런 결정적인 보편 필연성의 개념을 적용하지는 않는다. 즉 오성의 범주를 경험에 직접적으로 적용하지 않는다. 하지만 바로 오성의 합리성의 체계는 보편적이고 필연적인 미학적 쾌락을 가능하게 한다. 결국 미학적 상황은 오성의 형식적 구조 안에서 자유롭게 작동하는 "상상력"(imagination; Einbildungskraft)과 관계된다.

어떤 특정한 기능이나 목적 없이 지각 대상의 형식(Form)이 마음 속에 나타난다. 우리는 그것을 "목적 없는 합목적성"(Zweckmässigkeit ohne allen Zweck)으로 이해한다. 그것은 쾌락에서 주어지는 맛(T) 판단의 "신호"로서 순수한 아름다움에만 관계한다. 그런 쾌락은 그 대상이 무엇인지, 또는 다른 것과 어떻게 비교되는지에 대한 고려 없이 제시된다.[101]

(아름다움(美)은 단지 형식적인 합목적성, 즉 목적 없는 합목적성을 그 판정 근거로서 갖는다. 그것은 객관적 합목적성과 대비된다. 객관적 합목적성은 대상과의 일정한 목적과의 관계를 전제한다. '망치'와 '벽에 못을 박다' 사이에는 합목적적인 관계가 성립하며, 이 경우 우리는 '목적 있는 합목적성'을 말할 수 있다. 그런데 칸트는 미적 판단의 경우 '목적 없는 합목적성' 또한 가능하다고 주장한다. 우리는 들판에 피어 있는 민들레를 보고 아름답다고 말할 수 있다. 그

---

101 Many theorists of the time made a distinction similar to Kant's, whereby "free" beauty is pleasure taken in a perception itself, without comparison with anything else; "comparative" or "dependent" beauty is pleasure taken when an image is compared with some original of which it is representation. The latter is the legacy of mimetic theories of art. Dependent beauty for Kant employs determinate concepts.

런데 정작 우리는 민들레가 왜 하필이면 그러한 형태, 색깔, 구조 등으로 그곳에 그렇게 피어있는지를, 즉 그 목적을 표상하지는 못한다. 그럼에도 불구하고 우리는 마치 어떤 목적이 있는 것처럼 가정할 수는 있다. 이렇게 가정된 목적에 따라 우리와 민들레 사이에 합목적적인 관계가 성립되며 이 관계는 "형식에 따른" 것이다. 따라서 "이 민들레는 아름답다"라는 미적 판단은 '목적 없는 합목적성'의 형식에 근거한 판단이다. 칸트는 자연의 유기적 산물은 쓸데 없는 것, 무목적적인 것은 아무것도 없다고 생각했다. ─ *참고 문헌 :임성훈, "공통감각과 미적 소통─칸트 미학을 중심으로", 인문논총 제66집 (2011), pp. 7~32, ; 칸트 지음. 이석윤 역, 『판단력 비판』. 박영사. 2017.)

그것은 미학적 형식 안에 있는 "순수한 쾌락"으로서, 맛(T) 판단을 위한 보편성과 필연성을 제공한다. 그것은 칸트의 아름다움의 철학에서 이론적으로 가장 중요한 것이다.

감각적인 맛(t)이 왜 순수한 미학적 판단에 적합하지 않는지에 대해서는 몇 가지 이유가 있다. 신체의 관여는 주관과 객관 사이의 관계를 실제적인(practical) 것으로 만든다. 그것에는 칸트가 순수한 맛 판단에서 금지한 개념들이 작용하게 된다.

맛을 보는 것과 먹는 것은 가장 절박한 관심을 불러일으킨다. 이것은 나의 배고픔을 진정시켜 줄 것인가? 이것은 맛이 좋은 것인가, 아니면 혐오스러운 것인가? 이 음식물은 나에게 자양분이 되는가, 아니면 독이 되는가? 그러나 배고픔과 목마름 등의 실제적인 욕구로부터 자유로운 쾌락만이 개인적인 변덕에서 벗어날 수 있으며 보편적인 동의를 얻을 수 있다.

사람들은 오래 전부터 신체적 욕구에 대한 경계심을 가져왔다. 특히 배고픔과 성적 욕구는 미학적 사색을 방해한다. 그것들은 가장 낮은 감각으로서 인간을 열등한 육체적 욕망으로 몰아 넣는다.

특히 성적 쾌락은 미학적인 맛(T) 이론 안에 있는 감각적인 맛(t)과 관련되지만 다른 운명을 맞는다. 사실 몇몇 철학자들에게 성적 매력은 미학적 감탄에 가깝다. 에드문드 버크(Edmund Burke)는 아름다움에 대한 사랑은 남성이 여성에 대해 갖는 매력에서 시작된다고 주장한다.

그러나 칸트는 성적 욕구를 "순화"하는 데서 아름다움의 감성적 기원을 찾을 수 있다고 생각했다. 《인간 역사의 추측된 시작점》(1786)에서 칸트는 인간은 원시 상태에서 문화적 상태로 발전했다고 생각했다. 그런데 그 과정은 감각에 대한 이성의 통제를 요구하는 것이었다.

"거절(refusal)은 다음과 같은 과정에서 초래된 것이다. 즉, 감각적인 것에서 영적인 이끌림으로, 단순한 동물적 욕구에서 정신적인 사랑으로, 단순히 동의할 수 있는 느낌에서 아름다운 맛으로, 처음에는 자연 안에만 있었던 아름다움이 마침내 인간 안에 있는 아름다움으로의 이행 과정이었다."[102]

18세기 철학자들은 아름다움의 감각적 기원에 대한 숙고로부터 미학적 쾌락의 순수함에 대한 규정으로 나아갔다.[103] 칸트는 순수한 아름다움을 다른 쾌락으로부터 분명히 분리시켰다. 그것은 또한 성적 쾌락으로부터의 자유를 의미하는 것이었다.

칸트는 아름다움을 그런 쾌락으로부터 분리시킴으로써 다음과 같은 결론에 도달하게 되었다. 오직 시각과 청각만이 미학적 감각으로서의 자격을 갖는다. 다른 감각 경험들(미각, 후각, 촉각)은 단지 쾌락만을 주는 반면, 시각과 청각의 경험은 미학적 판단을 할 수 있다.

흄이 말하는 동의나 단순한 쾌락은 감각들을 결코 보편 타당한 판단으로 만들어낼 수 없다. 그것은 감각적인 쾌와 불쾌가 대상에 관한 인식 능력에 속하지 않기 때문이다. 그런 쾌와 불쾌는 단지 주관적인 것으로만 확인될 뿐이다.[104]

---

102 Immanuel Kant, "Conjectural Begining of Human History" (1786), trans. Emil L. Fackenheim, in *Kant on History,* ed. Lewis White Beck (Indianapolis : Bobbs-Merrill, 1963), p.57. Centural to the mastery of the sense was a control of sexual instinct, which also increased sexual attraction. "The fig leaf, then, was a far greater manifestation of reason than that shown in the earlier stages of development."

103 David Hume, *Treatise of Human Nature,* ed. L.A. Selby-Bigge, 2d ed. (New York: Oxford University Press, 1978), p.424 ; Immanuel Kant, *Anthropology from a pragmatic Point of View,* trans. Victor Lyle Dowdell (Carbondale: Southern Illinois Press, 1978), p.222.

104 Kant, *Anthropology*, p.142.

또한 칸트는 미각과 후각을 다른 감각들로부터 구별했다. "주관적인" 감각들이라는 것 때문이다. 하지만 이런 주관적인 감각은 미학적 쾌락의 여지를 남기지 않는다. 그것은 맛이 한 사람의 신체 상태에 관심을 끌기 때문이다. 그 쾌락은 특유하고 상대적인 것으로서 보편성과 필연성의 근거를 갖지 못한다.[105]

신체적 쾌락은 시각과 청각에서 가능한 숙고의 대상이 될 수 없다. 그것은 인지적 방식으로 숙고할 수 있는 대상이 아니다. 촉각과 미각, 후각은 신체적이고 감각적인 쾌락으로 분류될 수 있다. 칸트는 다섯 가지 감각들 중 특히 미각과 후각에 대해 다음과 같이 설명하고 있다.

그 감각들은 객관적인 것이라기보다 주관적인 것이다. 그 감각들로부터 획득된 관념은 외부 대상에 대한 인식이라기보다는 쾌락에 관한 것이다……. 그 감각들의 반응 방식은 외적 경험을 지각하고 대상을 지시하는 것과는 매우 다를 수 있다.[106]

미각과 후각은 "화학적" 감각이라고 여겨진다. 그것은 주로 쾌락과 관련된 감각으로서 지각 대상에 주의를 기울이지 않는다. 그래서 인식론적으로나 미학적으로 무의미한 것이다.

---

105 Kant, *Anthropology*, pp.40-48, 141-43.

106 Ibid., p.41

칸트는 냄새를 "얼마간 떨어져서 느끼는 맛"이라고 부르며 평가 절하했다. 냄새는 유해하거나 독성이 있는 것들을 피하도록 하는 목적에 기여한다. 그러나 그 중요성이 가장 적으며, 없어도 좋은 감각이다.

맛 또한 냄새 다음으로 그다지 중요치 않은 것이다. 칸트는 맛의 감각을 저녁 식사에 모인 사람들을 즐겁게 하는 역할을 한다고 인정했다. 그러나 그는 음식의 탐닉과 향락은 감각을 불순하게 만든다고 말한다.[107] 이런 생각들은 화학적 감각에 오직 쾌락만을 적용하게 된다. 그래서 맛과 냄새에 대한 논의에는 미학적 감수성을 위한 영역이 자리 잡지 못한다.

맛과 냄새는 지각하는 신체에 직접적인 주의를 기울인다. 그 대상들에 대한 선호는 개별적인 지각자들에 달려 있다. 그래서 맛과 냄새는 다른 감각에 비해 가치가 적을 뿐만 아니라 이론적 관심도 적다. 그것은 인식론이나 미학과 관련하여 보편적인 진리의 요소로 다루어지지 않는다. 그러나 이런 생각들은 매우 의심스럽다. 감각적이고 현상적 주관성은 그 자체로 이론적 관심의 초점이 될 수 있기 때문이다. 그래서 맛은 철학적으로 중요한 주제가 될 수 있다.

지각에서 주관과 대상 사이의 거리는 18세기에 탐구된 미학적 범주와 관련된다. 거기에서 "숭고(崇高)"의 현상은 중요한 주제가 된다. "숭

---

107 Ibid., pp.45, 46

고"는 어떤 절정 경험을 말하는 것이다. 그것은 예술이나 자연에서 주어지는 장엄한 경험이다. 또한 세계와 우주의 위대한 힘에 압도되는 두려움에 사로잡히게 된다. 숭고는 강력한 것이고 전율이자 경탄이다. 그것이 일으키는 경험은 매우 두려운 것이다.

신체 감각과 관련해서 그것은 다음과 같이 설명된다. 우선 신체의 중심부 감각(미각, 후각, 촉각)을 통해서는 표현될 수 있는 범위가 좁다. 그리고 숭고에 대한 신체 감각의 능력은 제한되어 있다. 신체 감각들은 숭고로 나아가기에는 미약한 점이 많다.

존 베일리(John Baillie)는 《숭고에 대한 에세이》(1747)에서 "눈과 귀만이 오직 숭고로 나아가는 항구다. 미각, 후각, 그리고 촉각은 위대하고 찬미할만한 어떤 것도 가져다 주지 못한다."라고 썼다.

그럼에도 불구하고 그런 숭고의 경험들은 미각이나 후각으로 전환될 수 있다. 에드문드 버크(Edmund Burke)는 이렇게 설명한다. "후각과 미각 역시 위대함의 관념을 약간은 나눌 수 있다. 그런데 그것은 작은 것이고 본성상 미약한 것이며 그 작용에 제한이 있다. 미각이나 후각은 장엄한 감각들을 만들어 낼 수는 없다. 지나치게 쓴 것과 참을 수 없는 악취를 제외하고는……"[108]

---

108 Edmund Burke, *A Philosophical Enquiry into the Origin of Our Ideas of the Sublime and Beatiful* (1757), ed. James T. Boulton (Notre Dame : University of Notre Dame Press, 1986), p. 85. The quote from Baillie occurs in Boulton's introduction, p. liv.

맛의 철학 :
미학과 비미학적인 감각들

버크는 이런 감각적 과잉에 대한 묘사가 예술적 숭고에 기여할 수 있다고 생각했다. 그런 표현을 매개로 고약한 맛과 냄새의 고통을 줄일 수 있기 때문이다.

숭고는 자신의 한계를 숙고하도록 마음을 자극한다. 또한 자연의 무한한 힘이나 말로 형언할 수 없는 신성에 대해 반성하도록 한다. 하지만 신체 감각들은 정신적이거나 지적인 측면에서 미약하다. 그래서 경외감을 갖도록 하는 정신적 자극을 일으키지 못할 수 있다.

그러나 나는 5장과 6장에서 이런 가정에 도전할 것이다. 여기서는 숭고를 포함한 미학적 성질의 범위를 넓히고 철학적 관심을 확장하는 데 주목하고자 한다. 맛은 여전히 이론적 관심에서 멀어져 있다.

미학과 예술적 감각

맛(T)을 탐구하는 철학자들은 미학적 쾌락에 대해 설명한다. 이 설명에 따르면, 맛의 대상이 지각되는 방식은 미학적 경험에 필요한 "거리두기"를 방해한다. 그러나 시각과 청각의 대상들은 그 형식적 특성에 의해서 쉽게 이해될 수 있다. 사실상 배치, 균형, 조화와 같은 것들은 모든 미학적 특성의 표준적 언어들이다.

그러나 음식과 그 맛은 시각과 청각의 대상들이 갖는 구조적 특성을 갖지 않는다. 그렇게 보면 맛의 감각은 상대적으로 잘 체계화되지 않는다. 일반적으로 음식을 먹는 경험을 보면, 맛과 냄새는 그 각각의 요소들이 혼합되고 사라지는 경향이 있다. 그래서 그것들을 예술 작품으로 만들기는 어렵다.

예술의 세계에서 음식과 맛을 배제한 철학자는 헤겔(Hegel)이다. 헤겔은 18세기부터 현대 미학에 이르기까지 핵심적인 가교역할을 했다. 그는 유럽 철학에서 위대한 인물로 존경받을 뿐만 아니라, 그의 철학 체계인 관념론은 20세기 미학의 중심이 되었다.

헤겔의 형이상학은 전통적인 감각 위계에 애정을 쏟고 있다. 그리고 극적인 방법으로 몸의 중심 감각과 주변 감각 사이의 차이점을 제시한다. 헤겔은 말하기를, 예술 작품은 항상 감각이나 상상력에 대한 표상을 만든다. 그것은 문학예술에서 나타나는 감각적 이미지와 같은 것을 포함한다. 그러나 예술은 감각적 차원에서만 검증되는 것이 아니다. 그런 검증에 의해서는 예술이 적합하게 이해될 수 없다.

예술의 이해에서 가장 중요한 것은 그것이 전달하는 "개념"이다. 모든 역사와 인간의 삶은 생동하는 "사유"의 과정이다. 그것은 인간의 문화적 역동성과 변화 속에서 전개된다. 헤겔은 그것을 "절대정신"이라는 말로 요약한다. 예술은 의식 그 자체로서의 절대정신의 전개 과정이다.

헤겔은 자연의 아름다움에 대해서는 관심을 갖지 않았다. 그것은 자연이 어떤 의식도 갖고 있지 않기 때문이다. 그러나 문화적 산물은 인간 의식의 결과다. 영혼은 의식을 통해서 그 자신을 알게 되며, 예술은 절대정신의 감각적 표상을 위해서 가치 있는 것이 된다. 이것이 곧 아름다움의 원천이 된다.

예술은 특히 정신적인 것으로서 인간의 의식과 자기의식으로부터 산출된다. 예술은 또한 감각적 차원을 갖지만, 그것은 단지 감각적 이해만을 목적으로 하지 않는다. 비록 그것이 감각적인 것이라고 해도, 그것은 동시에 정신적인 이해를 위한 것이다. 정신은 감각에 의해서 영향을 받으며, 또한 감각 안에서 어떤 충족감을 발견한다.[109]

예술적 대상의 이해에서 감각적 지각은 가장 낮은, 최소한의 것이다. 그리고 지각 대상에서 느끼는 욕구는 그보다 한 차원 더 높은 것이다. 감각적 지각과 욕구는 이론적이고 보편적 범주가 아니라 개별자로서의 사물들과 관련된다.

예술의 가치는 감각적 형식 안에서 개별적인 어떤 것으로 존재한다. 그러나 동시에 그것은 마음을 보편적 진리로 인도한다. 이것은 어떤 대상이 욕구의 개입으로부터 "자유로운" 지각 방식에 의해서 이해될

---

109 G.W.F. Hegel, *Aesthetic: Lectures on Fine Art,* trans. T.M. Knox, 2 vols. (Oxford: Clarendon, 1975), 1:35

때만 가능하다. 그래서 결국 몸의 중심부 감각은 그런 자격을 얻지 못한다. 헤겔의 말을 살펴보자.

"결국 예술의 감각적 측면은 시각과 청각의 이론적 감각에만 관계된다. 반면에 후각, 미각, 촉각은 예술적 즐거움에서 제외된다. 후각, 미각, 촉각은 물질을 직접 감각할 수 있는 성질과 관계되기 때문이다.... 이런 이유 때문에, 이 감각들은 예술적 대상들과 관계될 수 없다. 예술적 대상들은 진정한 독립성을 유지하며, 어떤 감각적 관계도 인정하지 않기 때문이다. 이런 감각들과 일치되는 것은 예술적 아름다움이 아니다."[110]

시각과 청각은 욕구의 작용을 수반하지 않는다. 또한 대상과 접촉하지 않고 작동할 수 있다. 그래서 그것은 "이론적"인 것이다. 거기에는 지각자와 지각대상 사이에 거리가 작용한다. 헤겔은 '이론적'이거나 '실제적인' 감각작용을 관찰하는 방법을 제시했다.

"순수한 이론적 과정은 시각과 청각에 의해서 처리된다. 우리가 보고 듣는 것은 우리에게 있는 그대로를 남긴다. 반면에 후각과 미각의 기관들은 어떤 실제적인 관계를 갖는다. 우리는 사라져가는 과정 속에 있는 것만 냄새를 맡을 수 있으며, 파괴의 과정을 통해서만 맛을 볼 수 있다."[111]

---

110 Ibid., pp. 38-39

맛의 철학 :
미학과 비미학적인 감각들

후각과 미각의 본성은 그 대상의 손실이나 변형을 요구한다. 그래서 그것은 예술 작품의 영속성을 유지할 수가 없다. (헤겔은 -건축, 조각, 그림, 음악 그리고 시-의 다섯 가지 예술을 마음에 두었는데, 그것들은 정신의 전개 능력에 따라 등급이 매겨진다.)

그런 이유로 헤겔은 오직 두 가지 감각만이 예술작품을 이해하는 기관이 될 수 있다고 결론지었다. 그러나 시각과 청각이 모든 종류의 예술을 이해할 수 있는 것은 아니다. 헤겔은 마음에 이미지를 상기시킬 수 있고, 기억에 의해서 관념을 부여할 수 있으며, 그 본질적 성질에 따라 대상들을 관계 지우는 능력으로서 "상상력"을 덧붙였다.

이들 세 가지 지각적-인지적 형식들(시각, 청각, 상상력)은 대상의 지각에서 지각자와 지각 행위를 분리시킨다. 그 형식들은 지각자와 지각 대상 사이에 존재하는 욕구의 실제적인 관계를 요구하지 않는다. 몸의 중심부 감각들은 이런 역할을 맡을 자격이 없다.

헤겔은 다음과 같이 말한다. "맛의 개량과 개선은 오직 음식과 그 준비, 혹은 그 대상들의 화학적 성질과 관련해서만 가능하다. 그러나 예술품(objet d'art)은 그것의 독립된 대상성을 고려해야만 한다."[112]

---

111 Ibid., pp. 137-38
112 Ibid., 2:621-22

헤겔은 거리 감각과 중심부 감각의 차이점을 그들 대상의 미학적 가능성과 관련해서 설명한다. 그 차이점은 예술 작품이 될 수 있는지, 아니면 예술로 발전될 수 없는지에 있다. 몸 중심부 감각들에는 진정한 예술 혹은 "훌륭한" 예술과 관련된 목록이 전혀 없다. 그런 신체 감각들은 마음을 충족시키지 못하며, 그것이 갖는 "주관성"은 예술적 가능성을 축소시킨다.

미학적 가치 개념은 실제적인 가치와 대립하여 형성된 것이다. 몸 중심부 감각들은 거리 감각보다 실제적인 기능으로부터 분리되기 어렵다. 훌륭한 예술은 그 자체의 존재 밖에 어떤 목적도 갖지 않는 대상을 창조할 것을 강조한다.[113] 이런 가치는 "예술적 자율성"의 개념으로 요약된다. 그것은 현대 예술의 관념에서 중요한 것이다.

18세기 미학적인 맛과 미각적인 맛

18세기 철학자들은 미학의 개념을 보다 세련되게 만들었다. 사람들은 누구나 "감성"에 의해서 알 수 있는 "보편적"인 지각 방식을 갖고 있다. 그래서 미학적인 맛(T)은 공통의 가치를 갖는다. 그것은 어떤 동의

---

113 Martha Woodmansee, *The Author, Art, and the Market: Rereading the History of Aesthetic* (New York: Columbia University Press, 1994). Woodmansee notes that Coleridge, adapting Kant, explicitly distinguishes the pleasure of the palate and of art (pp. 123, 136)

도 얻어낼 수 없는 미각적인 맛(t)으로부터 구분된다.

그러나 맛의 보편적 토대를 세우려는 목표는 상당한 비판에 부딪히게 되었다. 현대의 많은 비평가들은 맛(T)의 철학을 계급적 이해관계에 의한 역사적 발전의 구성요소로 해석해 왔다.[114] 이런 분석에 의하면 맛의 철학은 교육받는 특권계급에 의해서 일반화되는 인간적 특성을 가정한다. 그런 이론들은 엘리트 집단의 세련된 미학을 규범으로 주장한다. 그것은 맛의 차이점에 대한 인식 가능성을 가로막는다.

맛의 보편성에 대한 근거는 칸트에 의해서 정립되었다. 그의 "순수미"에 대한 판단은 아름다움의 "공통감"에 대한 선험적(a priori) 근거를 강조한다. 그는 경험적이고 사회적인 발달에 대해서는 보다 적게 언급한다. 따라서 칸트가 순수한 맛 판단에 대해서 요구하는 것은 매우 비개입적이고, 사심없는 태도다.

그러나 이런 논의는 순수한 맛 판단의 보편적 가능성을 말하는 것이 아니다. 그것은 지배적이고 존경받는 집단, 또는 우월한 사회적 지위를 차지한 사람들의 특권을 말하는 것이다.[115]

---

114 Terry Eagleton, *The Ideology of the Aesthetic* (Oxford: Blackwell, 1990), pp.23, 25

115 Richard Shusterman, "Of the Scandal of Taste : Social privilege as Nature in the Aesthetic Theories of Hume and Kant," *Philosophical Forum* 20 (Spring 1989).

사회학자 부르디외(Pierre Bourdieu)는 이런 비판을 위해 강한 해석을 내놓았다. 그는 문자적이고 미각적인 맛에 대해 관심을 갖고 있다. 그리고 그것에 따라 맛의 비판 구조를 만들었다. 사실상 부르디외는 현대 초기 미학이론에서 제시된 두 가지 종류의 맛을 비교하는 데로 되돌아갔다고 생각된다.

그는 《구별짓기 : 맛 판단에 대한 사회적 비판》에서 다음과 같이 시작한다. "평범하게 사용되는 규범적인 감각은 인간학적 의미의 '문화'로 들어갈 것이다. 그리고 가장 세련되고 정교한 맛은 음식의 기본적인 맛과 풍미로 연결된다."[116]

그 취지가 다르기는 하지만, 부르디외의 몇몇 논평들은 흄(Hume)의 관점과 함께 시작한다. : "'맛'이라는 말의 이중적인 의미는…… 우리에게 다음과 같은 것을 상기시킨다. 즉 맛은 직접적이고 직관적으로 판단되는 미학적 기능을 갖는 감각이다. 그것은 음식의 풍미를 식별하는 감각 능력 안에 있는 맛과 불가분의 관계에 있다."[117]

그러나 부르디외는 모든 종류의 기호(嗜好)들은 서로 다른 사회 계급들의 "습성"(habitus)과 밀접한 관계가 있다고 주장한다. 그 습성들은

---

116 Pierre Bourdieu, Distinction: *A Social Critique of the Judgement of Taste*, trans. Richard Nice (Cambridge: Harvard University Press, 1984), p.1.

117 Ibid., p.99

맛의 철학 :
미학과 비미학적인 감각들

경제적 요인들, 교육, 그리고 다른 사회적 결정요인들과 관계된다. 그 것들은 세계를 이해하고 경험하는 방식에 영향을 준다. 그런 습성들은 눈에 보이지는 않지만 예술적 감상과 지각의 범주를 만들어낸다.[118]

그런데 선별된 엘리트들의 맛의 습성은 사람들의 기호에 압박으로 작용한다. 예를 들면 "금지"는 맛(T) 이론의 여러 곳에 흩어져 있다. 부르디외는 18세기 유럽 사회에서 보편적이고 통일된 맛의 표준이 지배와 복종의 가치를 통제하고 계급적 헤게모니로 작용했다고 공격한다.

그는 그것을 칸트의 관점에서 발견했다. 칸트의 "사심없는 쾌락"은 여가를 즐길 수 있을 만큼 충분히 부유한 사람들에게나 가능한 것이다. 그런 관조적이고 초연한 태도는 역사적 산물이다.

부르디외는 미학적 선호가 일상적 삶과 실천의 조건에서 언급될 필요가 있다고 주장한다. 그래서 그는 고상한 예술과 대중 예술 사이, 관조적이고 미학적인 쾌락과 감각적 쾌락 사이, 예술적 감상과 음식의 맛 사이, 미학과 비미학적 감각들 사이를 구별한다.

부르디외는 프랑스에서 조사한 경험적 상호관계를 연구하였다. 그는 예술적으로 능숙한 장인(匠人)과 고급 요리를 먹는 사람, 그리고 예술적으로 "저속한" 맛(T)과 노동자들의 식습관 사이의 상호관계를

---

118 See, e.g., pp. 56, 170, 466.

음식
철학

연구했다.

"사회적 주체들…은 그들이 만들어내는 차이점에 의해서 스스로 분류된다. 그것은 아름다운 것과 흉한 것, 고귀한 것과 통속적인 것 사이의 차이점으로 드러난다. 그것은 객관적 분류에 의해서 그들의 위치가 표현된다. 그리고 통계적으로 분석해 보면, 문화적 관습과 식사 습관에서 나타나는 구조가 비슷한 대립을 나타낸다."[119]

부르디외는 여가를 즐기는 부르조아들의 식사 습관을 "자유롭고 사치스러운 맛"으로 특징지웠다. 그러나 노동자 계급의 식사습관은 "필요에 의한 맛"이라는 특징을 갖는다. 노동자 계급은 자양분이 많고, 가득 채워져 있으며, 부피가 크고, 술을 마실 수 있는 음식을 좋아한다. 반면에 사치스러운 맛의 음식은 보다 가벼운 요리다. 그것은 힘든 노동으로 신체에 자양분을 주어야 할 필요가 없기 때문이다. 사치스러운 맛은 접시에 진귀한 것들을 올려놓으며, 식탁 위에 펼쳐진 것들을 시각적으로 즐긴다.

부르디외는 고대 철학의 맛의 비교에 근거해서 문자적인 맛(t)과 미학적인 맛(T)을 대조시켰다. 거기에서 그는 가치의 위계질서를 어느 정도 바꾸어 놓게 된다. 대부분의 철학자들과 달리 부르디외는 문자적이고 미학적인 맛 사이의 질적 차이를 단호하게 거부한다. 계급적

---

119 Ibid., p.6.

맛의 철학 :
미학과 비미학적인 감각들

특권에 오염되지 않은 맛의 보편성은 없으며, 미학적 쾌락에 대한 순수한 판단도 없기 때문이다.

그래서 특수한 종류의 맛을 보편적인 미학의 표준으로 규정해서는 안된다. 특수와 보편 두 종류의 맛은 동일한 사회 안에 있는 힘의 부분들이다. 사실 입으로 느끼는 맛의 쾌락은 원시적이고 천진스러운 것이지만, 미학적인 맛의 선호에 대응하여 발달하게 된다.[120]

미학적인 맛의 철학은 계급적 차별을 만들어내려는 시도에 뿌리를 둔 착각이다. 그것은 순수한 미학적 관념들을 숙고하는 것과는 무관한 것이다. 부르디외는 칸트의 맛에 대한 인식을 맹렬하게 공격한다. 문자적이고 감각적인 맛을 격하시키는 차별에 대해서 철학적으로 공격한다. 그는 맛의 기호의 보편성을 거부한다. 미각적인 맛의 좋아함과 싫어함에 대해서 동등한 범주를 적용함으로서 미학적인 맛(T)이 와해되기 때문이다.

이런 부르디외의 접근방식은 맛, 음식, 식사에 대한 전통적 관점을 수정하고 있다. 하지만 그는 보편적 가치의 토대를 발견하려는 철학적 시도들이 헛것이라고 생각한다. 그의 주장은 다음과 같이 추측된다. 우선 문자적이고 미각적인 맛이 미학적인 맛 만큼이나 중요하다는 것이다. 아니면 문자적인 맛과 마찬가지로 미학적 맛 또한 특이한 것이

---

120 Ibid., pp.79-80

며 사회적으로 결부되어 있다는 것이다.

그러나 맛은 결코 철학자들이 전문적으로 열정을 쏟았던 주제가 아니다.(철학은 미각적이고 문자적인 맛에 대한 관심이 거의 없다.) 사실 철학의 순수하고 관조적인 탐구는 허구이며 근거 없는 모험이다.[121] 철학은 그 접근이 매우 제한되어 있다.

또한 맛과 예술을 다루는 철학들에는 맛의 감각을 제거하려는 많은 시도가 있었다. 이런 사실들은 왜 철학에서 맛이 특별한 관심거리가 되지 못하는지를 잘 설명해준다. 그러나 감각 경험, 인간의 신체와 쾌락, 그리고 음식과 음료 등은 철학적 연구 주제가 되기에 충분하다. 문제는 그런 것들을 어떻게 철학적으로 다룰 것인가에 있다.

그런데 이런 문제들에 대한 대답은 매우 어렵고 검증하기도 어렵다. 우리가 사용하는 언어로는 그 대답을 찾기가 어렵다. 이런 이론적 요구에 의해서, 또는 이론 자체의 언어에 의해서 미각과 후각에 대한 거부는 계속 이어진다.

그런데 그것은 감각 위계를 둘러싼 철학적 이슈들을 다시 검토하게 만든다. 그것은 이 장(章)의 처음 주제로 다시 돌아가게 한다. 그것은 맛을 미학적 감상을 위한 은유로 사용하는 것이다. 또한 맛의 은유가

---

121 Ibid., p.496.

맛의 철학 :
미학과 비미학적인 감각들

가정하고 있는 감각경험들을 이해하는 것이다.

이미 정립된 미학이론의 영역에 맛과 음식을 덧붙이는 것은 다음과 같은 문제들을 제기한다. 첫째, 거리 감각과 예술을 추적하는 것이 반드시 고찰되어야 한다. 그것들은 원래부터 철학적인 관심과 중요성이 적지 않았다. 단지 그들에 대한 특별한 관심과 중요성이 전통 미학에서 직접적으로 조명되지 않았을 뿐이다.

둘째, 맛(taste)과 맛(Taste)의 유사성은 미각적 경험이 미학적 경험과 가깝다는 것을 의미한다. 두 종류의 맛 사이에는 친밀함과 차이성이 동시에 존재한다. 그것은 맛을 '식사의 사회학'으로 부각시키는 부르디외의 입장을 거부하게 만든다.

유추와 비교, 은유는 철학에서 매우 유용한 것이다. 그것은 추상적이고 불명료한 개념들을 구체적이고 친숙한 것들로 만들 수 있기 때문이다. 그러나 유추와 은유의 단점은 그 비교가 불확실할 때 나타난다. 개념의 모호함이 이해되기 어렵고 왜곡될 수 있다는 것이다. (엘리엇(George Eliot)은 "우리 모두는 무겁든 가볍든 간에, 생각이 은유에 얽매이게 되며, 반드시 그것들 중 강한 것으로 작용하게 된다."고 말했다)[122]

맛의 경우에, 문자적인 맛의 친밀함은 미학적 가치의 모호함을 분명

---

122 George Eliot, *Middlemarch* (1871-72) (London: Penguin, 1965), p.111.

하게 표현할 수 있다. 문자적이고 미각적인 맛의 감각은 미학적 식별과 평가를 위해 은유를 사용하게 된다. 그러나 문자적인 맛의 표현이 미학적인 맛의 유비로 적합한 것인지 의심스럽다면, 그것은 어찌되는가?

전통적으로 맛은 직접적이고 "자연적인" 감각으로 이해되어 왔다. 그것은 이성적 숙고에 의해서 매개되지 않고 개념의 작용에 의존하지 않는다. 그것은 구제 불능의 쾌락을 직접 획득한다. 하지만 이런 맛 감각의 특성들은 다루기 힘들고 기이한 측면들을 가지고 있다. 게다가 맛의 주관성이 갖는 애매한 요소들은 미학적으로 어떤 표준을 마련할 것을 요구한다.

그러나 맛의 철학을 추구하기 이전에, 우리는 이런 감각들이 실제로 어떻게 작용하는지를 배워야 할 것이다. 또한 이런 감각들에 대한 전통적인 이해가 적합한 것인지를 탐구해야 할 것이다. 그래서 우리는 미학적 평가를 위한 은유로서 맛이 적합한지를 좀 더 고찰해 보아야 할 것이다.

맛은 어떤 기준에 의해 이해되어 왔는지 역사적으로 추적했다. 맛에 대한 철학적 탐구는 철학의 영역을 벗어날 수 없지만, 그렇다고 해도 맛의 오해와 편견은 여전하다. 맛이 지니는 의미를 깔보려는 주장들이 대부분이지만, 그렇다고 논리적 근거를 정확하게 설명하지는 못하고 있다. 자연과학적인 관점에서 맛을 미각으로 들여다봐야 하는 이유이다. 맛을 화학적 감각으로 분류한 《미식예찬》의 집필자인 사바랭과 한스 헤닝의 맛의 사면체로 자연과학적 맛 개념을 분석한다.

맛은 플라톤의 이데아처럼 보편적 개념이 아니다. 우리가 어떤 음식을 맛볼 때, 내가 체험한 맛 경험은 오직 나의 입맛이나 취향에 따라 결정된다. 다른 사람이 내린 맛 판단에 따라 결정되는 게 아니다. 이처럼 맛의 판단 행위를 주관성의 관점에서 고찰했던 최초의 철학자는 독일의 철학자 칸트였다. 음식에 대한 미각 판단은 개인의 개별적인 맛 판단이 그 기준이 된다고 주장했다.

맛의 과학

맛의 의미를 깔보려는 철학자

맛의 과학

맛에 대한 탐구는 철학의 고유한 영역 속에서 참으로 오랫동안 주목을 끌지 못했다. 그럼에도 불구하고 맛에 대한 철학적 탐구는 철학의 영역을 벗어날 수는 없다.

나는 서양에서 과거로부터 지금까지 맛이라는 것이 어떤 기준에 의해서 이해되어 왔는지를 추적하고자 한다. 이런 작업을 통해서 맛이 지니고 있는 기능을 좀 더 분명히 밝히고자 한다. 아울러 맛에 관한 오해와 편견이 생기게 되는 여러 정황들을 살펴 보려고 한다. 결국 밝혀지겠지만 맛이 지니는 의미를 폄하하려는 대부분의 주장들은 실제로는 그 주장의 논리적 근거를 지니고 있지 못하다.

나는 이 장에서 "맛의 과학"이라는 주제로 맛을 탐구하려고 한다. 지금 여기서는 미학적 방식이나 도덕적인 접근 방식을 통해서 맛을 서술할 생각은 없다. 미학이나 윤리학의 입장에서 바라본 맛에 대한 탐구는 이 책의 후반부에서 다시 언급될 것이다.

여기서 우리가 살펴보려고 하는 것은 맛에 관련된 감각들이 실제로 어떻게 작용하는가 하는 점이다. 물론 맛이라는 것은 우리가 흔히 이해하고 있는 것처럼 개별적이면서 주관적인 감각일 수 밖에 없다. 맛이 개별적인 감각이라는 것은 그런 감각을 지각하는 사람들만큼의 주관적 감각들이 존재한다는 것을 의미한다. 그러나 그런 주관적인 감각의 경험을 넘어서서 나와 다른 사람들의 맛 경험이 비교되어야 한다면 상황은 단순하지 않다.

우리는 자연과학적 측면에서, 특히 맛이 미각의 한 종류라는 점에 착안해서 맛을 고찰하게 될 것이다. 맛을 탐구하는 방식은 다양한 관점에서 접근이 가능하다. 여기서는 우선 미식가이면서도 자연과학적인 방법으로 맛을 탐구한 앙텔름 브리야-사바랭(Jean Anselme Brillat-Savarin)의 맛에 대한 관점을 살펴보고자 한다.

비록 여기서 앙텔름 브리야-사바랭이 아주 간략하게 언급되고 있지만, 그는 음식과 맛에 관한 가장 주목할만한 저서인 《미식예찬》을 남겼다. 그의 저서에는 고대로부터 오늘날에 이르기까지 다양한 요리책들이 언급되고 있다. 또한 식사를 하는 방식이라든지 엄청난 양을 섭

맛의
과학

취하는 대식가에 대한 자세한 서술이 담겨져 있다.

그는 저서에서 세계 여러 곳의 왕들이 즐기는 연회에 나오는 음식들을 기록하고 있다. 뿐만 아니라 왕이나 황제로부터 귀족계층 그리고 소작농, 자작농, 성직자들에 이르기까지 매일 같이 섭취하는 일상식에 대해 서술하고 있다.[123]

그는 그의 저서에서 식습관이라든지 음식을 조리하는 각기 다양한 문화를 소개하고 있다. 저자 자신이 체험한 여행 경험담과 특정한 음식에 대한 레시피, 그리고 그 음식에 대한 미식학적 만족도까지 자세하게 설명하고 있다.

사람의 미각

브리야-사바랭은 1755년 태어났다. 그가 살았을 당시 맛은 지적으로나 사회적으로 가장 중요한 관심사였다.[124] 브리야-사바랭이 30년간의 작업 끝에 자신의 저서 《미각의 생리학》(Physiologie du goût)을

---

123 A survey of literature on cuisine in ancient Egypt, China, India, the Arab, and Europe may be found in Jack Goody, *Cooking, Cuisine and class* (Cambridge : Cambridge University Press, 1982). See esp. chap. 4 "The High and the Low: Culinary Culture in Asia and Europe."

124 In this chapter and hereafter I drop the practice of distinguishing orthographically between taste and Taste.

출판한 것은 그가 세상을 떠나기 몇 달 전이었다.[125]

그의 맛에 대한 접근 방식은 일차적으로 자연과학적인 연구 방법을 채택하고 있다. 그것은 맛 경험이 감각에 기반해서 일어나는 현상이기 때문이다. 아울러 그는 서양 철학이라는 지적 전통 속에서 한 번 더 자신의 관점을 비판적으로 검토하고 있다.

(국내에서 그의 저서는 『미식예찬』으로 번역되기도 했다. 하지만 그는 데카르트의 기계론의 영향을 받은 돌바하 D'holbach의 유물론적 기계론을 그의 저서에서 적극 수용했다. 이러한 맥락에서 프랑스어 Physiologie는 책의 표제어 그대로 생리학으로 번역한다– 역자주)

나는 브리야–사바랭의 관점과 나의 관점을 상호 비교해 가면서, 맛과 냄새에 관한 자연과학적인 고찰을 하려고 한다.

브리야–사바랭의 논의의 출발점은 우리들이 지니고 있는 감각, 또는 복수의 감각들이다. 그에게 감각은 맛에 관한 모든 논의가 전개되어 나가는 출발점이면서 귀환점이기도 하다. 그는 자신의 저서에서 시각, 청각, 후각, 촉각, 미각과 같은 다섯 가지 감각에 성욕을 하나 더 덧붙였다. 그는 그렇게 감각을 분류하고 성욕에 독특한 지위를 부여하고 있다.[126]

---

125 In a sense his loyalty to the Bourbons contributed to his death anyway, for he died from complications of a cold he caught while attending services for the beheaded Louis XVI in a drafty chapel.

맛의
과학

감각과 욕구들은 인간이나 인간이 아닌 생물체, 즉 동물에게도 공통적으로 발현된다. 특히 식욕과 성욕은 동물이나 인간에게 공통적으로 발현되는 것이다. 그렇다 하더라도 단순히 먹이를 먹는 동물과 식사를 하는 인간 사이에는 질적인 차이가 존재한다. 아리스토텔레스의 언급처럼 식욕에 수반되는 쾌락이 적절하게 통제될 수 있을 때만 인간은 진정한 쾌락의 주체가 될 수 있다.

누구나 그가 무엇을 먹고 있는지를 말해준다면, 그가 누구인지 즉 그의 정체성을 규명할 수 있을 것이다. 이러한 그의 진술은 후에 포이에르바하에 의해서 다시 인용된다. "당신이 무엇을 먹는지를 말해준다면, 나는 당신이 어떤 사람인지를 말할 수 있다."[127] 19세기 당시 프랑스에서 공동체에 속한 개인의 정체성이 계급적이고 정치적으로 가장 분명하게 확인될 수 있는 기준은 식탁 위의 음식물이었다.

미식(gastronomy)은 맛, 식사, 그리고 음식의 준비에 관한 과학이다. 그것은 사람들을 화합하게 하는 문화적인 힘이 있다. "미식은 가치 있는 것으로 알려진 사람들과 사물들을 탐구하는 것이다. 잘 계획된 잔치는 세계 전체를 요약해 놓은 것과 같다. 그 잔치의 각 부분들은 마

---

126 Jean-Anthelme Brillat-Savarin, *The Physiology of Taste, or Meditations on Transcendental Gastronomy*, trans. M.F.K. Fisher (New York: Heritage Press, 1949), p.25

127 Brillat-Savarin's English translator, M.F.K Fisher points out the comparison between this statement and Ludwig Feuerbach's more familiar "Der Mensch ist was er isst."

치 왕의 특사들이 진열해 놓은 것처럼 보인다."[128]

맛은 오랫동안 "화학적" 감각으로 분류되었다. 브리야-사바랭 당시에는 서로 다른 미각을 만들어 내는 것들이 화학적으로 정확하게 규명되지 않았다. 그 시대에는 그것이 사실상 수수께끼와 같은 것이었다. 맛과 냄새가 화학적 감각인 까닭은 용해되거나 수증기와 같은 물질 분자에 의해서 작용되기 때문이다. 그것들이 감각기관과 접촉하게 되면 화학적으로 반응하며, 신경전달물질을 자극해서 뇌에 메시지를 보내게 된다.

브리야-사바랭은 그의 분석에 대해 다음과 같이 언급하고 있다. "화학적으로 작용하는 감각은 습기에 의해서 이루어진다. 맛의 분자들은 반드시 액체 상태로 녹아야만 한다. 그래야만 그것들은 맛을 보는 기관인 감각의 돌기나 빨판에 흡수될 수 있다."[129]

혀의 조직과 맛의 화학적 성질

혀는 꺼칠한 표면으로 덮여 있는 근육이다. 음식을 먹고 치아가 씹어 줄 때 골고루 씹을 수 있도록, 입안에서 음식물의 위치를 바꿔 주

128 Brillat-Savarin, *Physiology of Taste*, pp.45, 53

129 Ibid., pp.35-36

맛의
과학

고 섞어주는 역할을 한다. 혀의 표면은 작은 돌기들로 총총하게 조직
되어 있다. 육안으로 확인되는 혀 안의 작은 돌기들은 실제로 맛의 수
용체는 아니다. 미뢰 즉 맛의 수용체는 1867년에 혀 안의 작은 돌기의
벽면에서 확인되었다.[130]

우리는 혀를 혀의 표면 조직을 이루고 있는 돌기들과 혀 안에서 제
각기 서로 다른 맛을 인지하는 수용체들의 위치를 기준으로 다음과
같이 도식화할 수 있다.(그림 3-1) 입새 유두(foliate papillae)는 각각 혀
의 왼쪽과 오른쪽 가장자리에서 아래쪽으로 내려가는 두 측면에 자
리하고 있다.

혀 안에서 목 아래쪽으로 내려가기 전에 혀 뒷부분에 있는 큰 원형
모양으로 성곽처럼 돌출된 자리가 성곽유두(circumvallate papillae)이
다. 버섯유두(fungiform papillae)와 버섯유두에 비해서 상대적으로 작
은 실유두(filiform papillae)는 혀 안에 비교적 골고루 분포하고 있다.

혀 안에서 맛을 수용하는 미뢰는 대체로 버섯유두의 중심부분에
위치하고 있다. 입세유두 조직의 벽면과 성곽유두의 조직벽면에서도
확인된다. 아울러 입세유두와 성곽유두 사이의 움푹 들어간 공간에
서도 미뢰는 확인된다.

---

130 Edwin G. Boring, *Sensation and Perception in the History of Experimental
Psychology* (New York: Appleton-Century-Crofts, 1942), p.450

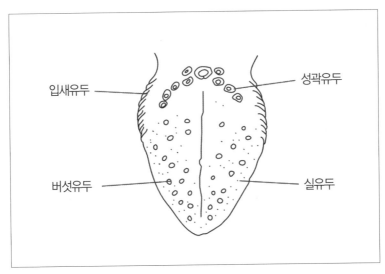

3-1. 혀의 돌기들

입새유두

성곽유두

버섯유두

실유두

인간을 포함해서 포유동물의 실유두(filiform papillae)에서는 맛을 수용하는 미뢰가 아직까지 해부학적으로 발견되지 않았다. 물론 지금까지 살펴본 버섯유두와 입세유두 그리고 성곽유두 이외에도 입안의 구개조직이라든지 인두 등 기타 다른 조직들에서도 맛을 수용하는 미뢰가 종종 확인되기도 한다. 미뢰는 50개에서 150개 사이의 맛 수용 세포들의 다발로 이루어져 있다.

미뢰들은 둥근 공 모양의 형태를 띠고 있다. 미뢰의 가장 윗부분 가운데서 약간 오목하게 들어간 작은 틈 부분이 미공(a taste pore)이다.(그림 3-2) 미뢰 안에 있는 작은 틈, 즉 미공 속에는 미각 세포의 끝이 연결되어 있다. 화학 물질이 이 안으로 들어오면 미각 세포를 자극하고, 그 결과 신경 변환이 일어나게 된다.

   용해된 물질의 분자들이 미공 속으로 들어오게 되면 미공 속의 아주 미세한 돌기와 미각세포들을 자극하게 된다. 미공 안의 미세한 돌기에서 일어나는 화학 작용들과 미각 세포속의 분자 수용체들은 서로 반응한다. 그 결과 신경 전달 물질과 같은 화학 물질이 생성된다. 이렇게 생성된 신경물질은 미뢰에 연결되어 있는 수많은 뉴런(neuron)들을 자극하게 된다.

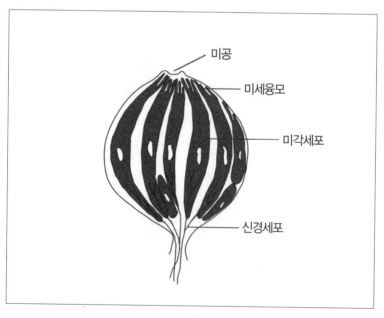

3-2. 미뢰

신경 전달 물질은 몇몇 신경회로를 통해서 최종적으로 뇌에까지 정보를 전달하게 된다. 그런데 바로 이 경우에 맛의 감각적 경험은 비로소 의식으로 전환된다.[131] 성인의 경우 미뢰 조직의 벽면에 존재하는 세포들은 10일과 14일 사이를 주기로 끊임없이 재생된다. 혀 안에서 맛을 인지하는 수용체들은 비교적 균등한 밀도로 분포되어 있다. 하지만 단맛, 쓴맛, 짠맛, 신맛과 같은 특정한 맛은 특정한 부위에서만 감지된다.

학자들 가운데 일부는 미각은 단순히 단맛, 신맛, 쓴맛, 짠맛이라는 4가지의 맛만을 지각한다고 본다. 그렇기 때문에 미각의 감각능력은 청각이나 시각 같은 감각들과 비교해서 제한적일 수 밖에 없다. 미묘하고 복잡하게만 느껴지는 풍미(Flavor)라는 것도 기본적인 4가지 맛들을 적절하게 조합하고, 후각을 자극하는 향의 조합이 더해져서 얻어진 결과다.

미각의 종류는 어떤 기준에 의해서 분류하느냐에 따라 다양하게 나누어질 수 있다. 그 맛들은 혀의 반응하는 위치에 따라 달라진다. 혀의 끝부분은 단맛에 가장 민감하다. 신맛은 혀의 측면이 가장 민감하다. 짠맛은 앞면과 측면에서 일어난다. 쓴맛은 혀의 후면, 목구멍 바

---

131 Susan McLaughlin and Robert F. Margolskee, "The Sense of Taste", *American Scientist 82* (November-December 1994)./ A.W. Logue, *The Psychology of Eating and Drinking* (New York: W.H. Freeman, 1986) / Frank Geldard, *The Human Senses*, 2d ed. (New York: Wiley, 1972)

맛의
과학

로 앞에서 일어난다.[132] 맛의 경험은 그 하나하나의 유형으로 선별된다. 그래서 그들은 화학적으로 비슷하게 한꺼번에 작동하지 않는다.[133]

짠맛과 신맛은 일반적으로 맛의 세포막에 작용하여 이온화된 부분들에 반응한다. 단맛과 쓴맛은 복합된 분자들의 자극을 받는다. 그런데 그것들은 이온화되지 않고 긴 화학적 변화를 촉발시킨다. 쓴맛의 자극은 특히 복잡하고 화학적으로 다양하다. 그러나 맛과 냄새는 완전히 과학적으로 이해된다 할지라도 여전히 신비로운 영역으로 남게 된다.[134]

맛에 대한 비하

이 장에 들어가면서 우리는 먼저 겔다드(Frank Geldard)의 말을 생각해 보고자 한다. "맛은 빈약한 감각이다. 그것은 인간 경험의 제한된 특성 때문이다. 그것은 또한 과학적 탐구의 대상으로서도 빈약하

---

132 Diane Ackerman, *A Natural History of the Senses* (New York: Vintage Books, 1991). p.139

133 Lucretius, *On Nature,* trans. Russel M. Geer [Indianapolis: Bobbs-Merrill,1965], bk. 4, pp. 133-35 / McLaughlin and Margolskee, "The Sense of Taste", p. 538

134 When Edwin G. Boring wrote his history of the experimental psychology of sensation in 1942, he noted that the chemical senses had a sparse history.... he targeted as the real reason for the scanty scientific study of taste and smell the fact that their operation had yet to be understood (*Sensation and perception,* p. 438). In 1994 McLaughlin and Margolskee also noted the number of unknowns still remaining to be discovered about taste("Sense of Taste")

다. 우선 미식 현상은 인간 세계에서 그렇게 커 보이지 않는다. 미식가와 대식가의 수가 그렇게 많지 않다는 것 또한 사실이다."[135]

미각에 대한 부정적 평가는 세 가지 정도로 구분하여 설명될 수 있다. 그중 두 가지는 겔다드의 말에 암시되어 있다. (a) 실제로 맛은 오직 네 가지만 있다.-달고, 짜고, 시고, 쓴- 그것이 맛의 다양성을 제한한다. (b) 맛은 빈약한 것이다. 그것은 거의 모든 풍미가 냄새에 기인하기 때문이다. (c) 맛과 냄새는 어쨌든 "원초적인" 감각이다. 이런 이슈들은 맛과 음식의 선호에 대한 평가와 관련되어 있다.

기본 풍미를 추적하기 _ 이른바 맛감각의 빈약함

맛은 제한된 범위를 갖는 감각이다. 거기에는 실제로 단맛, 신맛, 쓴맛, 그리고 짠맛의 네 가지만 있다. 이들 기본적인 맛들의 조합은 보다 복잡한 풍미를 만들어 낸다. 그리고 그 나머지는 코에서 주어진다. 우리가 맛을 이렇게 빈약한 것으로 보는 이유는 무엇인가?

맛을 기본적인 범주로 구분하려는 시도는 고대로부터 이어져 왔다. 단맛, 짠맛, 신맛, 쓴맛의 범주는 고대 그리스의 맛에 대한 추측에서도 나타난다. 그 후 기본적인 것으로 선별된 맛의 수(數)는 계속 감소

---

135 Geldard, *Human Senses*, p. 480

하였다.

16세기 말엽에 서양 생리학자들은 단맛, 신맛, 톡 쏘는 맛, 매콤한 맛, 강렬한 맛, 느끼한 기름 맛, 쓴맛, 싱거운 맛, 짠맛을 기본적인 9가지 맛으로 분류했다. 100년 후에 스웨덴의 생물학자 린네는 얼얼한 맛과 강렬한 맛을 9가지 맛에서 제외했다. 그리고 떫은맛, 점성이 있어서 끈적거리는 맛, 메스껍고 느글느글한 맛, 촉촉한 맛을 새로이 추가했다.

또한 스위스의 생물학자이자 생리학자인 알브레흐트 폰 할러(Albrecht von Haller)는 느끼한 기름 맛을 9가지 맛에서 제외시켰다. 그러면서 알콜맛, 향긋한 맛, 소변에서 나는 것과 같은 지린 맛, 썩은 맛을 새롭게 추가했다.[136] 오늘날의 연구자들 중에서 일부는 금속 맛이나 알카리 맛을 새로운 맛으로 간주하기도 한다.[137]

맛에 대해 성찰해 보면 기본적인 유형의 맛들은 넘쳐날 정도로 많다. (맛의 수는 무한한다. 그것은 모든 용해되는 것들이 특별한 풍미를 갖기 때문이다. 그것들은 결코 다른 것들과 비슷하지 않다.-브리야-사바랭)[138]

---

136 Geldard, *Human Senses,* p. 504. Smell researchers have also tried to identify a basic set of smells, but their results have not been very successful despite some creative and interesting lists.

137 Valerie B. Duffy and Linda M. Bartoshuk, "Sensory Factors in Feeding," in *Why We Eat What We Eat,* ed. Elizabeth Capaldi (Washington D.C: American Psychological Association, 1996), p. 146

138 Brillat-Savarin, *Physiology of Taste,* p.36

그런데 현대 과학은 기본적인 구성요소로서의 맛 경험을 언급하지 않는다. 그와 관련된 리스트들은 과학 실험의 과정에서 잘려나가게 된다. 그것은 순수한 맛으로 검증되는 차원이 너무 많기 때문이다. 그런 것들은 입의 피부에 의해서 수용되는 깔끄러운 감각에 의존한다.

생리학자들은 미각에 의해서 수용되는 맛의 수용체에 관심을 갖는다. 다양한 맛들은 피부 감각에 그리고 후각에 주어지는데, 그것들은 실험적 검증을 거치면서 제거된다. 결국 그런 검증을 거쳐서 일반적으로 인정되는 맛 수용체는 단맛, 짠맛, 신맛, 그리고 쓴맛이다.

그렇다면 이들 네 가지 맛은 어떤 의미에서 "기본적인" 것인가? 예를 들면, 그것들은 혼합되어 다양한 색상들을 만들어 내는 기본 색상과 비교될 수 있는가? 그것은 그렇지 않다.[139] 이런 맛을 표현하는 네 가지 범주는 혼합될 수 있는 것들이 아니다. 사실 기본적인 네 가지 맛의 물질적인 혼합은 모순된 개념이다.

하지만 분명히 풍미(flavor)들은 혼합된 것이다. 그런 방식으로 혼합된 풍미는 본래적 요소로서의 맛 감각들이 그대로 유지된다. 예를 들면 레몬의 신맛과 설탕의 단맛의 혼합은 레모네이드의 맛을 만들어

---

139 McLaughlin and Margolsskee open "Sense of Taste" by noting that the four tastes "can be blended and combined to create the many shades and hues of flavor," but they must something other than physical mixing for the reasons given above.

맛의
과학

낸다. 맛을 보는 사람은 그 맛의 요소들을 구분해 낼 수 있다.

그러나 서로 화학적인 상호작용을 해서 질적으로 다른 물질을 만들어 내는 경우도 있다. 예를 들어, 소금은 일반적으로 단맛을 감소시키지 않고 향상시킨다. 그런데 설탕은 신맛을 감소시킨다. 카페인은 그 쓴맛이 신맛을 내는 물질과 혼합되면 신맛을 증가시킨다.[140] 이와 같이 입안의 연금술은 변덕스러운 것이다.

하지만 네 가지 기본 맛이 혼합해서 모든 풍미들을 만들어 낼 수 있다고 하는 주장은 범주적 실수를 범하고 있다. 비록 어떤 종류의 맛이 물리적으로 혼합될 수 없다 할지라도 그것들은 맛 감각을 기술하기 위한 포인트가 될 수 있다.

로그(A.W. Logue)는 다음과 같이 지적하고 있다. "모든 맛과 냄새는 화학적으로 만들어질 수 있는 것들이 아니다. 그러나 미각과 후각은 모든 맛과 냄새를 묘사할 수 있다."[141] 그러므로 우리는 아마도 네 가지 범주에 주어진 것을 "기본적"인 것이라고 해석할 수 있을 것이다. 맛은 이런 의미에서 분석될 수 있을 것이다.

우리는 그런 것을 1916년 한스 헤닝(Hans Henning)에 의해서 만들

---

140 Geldard, *Human Senses*, pp. 507-10

141 Logue, *Psychology of Eating and Drinking*, p. 50

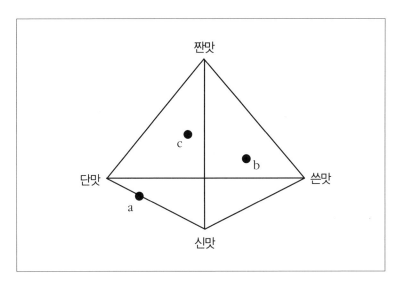

3-3. 한스 헤닝의 맛의 사면체

어진 맛의 3차원 지도에서 발견할 수 있다. 그의 목적은 맛을 4각형으로 정리하는 것이었다.(그림 3-3) 4각형의 각 꼭지각은 순수하고 기본적인 맛을 나타낸다. 어떤 두 가지 맛이 결합된 것은 그림의 모서리 중 하나에 점이 찍힌다. 예를 들면 레모네이드는 신맛과 단맛 사이인 a 지점에 위치한다.

기본적인 세 가지 맛이 결합한 지점은 4면체의 평면 중 하나에 위치하게 된다. 상추의 일종인 로메인 상추는 아마 b 지점에 위치할 것이다. 만약 어떤 물질이 네 가지 맛 모두를 결합한 것이라면, 그런 감각은 4각형의 그림 안쪽 어딘가를 떠돌 것이다. 아마도 소고기 양배추 수프는 c 지점 주변 안쪽에서 맴돌 것이다.

맛들은 이렇게 표기될 수 있다. 그런데 일반적인 상황에서 맛이 어떤지를 묻는다면, "단맛과 짠맛의 혼합"이라기보다 "치킨 맛 같다"라고 대답할 것이다. 우리가 사용하는 맛과 냄새에 대한 말들은 가끔은 표현하기가 어렵다. 이것은 아마도 맛은 "오직" 기본적으로 4가지라고 하는 사실을 받아들일 수밖에 없는 또 다른 이유일 것이다.

브리야-사바랭은 "맛이 그렇게 엄밀하고 정확하게 분석될 수 있는 상황은 없을 것이라고 주장한다. 그래서 우리는 단맛, 신맛, 쓴맛과 같이 일반화하는 몇 가지 맛에 의존하게 된다."[142] 이와 관련해서 로그(Logue)는 냄새를 알고 확인할 수 있는 후각은 믿을 수 없을 정도로 예민하다고 주장한다.

냄새를 맡는 능력인 후각에 대한 연구는 생리학자들의 실험실에서 탐구되는 가장 중요한 과제 중 하나였다. 하지만 후각에 대한 연구는 생리학 실험실을 벗어나서, 공동체를 연구하는 인류학자들에게도 중요한 학문적 관심사였다. 아로마 향이 지니는 문화적 의미를 규명하기 위해서 콘스탄트 크라센(Constance Crassen)을 비롯한 몇몇 인류학자들은 현장 연구를 진행하기도 했다.

식사를 할 때 코의 후각 능력이 미각을 돋구어 주는 역할을 하는 것은 분명하다. 그러나 여기서 문제가 되는 것은 후각의 능력이 미각

---

142 Brillat-Savarin, *Physiology of Taste*, p.37-38

을 돋구어 주는 보조적 역할 만을 수행하는 것인가 하는 것이다. 아니면 후각이 미각과 동등한, 혹은 어떤 의미에서 더 우월한 역할을 수행하고 있느냐 하는 것이다.

식재료나 음식의 풍미를 정확하게 감별하는 미식가라고 하더라도 후각이 수반되지 않는다면 음식의 풍미를 온전히 식별해 낼 수가 없다. 후각의 감지 속도는 굉장히 빠르다. 예를 들자면 후각은 화재가 발생했을 때, 피부조직이 촉각을 통해서 뜨거운 열기를 감지해내는 속도보다도 빠르다. 1000여개에 달하는 후각의 상피세포들은 냄새를 전기적 신호로 전환시켜 뇌의 후각 중추에 전달한다. 그때 그 속도는 촉각보다 훨씬 빠르다.

하지만 후각 세포들의 민감한 반응성 때문에 미각이 후각에 비해 열등하다고 말할 수는 없다. 식감을 구분하고 분류하는 후각과 미각은 열등과 우월의 수직적 관계에 놓여 있는 것이 아니다. 그것들은 수용된 감각 자료들을 각기 다른 방식으로 처리하고 있을 뿐이다.

미각과 후각은 각각 다른 감각으로서 뇌에 전달될 때까지 상호작용을 하지 않는 것으로 알려져 있었다. 그러나 최근 연구에 의하면 미각 세포 내에서도 냄새를 감지하는 후각 수용체가 발견되었다. 그렇다면 미각과 후각은 서로 고립된 관계에 있는 것이 아니라 서로 보완적으로 작용한다고 말할 수 있다.

맛의
과학

코와 혀

후각은 실험실과 현장 모두에서 탐구되는 주제였다.[143] 냄새는 맛 감각을 약화시키기보다 옹호한다. 우리가 생각하는 맛의 많은 것들은 실제로는 코의 후각에서 일어나는 것이다. 겔다드의 논평을 보자. "후각 작용은... 음식과 관계된 가장 정교한 경험이다. 그것은 콧구멍에 잘 장착된 수용 시스템으로 기본적인 맛을 제공한다. 또한 음식의 풍미를 전달하는 '향'(aroma)을 더한다. 후각이 없다면 식도락가도 없을 것이다. 오직 자양분의 소비만 있을 뿐이다.[144]

일반적으로 맛을 보는 사람들은 냄새보다 맛을 간파하기가 훨씬 더 어렵다. 사람들이 먹을 때 작용하는 감각 세 가지는 촉각, 미각, 그리고 후각인데 그중에서 후각이 가장 예민하다. 이것은 에틸 알콜을 묻힌 티슈에 노출시키는 실험을 통해서 입증될 수 있다.

피부 감각을 달구는데 필요한 농도가 미각의 임계치는 3분의 1 정도다. 그러나 후각은 놀라울 정도로 적은 임계치를 요구한다. 1/60,000 정도의 농도로도 피부 자극을 일으킬 수 있다.[145] 아리스토텔레스 이래로 관찰자들은 후각의 예민성을 주목해 보았다. 가끔 인간은 개와

---

143 The anthropologists Constance Classen, David Howes, and Anthony Synnott explore cross-cultural studies of smell in *Aroma: The Cultural history of Smell* (New York: Routledge, 1994).

144 Geldard, *Human Senses*, p.438.

145 Geldard, *Human Senses*, p.439.

같은 피조물과 비교해 볼 때 후각이 보다 덜 필요해 보이기도 한다. 하지만 맛을 보는 것은 후각에 의해서 제공되는 것이라고 생각된다. 미각은 후각과 비교해서 단지 어설픈 것이다. 그러나 미각은 후각에 비해 빈약한 것이지만 맛의 감각을 보증한다.

미각과 후각의 상호작용은 과학적 발견에서 매우 신비로운 것이다. 그것은 일반적인 경험에서도 발견될 수 있다. 그것은 고대 사회의 감각에 대한 연구 기록에서도 발견된다. 코가 맛의 성질과 식사의 즐거움을 식별하는 데서 중요한 역할을 한다는 것은 사실이다. 식도락가들과 다른 애호가들에 의해서 주장되는 맛에 대한 결론은 과장된 것이고 과학적으로 옹호되기 어렵다. 오히려 그것은 "맛"이라는 개념 안에 또 다른 애매함이 있음을 지적하고 있다.

과학적으로 엄밀하게 연구하는 것이 맛의 생리학이다. 그것은 브리야-사바랭과 같은 사람에 의해서 연구된 것보다도 관심의 폭이 더 좁다. 입의 수용체에 대한 해부학, 화학 그리고 신경학적 구조의 이해는 서로 독립된 기능을 요구한다. 또한 이런 측면의 감각들은 후각과 피부 감각으로부터 분명히 구별될 것을 요구한다.

브리야-샤바랭은 맛의 경험에 대한 애호가였다. 그 경험은 음식의 맛있는 냄새 뿐만 아니라, 다른 감각에서 제공되는 것까지 포함한다. 다음 문구에서 그는 그런 모든 감각들을 언급하고 있다.

"거울과 그림들, 조각들과 꽃들로 장식되고, 향기로 가득하고, 부드러운 음악이 흐르는 방에서, 사랑스런 연인들과 함께 호화로운 식사를 즐기는 사람은... 맛의 쾌락을 위해 모든 과학이 동원됐다고 하는 사실을 확신시킬 필요가 없을 것이다."[146]

보다 덜 쾌락적이고, 보다 더 과학적인 분위기에서, 브리야-사바랭은 냄새와 맛이 협동하는 것을 알 수 있었다. "나는 후각이 없이 온전히 맛을 보는 행위는 있을 수 없다고 생각한다. 뿐만 아니라, 나는 냄새와 맛이 단일한 감각을 형성한다고 믿고 싶다. 입은 실험실이고 코는 굴뚝이다."[147]

브리야-사바랭만 이런 관찰을 한 것은 아니다. 많은 작가들이 음식과 음료에 대한 논의에서 혀와 코에 대해 비슷한 논평을 하고 있다. 그래서 혀만이 그런 경험에 한정된 감각이라는 사실은 맛의 신뢰성을 떨어뜨린다. 맛의 철학 또한 문자적인 맛과 미학적인 맛을 비교하면서, 맛이 혀의 감각에만 관련된다고 보지 않는다.

이제 우리는 맛의 과학에 대해 고찰해 보고자 한다. 거기에서 맛의 경험이 혀의 미각과 코의 후각 모두와 관련된다고 하는 사실은 중요한 일이다.

---

146 Brillat-Savarin, *Physiology of Taste,* p.30
147 Ibid., p.38

음식에 대한 판단은 그 질감과 다른 속성들에 관계된다. "맛"은 넓은 의미에서 촉감에 의존한다. (많은 사람들은 미끈 미끈한 촉감 때문에 특이한 채소로 알려진 오크라(아욱과의 식물)를 거절한다.) 좁은 의미에서는 혀의 미뢰에서 전달된 감각만을 "맛 감각"이라고 해야 할 것이다. 그러나 보다 온전한 맛 감각은 후각과 촉각의 "맛 경험"을 포함한다.

이미 앞에서 언급한 바와 같이, 맛에서 코의 역할은 입과 밀접하게 연결되어 있다. 음식과 음료에 대한 냄새는 음식물이 삼켜지기 전에는 아직 몸 밖에 있다. 콧구멍으로 냄새가 퍼지고 흡입되면, 후각의 작용에 의해서 그 음식물의 냄새를 맡게 된다. 그러나 후각의 일은 온전한 것이 아니다. 많은 비강(鼻腔: 콧구멍에서 목젖 윗부분에 이르는 빈 곳)들이 온전한 맛 경험의 마무리를 위해 목구멍 뒤에서 기다리고 있다.

한편 목구멍에서 비후(鼻後) 통로는 후각의 느낌을 맛의 경험으로 전달한다. 이 지적은 정확한 것이다. 그런데 이것을 "냄새"를 맡는 경험이라고 부르는 것은 적합하지 않다. 그것은 분명히 기체의 물질을 흡입하면서 냄새를 맡는 것은 포함되지 않는다. 사실 식사를 하는 그 시점에 냄새를 맡는 것은 마치 숨이 막히는 것과 같다.

그러나 넓은 의미에서 풍미는 후각에 의해서 제공된다. 그것은 미각의 빈약함을 보완한다. 그래서 "후각이 없이는 어떤 것도 맛보기가 어렵다."

실험실에서의 맛에 대한 이해 범위는 브리야-사바랭이 말하는 "직접적인" 느낌에 국한되어 있다. 비강과 반사적 감각을 사용하는 데서는 "완벽한" 느낌을 가질 수가 없다. 풍부한 맛은 마지막까지 남는 느낌이 줄어들면서 완성된다. 이런 일련의 과정에서 맛보기는 순차적인 성질을 갖는 것으로서 미묘함, 풍부함, 그리고 깊이를 더한다.[148]

20세기 프랑스의 작가 롤랑 바르트는 복잡하고 연속적인 느낌을 이해하기 위한 노트를 만들었다. : 느낌의 등장, 귀환, 겹침, 대조……맛에서의 순차적인 배열은 시각의 원근법(거대한 파노라마로 펼쳐지는)과 일치한다.[149]

몇몇 과학 연구자들은 그들이 비판적으로 접근하는 감각 연구에 이런 관점을 적용하고 있다. 깁슨(James J. Gibson)은 소위 말하는 "지각 체계"(개별적 유형의 감각 수용체보다)를 분석하기를 좋아했다. 그것은 맛의 감각을 폄하하는 것은 아니다.

"냄새와 맛은 수용체나 신경에 의해서 규정될 필요는 없다. 그들은 그들이 사용되는 기능에 의해서 규정될 수 있다. 냄새는 호흡과 식사의 맛에 수반된다. 냄새를 맡는 것은 씹는 기능에 수반된다. 증발되고 녹는 음식의 수용체들은 머리로 연결되는 구강에 위치해 있다. 그것

---

148 Ibid., p.391

149 Roland Barthes, "Reading Brillat-Savarin," in *The Rustle of Language,* trans. Richard Howard(New York:Hill & Wang, 1986), p. 250

들은 동일한 지각 체계에 통합될 수 있다. 그와 반대로, 동일한 후각의 세포막은 음식을 먹을 때보다 냄새를 맡을 때 다른 지각 체계에 통합될 수 있다."[150]

다른 연구자들은 "입의 감각"이 미각, 후각, 화학적 감각, 체온, 그리고 촉각과 연결되어 있다고 말한다.[151] 이런 종합적인 관점은 분명히 브리야-사바랭에 의해서 수용될 것이다. 이런 감각들의 활기찬 연주는 식사가 진행되는 동안 진행된다.

"먹을 수 있는 어떤 것이 입으로 들어가자마자, 그것은 기체와 습기 등 모든 것으로 변화된다. 입술은 무엇이든 도망가지 못하게 할 것이다. 이빨들은 그것을 씹고 부술 것이다. 침을 흠뻑 적시고, 혀는 그것을 으깨고 휘저을 것이며, 후각은 콧구멍을 통과하는 동안 그것을 음미할 것이다. 그리고 그것은 위로 내려 보내져서 여러 가지 잡다한 것들로 바뀌게 될 것이다. 이런 변형 속에서 단일한 원자나 입자는 미각의 감상에서 벗어나게 될 것이다. 이런 완벽함 때문에 식사의 진정한 즐거움은 인간의 특권이 된다.[152]

우리는 맛의 경험에서 화학적 감각들이 서로 경쟁하여 흠집을 내는

---

150 James J. Gibson, *The Senses Considered as Perceptual Systems* (Boston: Houghton Mifflin, 1966), pp. 136-37

151 Duffy and Bartoshuk, "Sensory Factors in Feeding," pp. 147-50

152 Brillat-Savarin, *Physiology of Taste,* pp.44-45

맛의
과학

것이라기보다, 서로 보완하는 것으로 보아야 할 것이다.[153] 만약 혀의 수용체로부터의 기여가 어느 정도 제한되면, 후각이 그 갭을 매울 것이다. 그리고 그것은 맛의 경험을 보다 예민하게 할 것이다. 하지만 이것은 아직 맛에 대한 충분한 설명이 되지 못한다. 음식과 음료의 질감과 온도, 그리고 피부 감각이 촉각으로서 보완되어야 하기 때문이다.

원초적인 감각과 야만적인 식욕

미각과 그 대상을 비하하는 또 다른 주장은, 어찌 됐든 맛은 "원초적"인 감각이라는 것이다. 후각 또한 이런 방식으로 분류된다. 물론 "원초적"이라는 말은 많은 것들을 의미한다. 다음의 논평을 생각해 보자.

"미식가들에게는, 최고의 세련미를 갖춘 좋은 음식이 다양한 맛을 준다. 생물학자들에게는 맛이 가장 근본적인 분자적 메카니즘이다. 맛과 냄새와 같은 화학적 감각은 가장 근본적인 감각의 양식이다. 또한 영양학적으로 유용한 물질을 구별해 내는 것은 미각이다. 그것은 맛이 좋지 않은 독성 물질로부터 맛이 좋은 것을 구별해 낸다.[154]

---

153 Despite their intimacy, taste and smell do not report to the same area of the brain. Smell is embedded in the limbic system, which is also the seat of sexual arousal. Perhaps this accounts for one of the few universals of food: its common association with sex. Another explanation for this linkage points to the similarity of neural receptors called Krause's end bulbs in the lips, tongue, and genitals (Ackerman, *Natural History of Senses,* p. 132).

"미각은 단순한 기능을 갖는다. 그것은 유기체의 소화기 계통을 위해 문지기와 같은 역할을 한다. 그것은 어떤 물질을 삼켜야 하는지 아닌지에 대한 정보를 제공한다."[155]

이런 논평들은 "원초적인"이라는 말에 두 가지 의미를 적용하고 있다. (1) 미각과 후각은 초기 생명체서부터 발달하였으며, 결국에는 인간을 포함한 동물로 진화하였다. (2) 그들은 생명 유지를 위한 보호 목적으로 진화하였으며, 그 기능 방식에 어떤 확장이 있었다. 이들 두 가지 주장은 과학자들 사이에서 널리 수용되고 있다. 화학적 감각들은 청각이나 시각 수용체를 갖지 않는 단세포 생물에서도 관찰될 수 있기 때문이다.(단순한 유기체에서 가장 초기에 진화된 기관이 입이다.)[156]

인간들은 미각과 후각을 음식이 안전한지를 알기 위해서 사용한다. 우리는 어떤 것을 눈으로 보거나 맛보지 않더라도 그것이 썩었는지를 냄새로 알 수 있다. "원초적"이라는 말의 두 가지 의미는 맛과 냄새에서 보다 정확하게 나타난다. 게다가 그것은 부정적인 의미를 갖지 않는다. 이런 원초적인 감각들은 건강과 안전을 지켜주는 것으로서 낮게 평가하거나 비하할 필요는 없다.

하지만 "원초적"이라는 말은 경멸적인 어감에서 벗어나기 힘들다.

---

154 McLauglin and Margolskee, "Sense of Taste,"p.538

155 Henry Gleitman, *Basic Psychology* (New York: Norton, 1983), p.116

156 Ackerman, *Natural History of Senses,* p.143

맛의
과학

다른 저자들도 명백하게 그런 의미로 사용하고 있다. 그래서 "원초적인"이라는 말은 다음과 같은 의미를 내포한다. (3) 이 감각은 진화의 초기 단계에서 발달했으며, 그 초기 단계에서 필요로 했던 것을 넘어서 진화되지 않았다. 그래서 원초적 감각은 (4) 저급한 생명 형태에서 공유되었으며, 인간의 행동과는 다른 활동을 한다. (5) 원초적 감각은 확장된 가치를 갖지 않는다.

찰스 다윈은 다음과 같이 썼다. "점진적인 진화의 원리를 믿는 사람들은 인간이 원천적으로 요구하는 후각을 인정하지 않을 것이다. 인간은 약화되고 제대로 발달하지 못한 힘을 물려받았다. 초기의 조상들로부터 매우 편리하게 사용되어왔던 것들이 그들에게 상속되었다."[157]

이런 분석에서 보면, 냄새는 인간의 맹장과 같이 기능하던 것으로 보인다. 모든 사람들이 다 가지고 있지만, 한때는 필요했던 기능이 쇠퇴하게 되었다.

우리는 다시 화학적 감각에서 제기된 문제로 돌아가고자 한다. 그것은 분명히 규정되지 않는 개념으로 표현되고 있다. "원초적"이라는 말의 위험성은 그것이 맛과 냄새에 적용될 때 나타난다. 맛과 냄새는 "초창기의 기본적인"이라는 의미로부터 "야만적인"이라는 의미에 이르기까지 매우 쉽게 미끄러져 간다.

---

157 Chales Darwin, *The Descent of Man* (1871), quoted in Warren Gorman, *Flavor, Taste, and the Psychology of Smell* (Springfield, Ill,: Charles C. Thomas, 1964), p.48

이 지점에서 우리는 신체 감각을 보다 높은 도덕적 가치보다 낮은 것으로 분류하는 이론가들의 영역으로 되돌아갈 수 있다. 아마도 그들은 다음과 같은 것을 우려했을 것이다. 만약 우리가 화학적 감각을 최고의 기능을 갖는 것으로 믿는다면, 아마도 우리는 서로 개처럼 냄새를 맡는지를 조사하게 될 것이다.

그러나 만약 화학적 감각이 원초적인 것이라면, 우리는 그것을 삶의 일반적인 맥락으로 인정해야 할 것이다. 이와 관련하여 아커만(Diane Ackerman)은 다음과 같이 말한다. "만약 냄새가 유물과 같은 것이라면, 그것은 매우 강렬하고, 본능적이며, 망상적인 시기의 것이다. 그 때는 우리에게 보호를 약속한 자연의 순환 속에서 움직이던 시기였다."[158]

원초적 감각은 본능에 의해서 작동하며, 비교적 덜 문화화된 것이다. 야생의 자연은 또한 문화적 삶을 통해서 훼손된 흔적이 있다. 콩디약(Condillac)은 그의 『감각에 대한 논문』(Treatise on Sensations, 1754)에서 다음과 같이 말하고 있다. "미각은 스스로 배우기 때문에 가르칠 필요가 거의 없다. 그 이유는 태어난 순간부터 우리 자신을 보호하기 위해 그것이 필요하기 때문이다.[159]

---

158 Ackerman, *Natural History of Senses,* pp.54-55
159 Abbé Etienne Bonnot de Condillac, *Treatise on the Sensations* (1754), trans. Geraldine Carr (Los Angeles: University of Southern California Press, 1930), p.188

맛으로의 복귀

　서로 다른 개인들의 맛 감각은 어떻게 비슷할 수 있는가? 맛의 쾌락
은 "보편적인" 것으로 생각될 수 있는가? 아니면 그런 기호들은 모두
다를 수 있는가? 이 책의 마지막 장에서 우리는 맛의 철학이 문자적
인 맛을 폄하하는 것을 볼 것이다. 그것은 맛이 사실상 개인들에게 그
리고 다양한 문화에서 상대적인 것이라는 가정에 근거한다. 그런 상
대성은 다음과 같은 세 가지 철학적 주제들과 관련지어 볼 수 있다.

　(1) 개인적인 맛은 변화에 저항한다. 그래서 그들에 대한 논의는 흔
들리지 않는다. 호불호는 개인의 생리학적 산물이다. 그리고 그것은
경험들과 연관되어 있다. (2) 문화적 차이는 인간 사회의 삶의 다양한
방식에 관한 정보를 준다. 그런 관심은 사회학적으로, 역사적으로, 또
는 인간학적으로 서술될 수 있다. 이런 탐구 영역들이 중요한 것은, 어
떤 철학적 이슈도 문화적인 맛의 선호를 상세하게 다루지 않는다는
것이다. (3) 마지막으로 맛의 선호들은 어쨌든 보편성을 요구할 만큼
중요한 것이 될 수 없다는 것이다. 이런 근거들은 철학적 이슈의 기본
전제에서 멀어지기 시작했다.

신체적인 차이와 맛들

　서로 다른 사람들은 그들이 먹는 음식에 대한 호불호가 다른 것이

분명하다. 수많은 혀의 돌기들과 그 돌기들 사이에 있는 맛의 수용체들은 사람마다 엄청나게 다르다. 브리야–사바랭은 눈으로 볼 수 있는 돌기들의 차이에 주목했다. 그리고 어떤 사람에게는 진수성찬이 다른 사람에게는 맛이 없는 음식이 되는지를 설명하고 있다.

현대의 연구는 그의 관점을 어느 정도 유지하고 있다. 맛 연구가인 린다 바르토슉(Linda Bartoshuk)은 사람들 중 약 20 퍼센트는 "미각이 뛰어난 사람들"이라고 말한다. 그들은 풍미에 민감할 만큼 촘촘하게 채워진 돌기를 가지고 있다.(특히 단맛과 신맛) 다른 20 퍼센트는 상대적으로 적은 맛의 돌기와 둔한 맛의 지각을 가지고 있다. 다른 사람들은 대부분 그들 사이에 위치한다.[160]

브리야–사바랭이 날카롭게 보았던 것처럼 돌기들의 수는 매우 다양하다. 그러나 그 돌기들 안에 있는 맛 수용체의 수는 더 많다. 평균적으로 약 200개의 맛 수용체가 유곽유두(有郭乳頭)를 둘러싼 해자로 이어진다. 맛의 수용체는 하나의 돌기에 많으면 865개가 있으며, 적으면 약 100개가 있다.[161] 사람들의 맛 감각은 각기 다르며, 해를 거듭하게 되면 개인적으로도 변화가 일어난다.

게다가 누가 어떤 물질을 맛볼 것인지를 결정하는 유전적인 요인이

---

160 Bartoshuk's research is summarized in Thomas Levenson, "Accounting for Taste," *The Sciences* 35 (January-February 1995)

161 Geldard, *Human Senses,* p.489

맛의
과학

있다. 그 식별 가능성의 한계가 낮은지 높은지를 구별하기 위해 쓴맛이 이용된다. 그런 테스트에 가장 자주 사용되는 것이 페닐치오카바마이드(phenylthiocarbamide; PTC 미각시험)다. PTC 시험을 받은 사람들은 그것이 몹시 쓰다는 것을 알 수 있다. 그와 관련된 화학물질은 브로콜리라는 채소에서 발견된다. 비슷한 화학 성분을 가진 사카린과 같은 물질은 그와 유사한 식별 패턴을 보인다.[162]

우리가 먹는 것은 무엇 때문인가? 부분적으로 우리는 배가 고프기 때문이고, 몸에 자양분이 필요하기 때문이며, 쾌락을 위해 어떤 것을 맛보기를 갈망하기 때문이다.[163] 그런데 맛의 쾌락에 대한 갈망은 사람들마다 다를 것이다. 이런 모든 요인들은 유전적이고 환경적인 영향을 받는다.

단 것을 좋아하는 것이 유전적 근거를 갖는다는 것은 일반적인 현상이다. 이런 기호는 진화적 관점에서 나온 것이다. "단맛"은 본성상 좋은 자양분을 지닌 "잘 익은 과일"을 의미하기 때문이다. 단맛을 좋아하는 것은 분명히 학습되는 것이 아니다. 어떤 단맛을 가진 물질을 선택하기를 좋아하느냐 하는 것은 또 다른 문제다.

그 비슷한 주장이 몸에 필수적인 물질인 소금에도 적용된다. 신맛과

---

162 Logue, *Psychology of Eating and Drinking*, p. 56.

163 Logue, explains theories of hunger and thirst in pt, 2 of *Psychology of Eating and Drinking*

쓴맛은 그렇지 않다. 신생아는 이런 맛들에 노출되면 전형적인 얼굴 표정을 짓는다. 그런 반사작용은 일반적인 사람들 사이에서도 나타난다.[164]

생리학은 우리가 경험하는 맛의 인과적 요인들을 보여준다. 그리고 맛의 선호와 맛의 강도에 모두 적용될 수 있는 변이의 범위를 보고하고 있다. 사람의 혀에 있는 수많은 돌기들은 유전적으로 만들어진 것이다. 그것들이 갖는 야생성은 맛을 보는 능력이 교육되거나 개선될 수 없다는 것을 말해준다.

문화와 맛 _ 먹을 수 있는 것과 먹을 수 없는 것

사람들은 대개 단 것을 좋아한다. 하지만 꿀이나 설탕, 초콜릿, 프랄린(설탕에 견과류를 넣고 졸여 만든 것), 매이플 시럽, 과일, 채를 썬 코코넛 등에서 어떤 것을 더 좋아하는지는 매우 다르다. 문화적인 요인들은 어떤 특별한 음식을 선호하게 만든다. 특별한 음식을 맛보는 것은 문화적으로, 그리고 경험적으로 학습되는 정도가 크다.

---

164 "In nature, poisons are bitter; sour fruit is not ripe; sweet fruit is ripe; and a preference for salt will produce ingestion of many needed materials. Beyond these simple genetically mediated preferences, however, food choice is learned"; Elizabeth Capaldi, *Why We Eat What We Eat,* p. 6

맛의
과학

문화적 차이는 인류학자들에 의해서 연구되고, 기록되고, 분석된다. 그들은 인간의 다양한 식습관에 대한 증거를 제시하고 있다. 피터 파브(Peter Farb)와 조지 아멜라고스(George Armelagos)의 말을 요약해 보자.

"중국의 후난 지방에서는 살아서 꿈틀거리는 새우를 먹는다. 반면에 북아메리카와 유럽 사람들은 생굴을 먹는다. 아시아인들은 냄새가 12야드(0.9m)까지 퍼지는 발효된 음식을 먹는다. 다양한 시대와 장소에서 강한 기호(嗜好)는 종달새의 혀, 양의 눈, 뱀장어의 알, 고래 뱃속, 돼지의 호흡기 등처럼 보여 왔다…… 모든 사회에서 사람들은 그들 자신의 기호가 분별 있는 것이라고 생각한다. 이들로부터 벗어난 것은 변태적인 것이거나 혐오스런 것으로 생각한다."[165]

이 구절은 상이한 식사 습관들과 이질적인 요리법의 양상들을 상세히 기술하고 있다. 그들의 음식은 어떤 사회에서는 맛있는 것이 되지만, 다른 사회에서는 구역질나는 혐오가 될 수 있다. 그러나 파브와 아멜라고스는 겉보기에 특이해 보이는 음식이라 할지라도 영양학적 이유가 있다고 주장한다.

음식의 기호에 대한 비교는 맛의 과학적 요인에 의해서는 잘 알려지

---

165 Peter Farb and George Armelagos, Consuming Passion: *The Anthropology of Eating* (Boston: Houhton Mifflin, 1980), p.165

지 않는다. 시음 반응을 검사하는 실험실의 조건은 미각 촉진제와 같은 정체를 알 수 없는 물질들을 사용한다. 그런데 그들은 무엇이 검사되고 있는지를 추정할 수 없다. 이런 것들은 분명히 우리가 맛을 선택하는 조건이 될 수 없다. 사실 우리가 먹거나 냄새 맡는 것이 무엇인지를 아는 것은 그 대상을 즐기기 위해 필요한 것이다.

이론가들은 순수한 미학적 경험에 관심을 갖는다. 그들은 순수하고 혼합되지 않은 미학적 대상을 제안한다. 그것은 그 내용이 아니라 그 대상의 형상에 관심을 갖는다. 그것은 표상된 것이며, 다시 말하자면 무엇에 "대한" 것이다.[166] 그러나 의식적 지각만으로는 그런 형상을 파악하는 것은 불가능하다. 그것은 우리가 본 것을 왜곡시킬 수 있다.

단토(Arthur Danto)가 관찰한 바와 같이, 경험 대상에 대한 올바른 확인은 중요한 것이다. 그것은 미술작품, 성, 그리고 음식을 포함한 다양한 쾌락으로 확장되기 때문이다.

"어떤 예술품이 모조품이라는 것을 알게 되면, 그 쾌락에 대해 의문이 제기되어야 한다. 그런 쾌락에 대한 의심은 인식론적 차원의 것이다. 성적 쾌락은 분명히 마땅한 파트너와 함께 섹스를 한다는 믿음에서 나온다. 그와 비슷하게 무엇을 먹는 것에서 쾌락이 나타날 것이

---

166 Clive Bell is the formalist favored by philosophers because of the rigorous and extreme consistency of his theory (*Art* [London: Chatto& Windus, 1914])

라는 믿음이 있다. 여기서 무엇을 먹는다는 것에 대한 믿음은 어떤 사물에 대한 것이다. 그러나 그런 사실에 대한 믿음 또한 잘못된 것이 된다. 음식은 누군가의 입에서 가루로 변한다. 그 순간 그는 그의 믿음이 잘못되었다는 것을 발견한다……. 적어도 인간에게는 먹는 쾌락이 맛을 보는 쾌락보다 훨씬 복잡한 것이다."[167]

음식이 범주화되기 어려운 것과 같이 맛의 경험 또한 변화한다. 그것은 신체적 경험이 문화와 그 해석에 뿌리박고 있기 때문이다.[168]

찰스 디킨스의 소설《피크윅 클럽의 유문록(遺文錄)》에 나오는 웰러 씨는 그가 송아지 고기 파이를 좋아한다고 생각하면서 다음과 같이 고백한다. "그것을 숙녀가 만든다는 것을 안다면 그 송아지 고기 파이는 아주 좋은 것이다. 그것은 분명 새끼고양이는 아니다. 그런데 무엇보다도 파이를 만드는 사람조차도 그 차이를 알지 못한다는 사실이다."[169] (잭 구디는 궁핍한 상황에서도 어떻게 금지규정이 유지되는지를 설명했다. 제2차 세계대전 중 어떤 전쟁 포로는 고양이 스튜(stew)를 토끼라고 생각하고 먹었다. 그는 그것을 받아들일 수 있다고 생각했다.)[170]

---

167 Arthur Danto, *The Transfiguration of the Commonplace* (Cambridge: Harvard University Press, 1981), p.14

168 Claude Lévi-Strauss notes that a standard division of foods among the peoples of South America he studies is not between what tastes good and tastes bad but between food that is "good to think" and "bad to think": *The Raw and the Cooked*, trans. John and Doreen Weightman(New York:Harper & Row, 1969).

169 Charls Dickens, *Pickwick Papers* (1847) (New York: New American Liberary, 1964), p.289

간단히 말하면, 몸에 들어간 음식은 맛의 보수성에 기여한다는 사실이다. 맛과 소화 시스템은 모두 가르치기 어려운 것이다. 그런데 혐오감은 자신도 모르는 사이에 강한 반동으로 나타난다. 맛의 보수성과 혐오감의 반동은 아마도 맛이 야만적인 것이거나 반론의 여지가 없는 것이라는 생각을 하게 할 것이다.

하지만 맛있는 것과 역겨운 것 사이의 괴리에만 초점을 맞추는 것은 매우 잘못된 것이다. 맛은 가르쳐질 수 있다는 사실을 왜곡한다. 사회 속에서 그리고 문화들 사이에서 맛은 변화하고 개선될 수 있는 대상이다. 사람들이 근본적으로 서로 다른 음식을 먹는다는 것은 사실이다. 그러나 그런 습관을 넘어서 어떤 맛을 좋아하는 것에 대해 관심을 갖는다. 우리는 맛을 확장시켜 나가며, 모두가 좋아하는 것으로 보이는 음식들을 식별하는 것을 배울 수 있다.[171]

맛을 가르칠 수 있는 능력은 거의 유일하게 인간의 특성이다. 브리야-사바랭은 "동물도 먹고 인간도 먹는다. 그러나 오직 현명한 인간만이 먹는 법을 안다."고 말한다. 인간은 처음에는 고추에 의해서 전달되는 자극과 고통을 경험하지만, 그것에서 미각을 개발하는 독특함이 있다.[172]

---

170 Goody, *Cooking, Cuisine and Class,* pp.84-85

171 Richard Watson writes of the subtle distinction among the foods of Holland "On the Zeedijk," *Georgia review* 42.1 (Spring 1989): 19-32.

172 Paul Rozin, "Sociocultural Influences on Human Food Selections," in Capaldi, *Why We Eat What we eat,* pp. 238-40

맛의
과학

맛은 개발될 수 있을 뿐만 아니라 그런 과정이 긍정적으로 권장되기도 한다. 우리는 포도주를 마셔보라고 재촉당하기도 한다. 또 우리가 전에 먹어보지 못한 음식을 먹어보라는 요청을 받기도 한다. 이런 현상은 맛이 단지 우리의 동물적 본성을 지탱시켜주는 기능일 뿐이라고 말하는 사람들에 대해 좋은 응수가 된다. 모든 동물들이 먹는다는 것은 진실이다. 그러나 다른 한편, 오직 인간만이 요리법을 개발할 수 있는 존재다.

잭 구디는 계급 위계를 갖는 사회의 요리 전통의 발달을 이야기하고 있다. 그리고 요리의 준비, 서빙 그리고 식사의 양상을 차례로 기록하고 있다. 그리고 '고차원적'이고 '저차원적'인 요리법들 사이의 구분을 기록하였다. 문학적 전통에서 기록된 음식은 반성적 주제가 되며, 철학적 체계와 연관되어 있다고 생각된다. 요리법은 음식을 의학적 처방으로 보며, 우주 질서에 대한 반성으로 생각하게 한다.

상류층 사람들에게는 어떤 음식을 처방하고, 하류층의 사람들에게는 다른 음식을 처방하는 것은 전 세계에서 발견된다. 이집트, 중국, 그리고 인도 등에서는 고대로부터 그래왔다. 고대 아랍 세계에서도 그랬다. 그리고 중세와 근대의 유럽은 그들의 요리법이 궁극적으로 페르시아 제국에서 유래됐다.[173]

---

173 Goody, *Cooking, Cuisine and Class*, esp. chap. 4

요리는 계급 위계를 낳고, 부자들의 호화로움은 상대적으로 가난한 사람들로부터 구분된다. 그래서 어떤 곳에서는 사치규제법이 동반되기도 한다. 힌두교와 기독교와 같은 전통에서는 윤리가 금욕적 가치들을 포함하고 있다. 그래서 식사 관행과 도덕 철학이 연결되었다.

음식과 관련된 글쓰기는 전통적으로 맛에 대한 비판적 어휘들을 담고 있다. 그것은 또한 유희적이고, 시적이며, 관능적이고, 풍자적인 장르가 된다.[174] 그것은 일반적으로 맛의 경험을 기술하고 분석하기에 도움이 되는 언어적 자원을 사용한다.

그런데 그것은 다른 감각 경험(특히 시각)을 기술하는 자원과 비교해 볼 때 상대적으로 빈약하다. 요리 연구자와 포도주 연구자에 의해서 개발된 어휘들을 생각해 보면, 그것은 그렇게 정밀한 것은 아니다. 그러나 분명한 것은 맛, 음식, 그리고 음료에 대한 글쓰기는 음식에 대해 반성하게 한다.

맛의 현상학

나는 이제 맛의 "구조"에 대해 설명하고자 한다. 맛 경험의 복잡한 현상이 갖는 여러 요소들을 도식적 형태로 나타내 볼 것이다. 나는

---

174 Ibid.,p.138

맛의
과학

맛의 현상학적 구조가 어떻게 분석될 수 있을지에 관심을 갖고 있다. 그것은 맛의 대상이 되는 물질을 먹고 마시는 것과 관련된다.

여러 맥락과 배경이 맛 경험의 원인이 된다. 몸과 그 감각이 그런 조건들 중 하나다. 그런 생리학적 요인들이 맛을 보는 능력에 이바지하기도 하고 제한하기도 한다. 이런 요인들은 개인들에게 내장되어 있는 것으로서 잘 변화하지 않는 것으로 보인다. 그것들은 기본적이고 일반적인, 그리고 변치 않는 개인의 맛의 성향을 구성한다.

우리는 그것들을 몸의 인과적 조건이라고 생각하며, B 요인(Body)이라고 표시한다. 어떤 B 요인들은 의식에 존재할 수 있다. 만약 어떤 사람이 쓴맛에 지나치게 민감하다는 것을 안다면, 그것은 의식적인 앎과 관련이 있다. 그러나 유전과 같은 다른 B 요인들은 앎의 대상이 아니다. 누구나 그의 유전적 구성은 잘 알 수 없기 때문이다.

다른 신체적 요인들도 있다. 식사 성향에 따라 다양한 맛이 나타난다. 배고픔과 포만감의 상태에 따라 맛의 변화가 생겨난다. 일종의 수용 감각이 이런 상태를 간파한다. 거기서는 한 사람의 몸의 상태를 알수 있다.(나는 배가 고프다. 목이 마르다. 배가 부르다. 역겹다……)

한 개인에게 수용 감각의 상태는 시간에 따라 리듬을 타고 예측할수 있게 변화한다. 나는 그것을 H 요인(Hunger)이라고 표기할 것이다. 맛은 H 요인에 의해서 초래되는 변동성이 있다. 그러나 이런 변동성은 조종될 수 있다. 그것은 신비로운 것이 아니다.

그리고 대부분의 사람들은 그들의 몸이 무엇을 먹거나 마시려고 하는지를 이미 안다. 만약 어떤 사람이 아프다면, 식욕은 거의 사라질 것이다. 만약 어떤 사람이 지금 막 식사를 했다면, 그 사람이 배가 고플 때보다는 맛이 없을 것이다.

맛의 경험은 부분적으로는 변치 않는 B 요인과 가변적인 H 요인에 의한 것이다. 그런데 맛에는 다른 맥락이 있다. 그것은 어떤 음식이 먹을 수 있는 것인지 아닌지, 먹기에 좋은 것인지 아닌지에 대한 문화적 정보를 가지고 있다. 이런 문화적 요인들은 사회마다 다르며, C 요인 (Culture)으로 표시된다.

그것들은 교육, 경험, 그리고 관행 등에 의해서 폭넓게 조종될 수 있다. 그러나 그것들은 매우 완고한 것이다. 예를 들면, 돼지고기나 인육과 같은 것을 거부하는 종교적이고 도덕적인 금기와 같은 것이 있다. 그런 것들은 역겨운 반응을 일으킬 수 있다. B, H, C 요인들은 맛을 경험하는 특성들의 조건이 된다. B와 H 요인은 인과적 조건으로 생각될 수 있다. C 요인은 맛을 조작하는 근본 원인이 되는 문화적 맥락이 된다.

맛을 보는 것은 의도적인 활동이다. 다시 말해서 그것은 어떤 대상에 대한 사건으로 의식된다. 맛의 의도성은 복잡하며, 그 대상을 해석

맛의
과학

하는 여러 가지 방법들이 나타난다. 어떤 사람들은 맛의 주관성을 강조하지만, 다른 사람들은 어떤 대상에 대한 의미 있는 평가를 맛으로 받아들인다.

전통적으로 맛은 사람의 몸 상태의 "내면"에 주의를 집중시키는 것으로 알려져 있다. 카레와 같은 것의 풍미를 맛볼 경우, 그 풍미는 현상학적으로 입, 코, 목구멍에 자리 잡게 된다. 몸에는 감각의 변화가 지각된다. 맛은 현상학적으로 주관적인 양상을 띤다. 분명한 것은 맛의 대상은 입과 혀에 있다. 그것을 간단하게 T 요인(Tongue)으로 표시하고자 한다.

맛은 주관적인 것이라고 생각될 수 있다. 그것은 직접적으로 우리의 몸의 상태에 주의를 끌기 때문이다. 하지만 맛의 대상은 분명히 우리가 맛보는 대상의 외면에도 주의를 기울인다. 맛의 대상은 또한 물질적인 것이다. 맛의 주의를 끄는 외적 대상, 즉 그 지향된 대상의 요소를 O 요인(Object)이라고 부른다.

T와 O는 아마도 동일한 사물의 두 측면일 것이다. 말하자면 지향된 대상은 두 가지 측면에서 접근될 수 있다. 그러나 여기서 맛의 경험은 대상적 요소를 갖는다는 사실이 강조된다. 그런 의미에서 그들은 분리하여 생각될 수 있다.

촉각은 객관적 정보를 전달하는 기관이다. 손가락은 대상들을 더

듣어 보고 그 모양이나 질감 등에 관한 정보를 얻는다. 그 목적은 감각적 즐거움을 얻는 데 있지 않다. 촉각의 인지적 기능은 신체 감각의 쾌락에 빠지는 데 있지 않다. 맛 또한 그와 비슷한 기능을 갖는다. 그것은 대상의 성질을 발견하는 역할을 한다. 풍미와 질감, 그리고 입으로 들어가는 물질을 확인하는 것 등이 그것이다. 풍미를 맛보는 것은 T 요인에 더욱 집중되어 있다. 사람들은 입안에 무엇이 있는지에 주의를 집중한다.

하지만 우리는 맛을 외적인 것이 아니라 내적 지향을 갖는 것으로 생각한다. 그것은 감각적 쾌락에 집착하게 되면 대상을 발견하고 확인하는 인식의 기능을 간과하게 된다. 일반적으로 음식과 음료가 거기에 해당한다. 그러나 맛은 보지만 쾌락에 빠질 수 없는 물질도 있다.(예를 들면 쓴 약을 먹는 경우가 여기에 속한다.)[175]

이런 차이점은 맛의 서로 다른 모습을 보여준다. 맛은 자주 쾌락적인 것으로 생각된다. 또한 그것은 고통스럽고, 혐오감을 주는 것으로 생각되기도 한다. 우리는 이것을 P 요인(Pleasure)으로 부른다.

요약하면, 맛의 경험은 다음과 같은 구성요소들로 분석될 수 있다.

---

175 Tentative identification of a drug, for example. A geologist may taste a mineral to identify it.

맛의
과학

B : 신체 인과적 요인들로서 변치 않는 것들. 그것들은 단맛과 같이 보편적인 것일 수도 있고, PTC의 미각 능력과 같이 상대적인 것일 수도 있다.

H : 무엇을 섭취하는 신체 조건. 수용 감각에 의해서 지각된다. 그것들은 개인들마다 다양하다. 예를 들면, 저녁 식탁에 앉은 사람들은 배가 고픈 사람도 있고 이미 식사를 한 사람도 있다.

C : 문화적 요인. 어떤 음식과 음료가 구미에 맞고, 먹을 수 있고, 맛있는 것인지를 선별하는 근거가 된다. 그것은 집단마다 다르다. 그래서 이 요인은 맛에 대한 불일치의 근거가 된다.

T : 맛의 대상에 주의를 집중하는 신체의 상태. 혀, 입, 코, 목구멍, 그리고 소화기관 등

O : 맛의 대상. 입안으로 들어가는 외부 세계에 있는 대상

P : 맛볼 때 느끼는 쾌감과 불쾌감. T와 C를 형용하는 속성. 그 자체에 주의를 집중하게 되면, 의도적인 대상이 될 수 있다.

맛의 주관성

우리가 어떤 음식을 맛볼 때, 내가 지각하는 맛 경험은 그 음식에 대해 내리는 판단의 기준이 된다. 내가 체험한 맛 경험 즉 "음식이 정말 맛있다"는 판단은 다른 사람이 내린 맛 판단에 의해서 결정되는 것이 아니다. 다른 사람들에게는 맛있는 음식들도 나의 입맛이나 취향에 따라서는 다르게 판단될 수 있다. 맛은 플라톤의 이데아처럼 어떤 보편적인 개념이 아니다.

맛 판단은 판단 주체들의 주관성(subjectivity)에 의해서 결정된다. 많은 사람들이 어떤 음식에 대해 맛이 있다고 판단하는 경우라도, 얼마든지 개인적 취향과 입맛에 따라 다르게 판단될 가능성이 존재한다. 이와 같이 판단 행위를 주관성의 관점에서 고찰했던 최초의 철학자는 독일의 철학자 칸트였다.

칸트는 아름다움을 분석하면서 플라톤의 이데아와 같이 보편적 개념을 전제하지 않았다. 아름다움을 보편적 개념으로 간주한다면 현상세계에서 존재하는 모든 것들은 이데아적 보편적 개념을 본질적인 속성으로 지니는 경우에만 아름다운 존재가 될 수 있다. 플라톤에 의하면 "아름다운 것"과 "아름다움 그 자체"는 동일한 것이 될 수 없다.

칸트의 미학은 플라톤의 경우처럼 "아름다움 그 자체"라는 보편적 개념으로부터 시작하지 않는다. 칸트는 아름다움 그 자체가 이데아처럼 보편적 개념으로 존재한다는 주장을 받아들이지 않는다. 칸트에 의하면 인간 이성은 아름다움 그 자체를 인식할 수 없다. 미적 현상에 대하여 그것이 아름답다고 하는 미학적 판단만 내릴 수 있다.

"아름다운"이라는 술어는, 어떤 대상이 미적 즐거움을 유발하는 경우, 판단하는 주체가 그 대상에 부여하는 주관적이고 개별적인 규정일 뿐이다. 즉 미학적 판단은 판단 주체가 스스로 내리는 주관적이고 개별적인 판단이다. 음식에 대한 미각 판단도 개인의 개별적인 맛 판단이 그 기준이 된다. 그런 점에서 칸트의 미학적 판단과 동일한 논리 구조를 갖는다. 미학적 판단과 미각 판단은 모두 개별적인 주관성이 판단 기준이 된다.

플라톤의 철학적 관심은 "아름다움 그 자체"와 "아름다운 사물들" 그리고 이들 양자 사이의 존재론적 인식론의 관계에 있다. 그러나 칸트의 철학적 관심은 "어떤 것이 아름답다"고 하는 주관적이고 개별적 판단을 철학적으로 규명하는 작업에 집중되었다.

"어떤 것이 아름답다"는 미적 판단은 "아름다움 그 자체"에 관한 어떤 인식론적 정보도 제공해주지 않는다. 칸트의 주장에 따르면 아름다움 그 자체는 사물로서 존재하지 않는다. 또한 플라톤의 이데아처럼 보편적 개념으로 존재하거나 성립될 수 없다. 심지어 "그것은 아름답다"(it is beautiful)고 하는 미학적 판단 속에는, 술어 "아름다운"이라는 형용사와 주어 "그것" 사이에 아무런 연관성도 존재하지 않는다.

개별적 주체들이 그때그때 마다 내리는 감성적인 판단 행위만이 유일하게 존재한다. 이런 맥락에서 "어떤 것이 아름답다"라는 명제는 대상의 아름다움과 연관되어 있는 것이 아니다. 그것은 대상을 아름답다고 판단하는 개별자의 주관성과 연관되어 있다. 그래서 우리는 그것을 취미 판단이라고 부른다.

그런데 "어떤 음식이 맛있다"라는 미각 판단에서 "맛있는"이라는 술어는, 우리가 미뢰를 통해서 직접 지각하는 대상인 음식에 관한 정보를 준다. 이것은 미각 판단이 주관적인 판단임에도 불구하고 취미판단이 될 수 없는 이유가 된다.

칸트의 미학과 연관지어 미각을 철학적으로 규명하려는 경우 취미판단과 맛 판단 사이에 존재하는 공통점과 차이점이 아울러 고찰되어야 할 것이다. 여기서는 그것을 좀 더 살펴보아야 할 철학적 과제로 남겨 두기로 한다.

맛의
과학

맛은 아름답거나 추한 것으로 설명될 수 있는 것이 아니다. 이는 미학적 담론으로 적합한지의 문제다. 경계해야 할 것은 '맛을 보는 것'을 직접적인 감각 대상으로만 보는 것이다.

"그것은 묘하고 풍만한, 뭐라고 말할 수 없는 것이었다. 그것은 중국 그릇에 칠해진 유약의 막처럼 아주 얇은 껍질로 작게 부서졌다. 나의 이빨 사이에서 부서졌다. 차가운 과육도 마찬가지였다. 그 향내를 나는 말로 표현하는 게 불가능했다."

한겨울 비타민 C가 가득한 탄제린을 먹고 남긴 후기이다. 이 서술은 미학적 관심과 즐거움에 대한 탁월한 설명이다. 맛의 지각적 경험에 대한 음미이다. 맛은 철학의 역사가 보여주는 것보다 더 훨씬 복잡하고 미묘하며 흥미가 있는 감각이다.

미각은 가르쳐질 수 있는 기능이다. 이는 전 세계에 걸쳐 나타나는 다양한 식사 선호들과 관계된다. 동시에 생리학자와 심리학자들은 타고난 일반적인 맛의 선호들이 있음을 입증한다. 우리는 단맛과 짠맛에 이끌리고, 쓴맛은 혐오하는 성향이 있다. 이같이 풍미에 주어진 공통된 의미를 찾는 것이 미학적 담론이다.

맛의 의미와
의미 있는 맛

맛은 미학적 담론으로 적합할까?

맛의 의미와
의미 있는 맛

철학의 역사에서 맛은 매우 복잡하고, 미묘하며, 흥미로운 가치를 갖는 감각이다. 식사에 대한 기호(嗜好)는 전 세계를 통해서 매우 다양하게 나타난다. 생리학자들이나 심리학자들이 주장하는 것처럼 타고난 맛의 기호들이 있다. 달고 짠 것에는 끌리고, 쓴 것은 싫어한다. 또한 맛의 감각은 교육이 가능한 기능이다. 여기에 남는 문제는 맛의 교육 가능성과 식별력이 미학적 중요성을 갖는지에 대한 것이다. 맛의 경험은 과연 진정한 미학적 경험으로 정당하게 생각될 수 있는 것인가?

이 질문은 음식을 예술과 똑같은 중요성을 갖는 것으로 생각할 수 있느냐 하는 문제와 관련된다. 이것은 단순히 언어적 습관에 대한 질문이 아니다. "요리 예술"과 같은 용어는 매우 폭넓게, 그리고 매우 분명하게 사용되고 있다. 그러나 여기에는 다음과 같은 물음이 제기될 수 있다. 즉, 음식의 예술적 잠재력은 음악으로 바뀌는 소리의 잠재력, 그림이 되는 물감의 잠재력, 시가 되는 언어의 잠재력과 비교될 수 있는가? 하지만 이와 같은 물음은 매우 부정적인 것이다. 미학적이고 비미학적인 감각들 사이의 구별은 예술적이고 비예술적이 감각들 사이의 구별과 매우 밀접하게 연관되어 있다.

몇몇 용기 있는 이론가들은 맛의 쾌락에 대한 미학적 잠재력을 옹호해 왔다. 그리고 다른 이론가들은 음식과 음료의 예술적 가능성에 대한 논의를 계속 이어갔다. 비록 이들의 논의가 강력한 것은 아니지만, 그런 논의들은 먹는 것, 마시는 것, 그리고 맛의 미학적 차원에 대한 탐구를 위한 출발점을 제공한다.

음식을 예술적 형식으로 옹호하는 사람들은 그런 입장에 대해 몇 가지 근거를 제시한다. 그들은 사실상 최고의 맛을 제공하는 훌륭한 조리법을 예술 음식의 모델로 삼고 있다. 하지만 나의 입장은 좀 다르다. 즉, 감각적 쾌락을 제공한다는 의미에서 음식과 음료를 옹호하는 것은 온당치 못하다고 생각한다. 그들은 맛을 미학적 기능으로 분류하는 것에 대해서, 그리고 음식의 예술적 기능에 대해서 반론을 제시하지 못한다.

그들의 설명은 음식이 인지적인(cognitive) 것이라는 매우 중요한 사실을 놓치고 있다. 다시 말해서 음식은 세련된 풍미를 넘어서까지 확장되는 상징적 기능을 갖는다. 음식과 예술의 형식은 공통된 미학적 특징이 발견될 수 있는 상징체계를 갖는다. 나는 음식이 예술로 분류되어야 한다고 주장하는 것은 아니다. 그것이 어떤 좋은 예술로 이해되어야 한다는 것은 아니다. 철학으로부터 예술이 나오지 않는 것과 같이 그런 옹호는 무의미한 것이 될 수 있다. 그럼에도 불구하고 음식과 예술작품 사이에는 많은 비슷한 특성을 갖고 있다. 그래서 음식과 예술을 비교하는 것은 유익한 일이 될 것이다.

맛과 미학적 즐거움

맛의 미학적 차원에 대한 논의는 두 종류의 반대에 부딪친다. 그 하나는, 맛을 경험하고 즐기는 것은 단순히 미학에만 한정되는 것이 아니라는 것이다. 다른 하나는, 맛의 "논리"(logic)라고 부르는 것은 진정한 미학적 판단의 논리와는 다르다는 것이다.[176] 두 번째 것이 좀 더 엄격한 주장이기는 하나, 대개의 옹호자들은 그것을 간과한다. 즉 경험적 특성에 대한 반성이 아니라 감각적 쾌락의 현상적 성질을 검토함으로써 맛을 옹호하기 때문이다.

---

176 Sibley's "Taste and Smells and Aesthetics" will appear in a volume of his papers on aesthetic edited by John Benson, Jeremy RoxbeeCox and Betty Redfern, forthcoming from Oxford University Press.

20세기 초 미국 철학자 데이비드 프랠(David Prall)은 맛의 예술적 취약성을 주장하면서도, 맛의 미학적 쾌락을 옹호했다. 프랠은 미각, 후각, 촉각은 사실상 기본적인 미학적 쾌락을 전달할 수 있다고 주장한다. 그러나 이런 감각들 중 어떤 것도 진정한 예술로 발전될 수는 없다. 그런 감각들에는 질서의 원리가 결여되어 있기 때문이다. 우리는 감각 대상의 복잡성과 질서가 가능하다는 의미에서 예술적 감각과 비예술적 감각을 구별할 수 있다.

프랠이 쓴 미학 이론은 널리 읽혀왔다. 사실 그의 이론은 신체적 쾌락은 미학적 쾌락과 전혀 다르다고 주장하는 싼타야나(George Santayana)의 이론과 같다. 신체적 쾌락은 외적 대상보다도 우리 신체의 어떤 부분에 주의를 집중한다. 반대로 미학적 아름다움은 우리 밖에서 쾌락으로 대상화되어 나타난다. "영혼은 신체와 결합되어 있다는 것을 잊고, 생각의 대상을 바꾸면서 자유롭게 세상을 여행할 수 있다는 환상을 가질 때…… 기뻐한다."[177]

프랠은 미학적 경험을 전달하는 신체적 요구에 대응하는 것으로 맛을 옹호한다. 또한 그는 시각과 청각의 경험이 다른 세 가지 감각보다 신체와 적게 연결되어 있다는 생각을 거부한다. "입천장은 귀보다 더 내부에 있는 것이 아니다. 그리고 딸기의 맛은 그 색깔이나 모양보다 더 많은 신체적 기능을 갖지 않는다."

---

177 George Santayana, *The Sense of Beauty* (1896) (New York: Dover, 1955), p. 24

맛의 의미와
의미 있는 맛

프랠은 시각과 청각의 차원을 강조하지 않는다. 그러나 뜻밖에도 그는 감각 경험의 신체적 활동들로부터 맛의 식별력을 분리시킨다. 맛과 냄새를 지각하는 것은 단지 "우연히" 우리의 신체로 연결되는 것이다. 우리는 포도주와 음식의 맛을 삼키지 않고도 음미할 수 있다. "우리가 먹는 것은 그 물성(quality)이 아니라 그 물질(substance)이다."[178] 즉 맛의 대상은 마지막 찌꺼기까지 내뱉어질 수 있기 때문에, 맛의 감각은 시각이나 청각 등 거리 감각과 같은 종류로 취급될 수 있다. 그래서 사람들은 무엇이 맛있는 것인지를 실제로 먹어보지 않고도 맛의 미학적 성질들을 음미할 수 있다.

먹어보지 않고도 맛을 숙고하는 모델로 전문 와인 감별사를 들 수 있다. 그 감별사는 여러 개의 와인을 평가하기 위해서 입 주위에 와인잔을 갖다 댄다. 그리고 후각의 비후(鼻後) 통로를 이용하기 위해서 와인을 가능한 한 목구멍에서 멀찌기 갖다 놓는다. 그리고 그의 후각 안에 있는 것들을 내뱉으면서, 또 하나 하나 모두 경험하면서 평가한다. 그 내뱉는 행동은 평가되는 물질, 즉 와인이 취하게 하기 때문에 필요하다. 그러나 그것은 와인을 가장 잘 감별하기 위해서 권고할만한 행동은 아니다.

맛의 쾌락은 먹는 것의 쾌락으로부터 단절될 수 있어야 한다. 맛을 보는 것은 음식을 미학적으로 가치 있게 하는 것이며, 음식을 삼키는

---

178 David Prall, *Aesthetic Judgement* (New York: Crowell, 1929), pp. 60, 61

것은 영양섭취와 관련된 것이다. 그런데 이런 개념을 따르는 사람들은 감각의 위계가 가치를 갖지 않는다고 주장한다. 그 이유는 무엇인가?

프랠은 감각 위계가 가치를 갖지 않을 때, 맛의 미학적 가능성을 드러낼 수 있다고 생각하는 것 같다. 그런 도구적 가치들로부터 분리되어야, 우리는 미각, 후각, 촉각으로부터 주어질 수 있는 즐거움을 숙고할 수 있게 된다. 미각, 후각, 촉각의 성질들은 청각과 시각적 대상을 숙고하는 것과 같은 방식으로 음미될 수 있다.

예를 들면, 한 잔의 커피는 자양분, 따뜻함, 카페인의 유익한 자극을 제공할 뿐만 아니라, 미학적으로 안락함을 제공한다. "만약 우리가 완전히 몰두한 상태에서 커피를 음미하게 된다면, 우리는 수단이 아니라 목적으로 그 질적 본성을 깊이 숙고하게 될 것이다.... 만약 그것이 최고의 미학적 만족감으로 분류될 수 없다면, 그것은 감각의 표면에 직접 주어지는 것으로서, 사심 없는(disinterested) 쾌락의 단순한 사례에 불과하다."[179]

프랠이 맛에 대해 "사심 없는" 이라는 말을 적용한 것은 흥미로운 일이다. 많은 미학의 작가들은 몸 중심부 감각들의 대상은 매우 흥미로운 본성을 갖는다고 주장한다. 우리가 자양분에 대해 생각하지 않고 맛을 음미한다면, 이런 맛을 사심 없는 쾌락이라고 말할 수 있다.[180]

---

179 Ibid., p.39

**맛의 의미와
의미 있는 맛**

하지만 그는 맛이 아름다움으로 음미되지 않는다는 단서를 달면서 전통적인 감각 위계를 인정하고 있다. "우리는 잘 배합되어 맛을 내는 셀러드나 최고의 맛을 내는 아이스크림의 맛을 보고 '그것은 아름다운 것이다'라고 말하지 않는다. 분명한 것은 후각과 미각, 그리고 촉각 등은 색깔, 소리, 형태, 질감 등에 있는 것과 같은 "아름다운" 재료를 갖는 것은 아니다. 그래서 그것들은 분명히 미학적인 판단 내용을 갖는 것은 아니다."[181]

후각과 미각이 전형적으로 "미학적 판단"의 내용을 갖지 않는다는 것은 반론의 여지가 없다. 맛은 아름답거나 추한 것으로 설명될 수 있는 것이 아니다. 이것은 맛이 아름답거나 추한 것으로 설명될 수 있느냐 하는 문제가 아니라, 미학적 담론으로서 적합한 것인가 하는 문제다. 경계해야 할 것이 있다면 '맛을 보는 것'을 단지 직접적인 감각 대상으로만 보는 것이다.

그것은 피셔(M.F.K Fisher)가 몹시 추운 스트라스부르(Strasbourg)의 겨울에 대해 설명하는 것과 같다. 그녀가 호텔 라디에이터 위에 놓인

---

180 Thomas Munro strikes a similar note when he asserts, "It is an obvious and recognized fact that lower-sense stimuli can be enjoyed for their own sake, and not as instrumental values": *The Arts and Their Interrelations* (1949) (Cleveland : Press of Case Western Reserve University, 1969), p.137. Munro blames neglect of the lower senses on the dominance of "ascetic Christian morality" in Western culture.

181 Prall, *Aesthetic Judgment,* p.61

뜨거운 탄제린(작은 오렌지 요리) 조각들을 "몰래" 먹고 있을 때, 창문 쪽 선반 위에 있는 탄제린들은 빠르게 얼고 있었다. 그녀는 그 맛에 대해 세 페이지의 글을 썼다.

"그것은 묘하고 풍만한, 그리고 뭐라고 설명할 수 없는 것이었다…… 그것은 중국 그릇에 칠해진 유약의 막처럼 아주 얇은 껍질로 작게 부서졌다. 나의 이빨 사이에서 그렇게 부서졌다. 그리고 차가운 과육 또한 그렇게 됐다. 그 향내를 나는 말로 형언할 수 없다."[182]

이 서술은 미학적 관심과 즐거움에 대한 탁월한 설명이다. 엄격하게 말해서 그것은 도덕적이거나 사회적이거나 실천적인 가치와 연결되지 않는다. 그렇다고 해서 그것이 순전히 사심없는 것이거나 비기능적인 것도 아니다.(왜냐하면, 그녀는 명백하게 그 비타민 C가 가득한 탄제린에 대해 관심이 있었다.)

이 경험은 즐겁게 반성할만한 것으로 전통적인 의미에서 "미학적인" 것이라고 말할 수 있다. 여기서 피셔는 맛의 지각적 경험을 음미하는 것에 대해 설명하고 있다. 맛은 어떤 것이 입 안으로 들어와야만 한다. 그것은 시각적인 색깔이나 모양, 혹은 음악의 멜로디나 화음을 음미하는 것보다 더욱 "신체적인" 것이다. 그런 것은 맛의 감각에서 발

---

182 M.F.K. Fisher, *Serve it Forth* (1937) (San Francisco: North Point Press, 1989), pp. 31-32

**맛의 의미와
의미 있는 맛**

생할 수 밖에 없다.

엘리자베스 텔퍼(Elizabeth Telfer)는 프랠의 입장에 동의한다. 그것
은 음식이 가끔은 미학적인 것이 될 수 있다고 보기 때문이다. 그녀가
의미하는 비중립적이고 비도구적인 것은 어떤 강렬함을 지니고 있다.
그리고 어느 정도 객관성을 주장하는 판단이 수반된다. 미학적 반응
은 다른 사람들도 똑같은 방식으로 감상할 수 있는 대상의 성질에 의
해서 정당화된다. 그것이 곧 텔퍼가 말하는 "객관성"의 의미다. 그녀
의 말대로 좋은 음식은 "미학적으로 먹을 것"을 요구하며, 그것은 음
식에 대한 관심과 식견을 갖는 것을 말한다.[183]

미학적 경험은 물질적 존재(신체)로부터 해방되어야 한다는 전통
적 기준(감각위계)에서 벗어나야 한다. 그렇게 된다면, 맛보는 것과 식
사에 대한 미학적 차원의 사례는 더 많이 발견될 것이다. 산타야나
(Santayana)의 아름다움에 대한 관점에서 보면, 맛은 미학의 영역에서
벗어나 있다. 그러나 프랠은 음식을 삼키지 않고 맛을 보는 것만으로
도 충분한 쾌락이 있으며, 이론적으로도 정당화된다고 본다.

음식과 음료는 영양상의 가치와 상관없이 그 성질들을 맛볼 수 있
다. 따라서 맛의 차이를 식별하는 능력은 그림이나 음악 감정가들에

---

183 Elizabeth Telfer, *Food for Thought: Philosophy and Food*(London: Routledge, 1996), pp. 43, 57

게 있는 눈과 귀의 능력과 비슷한 방식으로 발달될 수 있다. 어쨌든 맛은 다른 사람들과 음식을 나누게 할 정도로 강렬한 쾌락을 준다. 브리야-사바랭(Brillat-Savarin)은 이런 경험에 대해 열정을 갖고 있었다. 그것은 그를 맛의 모든 쾌락을 주재하는 10번째 뮤즈의 신인 가스테리아(Gasteria)의 자리에 앉게 했다.[184]

하지만 "미학적 맛보기"가 가능하다는 것이 실제로는 얼마나 어려운 일인가? 보고 듣는 경험의 미학적 반응 수준으로 맛의 경험을 끌어 올리는 것은 어려워 보인다. 그렇다면 이것은 맛 감각의 잠재력이 시각과 청각의 잠재력보다 더욱 제한되어 있다는 것을 의미하는가? 만약 그것이 미학적 차원에서 인정될 수 있다면, 맛은 상대적으로 그 범위가 좁아지는 것인가?

사실 이것은 맛을 옹호하는 사람들에게는 중요한 결론으로 받아들여질 수 없다. 우리는 예술 형식으로서의 음식에 대한 물음에 관심을 갖는다. 그래서 음식을 하나의 예술로 인정하는 것이 한계에 부딪치게 된다면, 우리는 그것이 놓치고 있는 미학적 요소들을 탐구할 것이다.

미각과 후각의 세계에 있는 고유한 질서는 발견되기 어렵다. 프랠은 그것이 기본적이고 단순한 경험이기 때문이라고 보았다. 전통적으로

---

184 Jean-Anthelme Brillat- Savarin, *The Psyiology of Taste, or Meditation on Transcendental Gastronomy,* trans. M.F.K. Fisher (New York: Heritage Press, 1949), p.353

**맛의 의미와
의미 있는 맛**

그런 경험들은 예술작품으로 구성될 수 없었다.[185] 현대 미학에서도 형식주의자들은 미각과 후각의 예술적 빈곤에 대해 설명하고 있다. 그것은 미학적 주제에 대한 논의를 빈약하게 만든다.[186]

예술에는 그 자신만을 위한 고유한 가치가 있다. 그것은 기능적이거나 실제적인 가치에 의존하지 않는다. 그래서 음식이 갖는 삶의 필요성과 같은 기능적 가치는 예술로서의 자격이 박탈될 수 있다.[187] 거기에서 음식은 생존을 위해 먹어야 하는 것이고 몸에 연료를 공급하는 것이다. 명장 사전(thesaurus)에 기록될 정도로 잘 빚어진 포도주와 함께 잘 차려진 식사라 할지라도, 그것은 실제적이고 기능적인 차원을 넘어설 수 없다.

그러나 엘리자베스 텔퍼(Elizabeth Telfer)는 예술 형식을 갖는 음식의 사례들을 만들었다. 그녀가 사용한 예술의 개념은 예술작품이 갖는 특징을 규정하고 있다. 그것은 미학적인 고려 대상이 된다. 주의 깊게 준비된 식사는 순차적으로 먹도록 차려지고, 그 풍미와 질감이 경험될 수 있도록 조화롭게 차려진다. 그녀는 이런 요리는 음식을 예술로 만드

---

185 Prall, *Aesthetic Judgement,* p.62. See also Prall's *Aesthetic Analisis* (New York: Crowell, 1936), p.18

186 Monroe Beardsley, *Aesthetics: Problems in the Philosophy of Critism,* 2d ed. (Indianapolis: Hackett, 1981), pp.98-111 ; Arnold Berleant, "The Sensuous and the Sensual in Aesthetics" *Journal of Aesthetics and Art Critism* 23 (Winter 1964).

187 Marienne L. Quinet defends food against this presumption in "Food as Art: The Problem of Function," *British Journal of Aesthetics* 21.2 (Spring 1981)

는 것이며, 그 요리를 먹는 것은 미학적으로 음미될 수 있다고 말한다.

하지만 그런 음식이 표현하는 예술은 교향악단, 건축물, 시, 또는 그림과 비교된다. 음식을 매체로 하는 예술은 그 가능성을 가로막는 네가지 한계점을 갖는다.

첫째, 프랠이 지적한 바와 같이, 그것이 형식적으로 표현될 수 있는 범위에서 음식은 다른 예술 매체보다 훨씬 더 많은 제약이 존재한다.[188] 둘째, 텔퍼가 주장하는 바와 같이 음식은 '일시적인' 매체다. 비록 식사를 차리기 위한 레시피는 오래 보존된다고 해도, 식사 그 자체는 먹고 마셔서 없어지는 것이다. 그래서 음식은 시간을 연장해서 감상할 수가 없다. 음식은 그림이나 시와 같이 지속적으로 남아 있는 것이 아니다.

셋째, 다른 예술과 달리 음식은 '의미'를 갖지 않는다. "음식은 문학이나 시각 예술과 같이 어떤 의미를 갖지 않는다. 그림이나 문학은 우리 자신과 세계에 대해 무언가를 말하는 표현 예술이다. 우리는 우리 자신과 세계를 표현 예술에서 묘사된 방식에 비추어 이해할 수 있다. 그러나 음식은 이런 것들 중 어떤 것에도 해당되지 않는다. 그래서 음식은 다른 예술들에 있는 "의미"를 가질 수 없다는 사실이 매우 중요하다.[189]

---

188 See also Carolyn Korsmeyer, "On the Aesthetic Senses and the Origin of Fine Art," *Journal of Aesthetics and Art Criticism* 34.1 (Fall 1975).

189 Telfer, *Food for Thought*, p. 59

**맛의 의미와
의미 있는 맛**

넷째, 음식은 감정을 표현할 수 없다.(비록 어떤 요리는 "그녀 자신을 표현" 할 수 있고, 요리 행위에서 친구에 대한 사랑 같은 것을 느끼기도 하지만……) 어떤 음식도 위대한 예술이 할 수 있는 방식으로 우리를 감동시킬 수 없다.

텔퍼는 음식의 미학적이고 예술적인 한계에 대해 다음과 같이 지적한다. 음식은 미학적 쾌락을 제공하는 소박한 예술로 생각될 수는 있지만, 그것은 여전히 비주류(minor) 예술일 뿐이다. 이것은 음식에 대해 비판을 하기 위한 의도는 아니다. 다만 그 본성을 이해하기 위한 것이다. "우리는 음식이 미학적 경험을 충족시킬 수 있다는 것을 무시해서는 안된다. 그러나 그것이 줄 수 있는 것보다 더 많은 것을 기대하는 것은 무리다."[190]

프랭크 시블리(Frank Sibley)도 그와 비슷한 말을 했다. "향기와 풍미, 그리고 자연적인 것과 인공적인 것은 분명 한계가 있다. 주류(major) 예술과 달리 음식은 다음과 같은 것들을 표현하지 못한다. 감정, 사랑과 미움, 죽음, 비탄, 즐거움, 두려움, 고통, 동경, 연민, 슬픔, 음모, 등……"[191]

이런 논의들은 음식을 어떤 예술의 형태로 옹호하려는 데서 발견된

---

190 Ibid.,p.60

191 Frank Sibley, "Taste and Smells and Aesthetics," unpublished manuscript. See n. 1

다.(물론 주류 예술의 형태를 의미하는 것은 아니다) 그리고 그런 옹호자들 중에는 인간학자인 매리 더글라스(Mary Douglas)가 포함된다. 더글라스는 음식의 전시(展示)적 기능과 자양분으로부터의 분리는 음식을 장식예술로 분류하는 이유가 된다고 믿는다.[192] 그러나 세련된 요리와 음식이 쾌락을 준다 할지라도 그것은 결국 순간적인 것이며, 주류 예술보다 우리의 마음과 상상력을 덜 자극한다.

텔퍼는 음식을 예술로 보는 것을 설득력 있게 옹호하고 있다. 미각의 즐거움은 긍정적인 쾌락이다. 미감을 식별하는 것은 귀로 듣는 음악을 구별하는 것보다 어려울 것이다. 그러나 맛에 대한 미학적 경험이 보고 듣는 경험보다 중요치 않다고 하는 것에 대해서는 의심해 보아야 할 것이다.

음식을 비주류 또는 장식 예술로 분류하는 것에 대해서는 이미 앞에서 확인되었다. 이제 우리는 미각 경험을 보다 면밀하게 검토해 보고자 한다. 그래서 시각이나 청각의 쾌락과 비교하여 미각의 위상을 한층 더 높이고자 한다. 하지만 만약 맛 경험의 구조나 논리가 미학적 경험과 균형을 이룰 수 없다면, 여전히 맛의 쾌락을 한층 더 높였다고 볼 수 없을 것이다. 사실 맛의 경험은 '주관적인' 것에 불과하다. 그것은 미학적 식별을 위한 은유로서 사용될 뿐이다. 이런 사실들은 그런

---

192 Mary Douglas, "Food as an Art Form," in *In the Active Voice,* (London: Routledge & Kegan Paul, 1982), p. 107

맛의 의미와
의미 있는 맛

불균형의 중요한 이유가 될 것이다.

로저 스크러톤(Roger Scruton)은 미학적 쾌락은 본질적으로 "그 대상으로 향한다"라는 관점을 제시했다. 예를 들어 지각력이 있는 사람은 밖에 있는 대상과 그 대상의 현상적 특성을 지향한다. 스트러톤은 다음과 같이 말한다.

"우리는 눈과 귀가 다른 감각들과 얼마나 다른지를 알아야 한다. 그 대상에 대한 호기심을 갖지 않은 채 시각적 인상을 음미할 수는 없다. 그래서 시각적 경험은 본질적으로 인지적이며, 그 자체로 대상 세계에 '열려 있는' 것이다. 우리는 모든 감각적 인상들의 외부 대상에 주목하게 되고, 그것을 포착하게 된다. 그래서 미학적 경험은 눈과 귀가 갖는 특권이다."[193]

미학적 경험은 "객관적인 방향"을 갖는다. 그것은 예술적 경험이 더 많은 "반성적 사고"를 요구한다는 사실을 의미한다. 그러나 맛의 즐거움은 미학적 쾌락을 일으키는 세계에 대한 반성을 멈추게 한다.

이런 논의들은, 맛 경험의 현상적 성격과 경험적 구조가 미학적 차원에서 한계를 드러낸다는 사실을 보여준다. 스크러톤은 -마치 헤겔

---

[193] Roger Scruton, "Architectual Taste," *British Journal of Aesthetics* 15.4(Autumn 1975): 303

과 같이- 미학적 쾌락과 인지적 행동을 적절히 결합시켰다. 이것은 맛의 쾌락을 거리감각의 미학적 쾌락으로 끌어 올리기가 어렵다는 것을 분명히 한다.

맛의 쾌락은 "그 대상을 어떻게 맛볼 것인가" 하는 것 밖에는 아무것도 생각하지 않는다. 그래서 그것은 진정한 예술이나 미학적 이해에서보다 덜 중요한 것으로 남게 된다. 맛의 쾌락이 갖는 미학적 성질을 옹호하는 프랠과 텔퍼도 이런 관점에 대해서는 이의를 제기하지 않는다.

그들은 가정한다. 맛의 쾌락은 그것을 맛보는 사람만을 위한 것이다. 음식은 그것 이외의 다른 어떤 주제에 대해서도 언급하지 않는다. 이것은 결과적으로 맛이 주관적인 것이라는 생각을 받아들이게 한다. 그러나 맛의 "논리적" 측면은 맛의 미학적 한계에 대해 커다란 도전장을 던진다.

2장에서 살펴본 바와 같이, 맛의 미학적 개념은 문자적이고 미각적인 맛의 비교를 통해서 발달했다. 그들 두 가지는 서로 비슷하면서도 차이점을 고집한다. 미학적인 맛은 미각적인 맛의 쾌락과 병행하여 나타난다.(룩 페리, Luc Ferry 가 지적한 것처럼, 미각은 본질적으로 '주관성'을 갖는 것으로 생각된다. 그것은 가장 주관적인 것이다.)[194] 동시에 아름다

---

194 Luc Ferry, *Homo Aestheticus : The Invention of Taste in the Democratic Age*, trans. Robert de Loaiza(Chicago:University Chicago Press, 1993), p. 19

**맛의 의미와
의미 있는 맛**

움에 대한 "판단"과 비교해 볼 때 미각적인 맛은 주관성이고 상대적인 것이다.

로저 신너(Roger Shiner)는 미각적 판단과 미학적 판단 사이의 본질적 차이가 모호하다고 생각했다. 그렇다면 그 차이점은 무엇인가? 미각적 판단은 맛 감각에서 일어나는 인과적 원인을 밝혀내는 것이다. 반면에 미학적 판단은 검증될 수 있는 예술 작품의 속성들을 평가하는 것이다.

그런데 신너는 맛의 은유(Metaphor)를 적용하는 시점에서부터 부적절한 오해가 발생한다고 주장한다.[195] 그래서 그는 맛의 판단이 나타내는 속성들을 이해하기가 어렵다고 말한다.(그것은 흄과 칸트에 근거하며, 특히 그의 연구가 목표로 했던 흄에 근거한 주장이다.)

아름다움과 미학적 성질들에는 "객관적인 속성"이 나타나지 않는다. 오히려 미학적 판단에는 지각자의 반응에 대한 언급이 내포되어 있다. 만약 내가 "어떤 음악이 힘있고 역동적이다" 라고 칭송한다고 하자. 그 때 그 판단은 나 자신의 감정 상태와 관련된 것이다.(그 음악의 리듬, 톤, 그리고 볼륨의 특성에 대한 판단도 마찬가지다.)

---

195 Roger Shiner, "Hume and the Causal Theory of Taste," *Journal of Aesthetics and Art Criticism* 54.3(Summer 1996)

더 나아가서 만약 내가 그것을 "아름답다"라고 칭송한다면, 나의 판단은 온전히 나의 쾌락을 표현하는 것이다. 신너는 이런 미학적 판단에 대해서 "내재주의"(internalism)라는 이름을 붙였다. 그것은 쾌락으로 해석하는 맛 판단의 주관적 본성과 그 초점이 일치한다.

다른 한편, 공통감(common-sense)은 비슷한 교양과 경험을 가진 사람들의 미학적 선호가 수렴되어 나타난 것이다. 그런 수렴은 어떤 작품이 다른 것보다 더 낫다는 판단을 하기 위한 좋은 근거가 된다. 어떤 사람들의 미학적 판단은 다른 사람들보다 더 낫다고 볼 수 있다. 하지만 이런 공통감은 의심스럽다. 예술작품에 대한 반응과 미학적 판단은 순수하게 "내면적인" 영역이 될 수 있기 때문이다.

그러나 어떤 사람의 예술적 판단이 다른 사람보다 더 뛰어나다고 볼 수 있는 이유는 무엇인가? 그것은 그가 어떤 대상의 미학적 특성들을 더 잘 파악할 수 있다는 것을 의미한다. 신너는 이런 공통감에 대해서 "표준이론"(criterial theory)이라는 이름을 붙였다. 그는 미학적 판단의 근거를 예술적 특성을 평가하는 기준으로 해석했다. 그것은 지각자의 쾌락적 반응에 근거하는 것이 아니다.

그러나 신너는 이들 두 가지 접근법(내재주의와 공통감)이 서로 공존할 수 없다고 생각했다. 그 이유는 그 두 종류의 판단이 갖는 서로 다른 "논리" 때문이다. 그 차이점은 미각적인 맛과 미학적인 평가 사이의 유추에서 나타나게 된다.

맛의 의미와
의미 있는 맛

미학적인 맛과 다르게 미각적인 맛은 감각적 근거에서만 설명된다. 예를 들면, "이 특별한 맛을 내는 것은 무엇인가?"라고 묻는다고 하자. 그러면 "나는 이 국에 아스파라거스를 넣었어"와 같이 그 근거를 설명하는 말을 할 수 있다.

그러나 신녀가 주장하는 미학적 판단에는 기준이 있다. 그것은 근거가 되는 대상들의 특징에 호소한다. 그런 근거들은 한 사람의 주관적 반응이 아니다. 그것은 미학적 평가로 적용된 판단 기준을 말한다.

신녀에 따르면, 두 가지 판단 사이의 실제적인 차이는 이해하기가 어렵다. 그것은 맛의 유추(analogy)가 단단히 자리 잡고 있기 때문이다. 흄의 저 유명한 일화를 보자. 즉 와인 감별사의 섬세한 맛은 와인 통에 떨어진 쇠조각과 가죽의 맛을 분별해낸다. 그러나 그것은 "미학적인 맛과 미각적인 맛 사이를 매우 잘못 유추하고 있다."[196]

미학적 판단은 어떤 사람이 반응하는 '원인'을 찾는 것이 아니다. 그것은 그 사람이 하나 또는 다른 방식으로 반응하는 근거에 대한 표준적 판단이다. 그런 표준은 성찰과 분석, 그리고 검토를 위해 필요한 것이다. 반면에 반응의 '원인'은 신체의 화학적 법칙과 인체 생리학에 의해 설명된다. 그것들은 성공적으로 작동할 수는 있지만, 결코 잘 알려지는 것은 아니다.

---

196 Ibid, p.240

그러나 리듬과 운동에 대한 미학적 판단은 예술 작품의 속성을 말한다. 예를 들면 "음악이 힘차다거나 잘 연주되고 있다"라는 미학적 판단은 어떤 표준을 가진 속성을 말하는 것이다. 하지만 '맛이 음식과 음료, 예술 등의 모든 현상에서 언급될 경우를 보자. 그것은 미학적 반응의 "인과"가 모든 사람에게 타당하다고 보는 잘못된 함축을 내포할 수 있다. 이런 인과이론은 예술에 대해서는 타당하다고 말할 수 없다. 오직 미각적인 맛에 대한 설명에서만 타당하다고 할 수 있다.

만약 미각(gustatory)적 판단이 "내재주의"적인 것이라면, 그리고 그런 판단들이 "인과적 사실들"에 의해서만 설명되는 것이라면, 그것은 예술작품에 대한 판단과는 다른 범주에 들어가게 될 것이다.

인과적 기준의 관점에서, 신너는 다음과 같은 가정을 하고 있다. 즉 신체 감각은 지적인 감각보다 더 주관적인 것이다. 문자적인 맛 판단은 주로 우리의 감각 반응에 대한 보고다. 그는 다음과 같이 결론짓는다. "미각의 유추는 미학적 판단을 포착하는데 적합하지 못하다. 특히 그런 미학적 판단이 예술작품과 관련된 경우에는 더욱 그렇다."

그러나 이런 결론은 맛의 은유를 약화시킨다. 맛의 경험이 진정한 미학적 경험으로부터 배제된다는 것을 주장한 것이다. 그것은 맛 경험의 성질이 현상론적으로 부적합한 것이라기보다, 미학적 경험과 맛 감각에 대한 판단 근거가 논리적으로 다르기 때문이다.

인과적 추론은 미학적 판단보다 미각적인 맛에 더 적합하다. 미각적인 맛은 물질의 화학적 성질들에 대한 세부 사항들이 설명될 수 있다. 특수한 맛 감각의 원인이 되는 맛의 수용체는 물질적으로 구성된다. 맛의 경험을 구성하는 요인들, 그리고 맛을 결정하는 것들은 물질적 원인을 갖는다. 인과론은 우리가 알든지 모르든지 간에 어떤 원인이 작용한다는 주장과 결부되어 있다.

그러나 맛의 감각을 교육시킬 수 있다는 것은 분명히 옳다. 치즈는 보다 숙성된 단계에 다다르면 맛이 달라진다. 그와 같이 처음에는 혐오감을 갖는 음식도 새로운 맛으로 개발될 수 있다.[197] 흄(Hume)이 "별미"라고 불렀던 것은 해부학에서는 어떤 행운이라고 볼 수 있다. 그러나 그것은 연습을 통해 나타나는 발달에도 똑같이 적용될 수 있다.

맛의 기호나 먹는 습관과 비교해 볼 때, 생리학적이고 화학적인 요인들은 매우 초보적인 것들이다. 이런 사실은 맛이 인과적인 요인들에 지배되는 정도에 대한 논란을 불러 일으킬 수 있다. 오히려 맛의 "주관성"과 관련된 초기의 주장들-그것이 "내재주의적"이기는 하지만-이 맛이 현상적 경험을 넘어선 세계에 대해서 말할 수 없다고 하는 편견을 잠재울 수 있다.

---

197 Leo Tolstoy, *What is Art?* (1898), trans. Aylmer Maude(New York: Bobbs-Merrill/Liberal Arts Press, 1960), chap. 10

마찬가지로 미학적 판단에서 맛이 "표준적"이라는 것 또한 불분명하다. 사실 인과적 요인들은 예술작품을 감상할 때보다 음식과 음료를 음미할 때 더 큰 역할을 한다.[198] 미각적 판단과 미학적 판단이 어떻게 비교될 수 있는지는 최종적으로 평가하기 어렵다. 신너의 논의가 마주치는 도전은 음식을 예술로 간주했던 철학자들이 마주했던 도전이다. 그 철학자들은 주로 맛을 "내면적으로 지향된"(inwardly directed) 경험으로 보았다.

전통적으로 맛을 보고 먹는 경험의 핵심 포인트는 음식은 의미(meaning)를 갖지 않는다는 것이었다. 그것은 그 자체를 넘어선 세계에 대해서는 말을 하지 않는다. 이런 접근은 음식에 대한 미학적 의미를 감각적 쾌락에만 고정시키는 것이다. 그러나 그것은 신너의 이론을 옹호하지 않는다. 또한 그것은 음식이 전형적인 예술과 비교해 볼 때, 비주류의 예술이라는 결론을 피할 수 없게 만든다.

그러나 맛은 인지적 감각으로 볼 수 있다. 좋은 음식이 쾌락을 준다는 것은 의심의 여지가 없다. 그런데 그것을 식별하는 것은 어렵지만 가르쳐질 수 있다. 맛의 쾌락과 지각적 식별은 가까운 친척과 같다. 어떤 것을 식별하고 좋은 것을 즐기는 것은 오직 미학적 감성의 한 부분이다.

---

198 Roger Shiner, "Taste as Sense and as Sensibility," *Philosophical Topics* 27.1(Spring 1997)

맛의 의미와
의미 있는 맛

우리는 미식가들이 가는 길을 따라 여행하고, 엘리트들이 저녁 식사에서 맛보는 고급 요리를 먹을 수 있다. 그러나 그런 고상한 즐거움을 식사의 목표로 삼는다고 해서 예술작품의 깊은 의미를 발견하기 힘들다.

우리는 음식을 예술의 지위로 올려놓고, 그것을 예술작품과 비교할 수 있다. 그러나 그런 것을 비교하는 사례는 거의 없다. 그것은 그런 비교의 근거가 없기 때문이 아니다. 오히려 미식가들이 먹는 것과 훌륭한 저녁식사에만 관심을 갖고, 거기에서 음식의 미학적 성질을 이해하려는 것이 문제다. 따라서 만약 우리가 풍미를 즐기는 것을 넘어서 음식과 예술 형식을 비교해 보기를 원한다면, 맛과 음식에 대한 인식론적 가능성을 탐구해 보아야 할 것이다.

맛의 상징들

많은 예술 철학자들 중, 특히 한 사람이 음식과 식사의 본성에 대한 유용한 자료를 제공하고 있다. 넬슨 굿맨(Nelson Goodman)의 예술 인식론이 그것이다. 굿맨이 쓴『예술의 언어』(Languages of Art)는 1968년에 처음 출판되었다. 그 책은 예술적 논쟁의 기준들을 다루고 있다.[199]

---

199 Nelson Goodman, *Languages of Art* (Indianapolis:Bobbs-Merrill, 1968). Citations are from therevised second edition (Indianapolis: Hackett, 1976). Francis Sparshott remarks on the dramatic influence Goodman has had on subsequent aesthetic in "Reconsideration I," *Journal of Aesthetic and Art Critism* 49.1 (Fall 1980): 82.

그는 관습적인 미학적 지각에 대해서는 관심이 없었다. 그의 흥미는 예술 작품들의 상징체계 분석에 있었다. 상징은 그의 폭넓은 개념 해석에 의해서 다양한 형식으로 나타난다. 그는 예술작품을 도표, 지도, 모형, 측정기 등과 비교한다.(이런 것들은 명백하게 인식의 기능을 갖는 의미 체계들이다) 그는 음식을 직접 언급하지 않는다. 하지만 그가 다루는 상징과 미학적 특성들은 음식에 적용될 수 있는 통찰력을 제공한다. 그것은 감각적 쾌락의 영역을 넘어서 미학적 차원의 이해를 넓혀줄 수 있다.

굿맨의 출발점은 표상(representation))의 분석에 있으며 그 기준이 되는 사례는 그림이다. 그림은 "그것이 사물을 표시할 경우에만" 어떤 것을 표상한다. 그래서 그는 그림과 실물 사이의 관계에 주의를 기울인다. 그는 다음과 같이 간단하게 요약하고 있다. "표상의 핵심은 지시적 의미에 있으며, 유사성에서 독립된 것이다."[200]

미국 돈 1달러짜리의 가운데에 있는 조지 워싱턴의 그림을 보자. 그 1달러에 그려진 그림은 바로 조지 워싱턴에 대한 그림이다. 그 그림은 그를 지시하기 때문이다. 같은 방법으로 별들과 줄무늬는 미국을 표시한다. 그것을 닮은 어떤 것도 존재하지 않기 때문이다.

하지만 이런 추론은 지시된 조지 워싱턴이 존재할 경우에만 가능

---

200 Goodman, *Language of Art*, p.5

맛의 의미와
의미 있는 맛

하다. 만약 그것이 허구라면 그런 분석은 적용되지 않는다. 굳맨은 허구적인 그림은 전혀 표상된 것이 아니며, 단지 그림의 한 종류에 불과한 것이라고 분석했다. 예를 들면 유니콘에 대한 그림은 단지 "유니콘-그림"일 뿐이다. 또한 더 많은 신비로운 짐승-그림들이 있다.[201] 유니콘에 의해서 순수하게 상징화된 우화는 예를 들면 "……과 같은 표상"(representation-as)의 사례다. 신비로운 짐승-그림은 유니콘과 같은 순수한 표상을 말한다.[202]

그러나 표상은 예술의 다양한 상징 기능들 중 하나일 뿐이다. 표상과는 다르지만 똑 같이 중요한 것으로 예시(exemplification)를 들 수 있다. 예를 들면 사과는 전형적으로 붉은색을 띤다. 그것은 빨간 속성을 지닌 것이다. 굳맨이 말하는 바대로, 그것은 빨강이라는 술어에 의해서 표시된다. 그것은 빨간 사물의 사례이며, 빨강이 그 예시로 사용될 수 있다. 사과는 또한 상쾌함, 새콤함 등을 그 예시로 나타낼 수 있다.

사과의 예시적 기능은 이런 속성들에 주의를 환기시키는 방법으로 진술된다. 빨간 사과를 맛보고 음미하는 것 -그려진 것이든 실제 사과든-은 특별히 그 색깔의 속성들을 알기를 원하는 미학적 행동이다.

---

201 A fictional picture (or "x-picture") is analized as an unbreakable one-place predicate rather than the two-place predicate of denotation.

202 Goodman is a nominalist and permits only individuals and predicates into his system. It is permissible, however, to use his system without abiding by his metaphysical restrictions, as he himself allows. In this discussion I am ignoring Goodman's nominalism.

새콤한 맛을 보는 것은 예시된 맛의 속성에 대한 직접적인 관심을 나타낸다.

그런데 가끔은 경험에 나타나지 않는 다른 속성들에 대한 기대를 갖기도 한다. 만약 거기에서 빠뜨릴 수 밖에 없었던 사과의 속성들이 있다면, −새콤함과 상쾌함 외에 단조롭고 선명하지 못한 맛이 있다면− 그런 판단들은 그 사과의 예시가 부정하는 속성들이다.

예술작품은 일반적으로 어떤 생각, 무드, 혹은 감정을 표현하는 것이다. 굿맨은 예술에서 표현된 속성들을 문자적 보유(保有, possession)와 비교한다. 사과는 문자적으로 빨갛고 상큼한 특성을 갖는다. 그리고 빨강과 상큼함이 (사과를 즐기기 위한) 평가에 들어가는 중요한 속성들이기 때문에, 사과는 빨강과 상큼함을 보유한 것으로 예시된다.

그러나 사물들은 문자적인 보유를 갖지 않는 속성들을 표현할 수도 있다. 굿맨은 그런 표현들을 "은유적 예시"로 범주화한다. 또는 사물에 보유된 "은유적 속성 말하기"로 범주화한다. 《백설공주》 이야기를 그 예로 들 수 있다. 사악한 여왕이 백설공주에게 준 사과는, 빨갛고 둥글뿐만 아니라 "사악한" 것이 될 것이다. 여기서 사악함은 그 사과에 적용되는 은유적 속성이 된다. 의붓딸을 죽이려는 여왕의 사악한 의도가 그 독사과에 함축되어 있기 때문이다. 그 사악한 성질의 예시는 "그 여왕은 백설공주를 죽이려는 나쁜 여자다"라는 명제로 표현된다.

맛의 의미와
의미 있는 맛

이브(Eve)의 손 안에 있는 사과는 인간의 타락과 원죄에 대한 명제를 은유적으로 예시한다. 사과에 대한 성서의 의미는 그 사과의 상징적 기능 때문에 감정적인 원자가(valence)를 갖는다. 그들이 은유적으로 예시하는 속성들이 다르면 그런 감정적인 힘은 달라진다. 서로 다른 감정적인 힘은 지각자로 하여금 그 예시들을 알도록 요구한다. 그리고 그런 앎은 인지적이면서도 감정적이다.

그것은 또한 미학적인 것이다. 미학은 지각과 판단에 관심을 갖는다. 그것은 일찍이 맛의 훈련과 관련된 것이었다. 이런 것들은 쾌락적이고 감각적인 차원의 것이었다. 그러나 굿맨의 분석에서 보면 미학적 감상은 구조적으로 인지적인 것이다. 그것은 여러 가지 상징적 행동들을 이해하는 것이다. 거기에는 앎과 인식, 그리고 정서적 반응이 요구된다. 그래서 그는 예술의 미학적 감상에는 "감정적 기능이 인지적으로" 주어져 있다고 말한다.[203]

그러나 이런 관점은 미학을 지성적 경험으로 환원시킬 것을 요구하는 것은 아니다. 그것은 인식이 많은 형식을 갖고 있으며, 또한 많은 심리적 결과들을 전달한다는 것을 의미한다. 굿맨은 다음과 같이 말한다. "미학적 경험이 인지적인 것이라는 주장에서, 나는 그것이 개념적이고, 논증적이며, 언어적인 것임을 강조하는 것이 아니다. 나는 '인지적'이라는 말에 '앎'과 '이해'의 두 측면을 포함시키고자 한다. 그런

---

203 Goodman, *Language of Art*, p. 248

앎과 이해는 감정적 통찰을 통한 지각적 식별로부터 논리적 추론으로 나아가는 것이다."[204]

군맨은 잘 사용되지 않는 전문용어들로 서로 다른 유형의 상징관계들을 분류한다. 그들 중 몇 가지는 없어서는 안될 중요한 것들이다. 그는 "미적 감수성"을 가장 정교한 상징기능에 배치시킨다. 그것은 미학적 반응과 평가가 "의미"를 이해하는데 포함된다. 그래서 미학은 인지적이면서도 감각적이고 감정적인 반응이라는 의미를 갖는다.

이런 미학의 개념은 후기 칸트학파의 형식주의자들보다도 더 강하게 "사심 없는 관심"을 강조한다. 그것은 프랠과 텔퍼가 옹호한 바와 같이 욕구의 만족으로부터 분리된, 쾌락에 대한 보편적인 분석을 강조한다. (표현의 차이가 있기는 하지만, 군맨은 알렉산더 바움가르텐이나 헤겔과 같은 이론가들과 많은 공통점을 가지고 있다.)

여러 상징 관계들에는 인지적 요소들이 내재되어 있다. 그것은 쾌락을 넘어서는 미학적 감상의 개념으로 나아가게 한다. 또한 예술적 가치에 대한 통찰과 감정적 깊이를 확장시킨다.[205] 그러나 예술이 반드시 모든 유형의 상징을 나타내는 것은 아니다. 그리고 이런 상징 관계

204 Nelson Goodman, "Reply to Beardsley," *Erkenntnis* 12.1 (January 1978): 173.

205 Cognitive concepts of the aesthetic more easily accommodate the range of values for which art is noted, including moral insight and expressive power of ideas.

**맛의 의미와
의미 있는 맛**

들은 비예술적 대상들의 특징이기도 하다.

따라서 굿맨은 미학을 정의하기 위한 필요충분조건을 제시한 것은 아니다. 그는 '예시'를 포함하는 미학의 다섯 가지 "징후들"(symptoms)을 발견한 것이다. 그가 말하는 "상대적 충분성", 즉 비교적 많은 상징적 측면들을 조건 지우는 것이 중요하다.[206] 그런데 음식과 음료를 이런 상징 관계들에 의해서 특징지우려면, 그런 상징적 측면들이 반드시 규정되어야 할 것이다.

굿맨의 상징 체계는 예술작품을 조명하는 것뿐만 아니라, 음식에 매우 잘 어울리는 범주를 제공하고 있다. 그것은 음식의 미학적 의미를 깊이 파악하는데 도움을 줄 수 있다. 나는 음식이 하나의 예술이라고 주장하는 것에 반대해 왔다. 그러나 어떤 사람들은 음식이 굿맨의 상징 유형인 표상, 표현, 그리고 예시를 모두 충족시킬 수 있다고 주장한다.

이제 나는 이런 상징 개념들을 음식과 먹고 마시는 환경에 적용하고자 한다. 이런 증거를 실제로 보여줄 수 있는 사례들은 많이 있다. 하지만 이런 상징 기능이 소박하게 차려진 식사로부터 격식을 갖춘 예식에 이르기까지 깃들여 있다는 것을 분명히 밝힐 필요가 있다.

---

206 Nelson Goodman, *Ways of Worldmaking*(Indianapolis: Hackett 1978), p.68. See also *Languages of Art*, pp. 230, 252-55. Other symptoms of the aesthetic that I do not employ here are semantic and syntactic density and multiple and complex reference.

표상된 음식

텔퍼와 스크러톤 등 많은 철학자들은 음식은 그것 이외의 다른 것을 표상하지 않는다고 말한다. 그래서 예술적 과업을 수행하는 데 실패한다고 말한다. 하지만 음식이 갖는 상징기능에 의해서 그런 오해는 사라질 것이다. 음식의 가장 분명한 상징화의 사례는 표상 (representation)이다. 그것은 음식이 그것 자체가 아닌 다른 어떤 것으로 보이게 하는 것이다. 내가 제시한 사례들은 처음에는 우연한 것처럼 보일 것이다. 하지만 그것은 음식에 스며있는 의미에 주의를 기울이게 할 것이다. 사실 표상된 음식은 매우 흔하다. 아래에 제시된 목록들을 살펴보자.

"구미 베어(간식), 홍백색 가락엿, 설탕 해골, 계피 하트, 사탕 옥수수, 은유적 초코렛 키스,

사람 모양의 생강 쿠키, 해마 스켄, 십자가 무늬 빵, 프레첼(매듭·막대 모양의 짭짤한 비스킷) 크루아상(보통 아침 식사로 먹는 작은 초승달 모양의 빵), 장식을 단 빵, 크리스마스 장작 모양의 초콜릿 케이크,

무 장미, 금붕어 크래커, 멜론 보트, 채소를 자르고 꽃 모양의 부케를 조립한 것

부활절 달걀, 버터로 만든 새끼 양, 별처럼 만들어진 젤리, 테킬라 선라이즈(테킬라, 오렌지 주스, 석류 시럽을 혼합한 칵테일), 농구공 모양으로 만들어진 생일 케익, 교회당처럼 보이는 웨딩 케익, 얼음 조각의 뷔페 테이블 장식, 기독교의 성찬을 위한 빵과 포도주"

**맛의 의미와
의미 있는 맛**

이런 사례들은 그 표상이 나타내는 상징들이 모두 다르다. 그들 중 대부분은 재미있고, 위트있고, 즐겁고, 장식이 달린 음식으로, 다소 독특한 표상들을 보여주고 있다.(성체성사에 쓰이는 빵과 포도주는 눈에 띄는 예외 사례다.) 우리의 입으로 들어가는 많은 음식들이 다른 어떤 것을 표상한다는 사실은 흥미진진한 일이다. 그리고 그 많은 사례들은 어떤 사물이나 사건의 표상들로부터 유래된 것이다.

프레첼을 보자.(그림 4-1) 그것은 이탈리아에서 발명된 것이라고 한다. 이 음식은 'bracciatelli'라는 명칭을 갖고 있는데, 그것은 "팔짱을 끼고 있다"라고 번역된다. 17세기에 어떤 수도사가 밀가루 반죽을 새끼 꼬듯 꼬아서 기도하는 형제의 팔짱을 끼고 있는 모습으로 구워냈다. 그런데 그것은 교리문답을 제대로 암송하는 제자들에게 보상으로 나누어 주기 위해서 만든 것이었다.[207]

유럽의 어떤 지역에서 프레첼은 사순절에 먹는 음식이다. (동시에, 수도사 성 마테(St. Matthew)의 팔과 손을 장식하는 프레첼은 에히터나흐 복음서(Echtenach Gospel)로부터 조명된 것이다.- 그림 4-2)[208] 수도사가 가리키는 표상은, 프레첼을 먹는 경험이 "재치있는(witty)"이라는 미학적 용어로 바뀐다. 그래서 음식은 새롭게 표현되는 차원을 갖게 되며, 프

---

207 Martin Elkort, *The Secret Life of Food* (Los Angeles: Jeremy P. Tarcher, 1991), p.100

208 Susan Feagin points out the coincidence of from between the loopy pretzel shape and the strapwork that borders the St. Matthew illumination in Figure 4.2

4-1. 프레첼

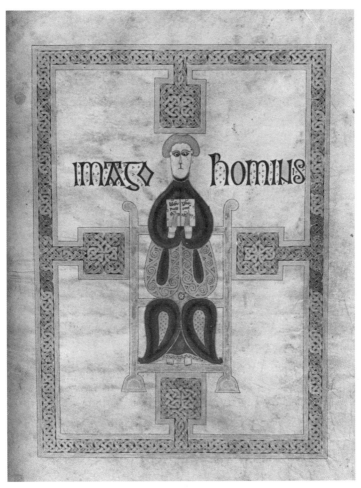

4-2. 복음서의 저자 마태, 에히터나흐 복음서의 상징
(8세기 중엽, 파리 국립도서관)

맛의 의미와
의미 있는 맛

레첼에 대한 미학적 감상으로 확대된다.

다른 상징을 갖는 친숙한 음식은 크로아상(crossant)이다. 크로아상은 1683년 비엔나에서 발명되었다. 비엔나는 오스만 터키(Ottoman Turks)의 공격에 대항하여 싸웠다. 제빵사들은 비엔나 시의 성공적인 방어를 축하하기 위해 빵을 만들었다. 그 때 비엔나의 제빵사들은 적의 깃발에 그려진 초승달 모양을 본 떠 작은 빵을 만들었다.

이 때 초승달 모양은 외국의 적을 의미하는 것이다. 그 초승달을 게걸스럽게 먹는다는 것은 침략자들을 물리쳤다는 것, 그리고 기독교가 이슬람을 정복했다는 것을 의미한다고 생각했다. 그런 의미는 시간이 지나면서 그리고 장소에 따라 점차 달라졌다. 그러면서 크로아상의 표상적 기능은 오직 궁금한 역사로만 남는다. 그런 궁금증은 음식의 표상적 기능이 쉽게 사라지는 것을 막는다. 매일 빵을 만드는 공예는 승리를 기념하는 행사로 바뀌었다. 그것은 음식과 사회적 상징 사이의 거래, 또는 음식에 대한 상징적 사용을 의미한다.

매우 유명한 음식의 표상들 중 어떤 것은 속이려는 의도를 갖기도 한다. 그래서 그것은 일종의 환영(幻影)이 되기도 한다. 그런 경우는 〈사티리콘〉에 나오는 트리말쵸의 축제에 대한 페트로니우스의 풍자에서 잘 설명되고 있다.

《Satyricon》은 기원 후 1세기 경에 가이우스 페트로니우스(Gaius Petronius)가 쓴 운문(韻文)이 섞인 풍자소설로 현존하는 것으로는 세계에서 가장 오래된

소설이다.- 역자 주)

잔치가 벌어지는 동안 살아있는 수퇘지는 그 살갗에 새들이 가득한 모습으로 변한다. 요리된 생선은 소스 안에서 헤엄을 치는 것처럼 보이며, 토끼는 날개가 돋아난 것처럼 보인다. 그리고 새끼 돼지들은 실제로 달콤한 케익처럼 보인다.

일본의 레스토랑을 가 보면 그런 사례들이 풍부하게 제공된다. 작은 바다거북과 생선에 당근이 장식되어 있고, 무와 양파는 작은 꽃송이 모양을 하고 있다. 여기에도 무언가를 현혹시킬 가능성이 있다. 갈아서 빻은 아보카도(녹나뭇과의 상록 과실나무)와 같이 부드러운 모습으로 보이는 연녹색의 나뭇잎은, 실제로는 양고추냉이 퓌레(수프)다.

굳맨(Goodman)의 표현법을 빌리자면, 그런 나뭇잎의 표상은 은유적으로 "차갑고도 강렬한 뜨거움"을 의미하는 전형적인 사례가 된다. 그런 조합은 매우 아이러니한 것으로 보인다.
 (우리나라의 예를 들자면 뜨거운 국물을 마시고 '시원하다'라고 표현하는 것과 같다)

음식 역사가인 장 프랑수아 레벨(Jean Francois Revel)은 다음과 같은 근거에서 요리를 예술이라고 옹호했다. 가장 높은 경지에서 요리는 전문적인 촉감(touch)을 요한다. 그것은 음식의 준비와 식사의 구성요소들에 대해서 몇 년간의 훈련과 교육을 받은 뒤에야 가능한 일이다.[209]

**맛의 의미와
의미 있는 맛**

그것은 특이하고 복잡한 방식으로 —음식의 맛과 그것을 보여주는 방식 모두— 음식을 연출하는 매우 어려운 과정이다. 거기에서 조리는 진정한 요리 예술이 된다. 그리고 예술 작품으로서 자격을 얻는다.

역사상 기록에서 요리를 하나의 예술로 승격시킨 사람은 프랑스의 위대한 요리사 마리 안토니 카렘(Marie-Antonie Carêm, 1784-1833)일 것이다. 그는 진정한 예술가로 평가받을만한 요리사였다. 그는 19세기 초에 많은 귀족의 가족들을 위해 요리를 한 요리사였다. 카렘은 양념의 사용에 큰 변혁을 일으켜 신망을 얻었다.

레벨(Revel)의 지적에 의하면, 풍미는 단순히 "결합된"(combined) 것이라기보다 잘 섞여서 "배합된"(mixed) 것이다. 카렘은 향료와 양념, 그리고 음식의 자연스런 풍미를 더욱 적절하게 배합하는 방법을 제시했다. 그 시대에 카렘의 위상은 예술가로 높아졌으며, 그의 조리법은 예술작품으로 승격되었다.

그 위대한 요리사가 죽은지 몇 년 뒤, 그의 꿩고기 파테(paté ; 고기나 생선을 곱게 다지고 양념하여 차게 해서 상에 내는 것으로 빵 등에 펴 발라 먹는 것)는 기념비적인 프랑스 문학과 비교되면서 호화롭게 칭송되었다. 쥘 자넹은 다음과 같이 극찬하였다. "그것은 《르 시드》다. 그것은 피에로 코르네유의 호라티우스(로마 시인, 65~8 B.C.)다. 그것은 몰리에

---

209 Jean-François Revel, *Culture and Cuisine,* trans. Helen R. Lane (New York; Da Capo, 1984)

르의 《타르튀프》다."[210]

*쥘 자넹: Jules Gabriel Janin, 1804-1874, 프랑스의 작가이자 비평가.

르 시드; Le Cid, 프랑스의 극작가인 피에르 코르네유의 5막짜리 운문 비극. 1636년에 초연되었다. 에스파냐의 국민적 영웅인 엘시드의 이야기를 줄거리로 한다.

*타르튀프: Tartuffe, 극작가 몰리에르(Moliere)가 지은 희극, 현재까지도 가장 유명한 프랑스 연극 중 하나로 여겨진다. 이 작품은 1664년 베르사유에서 열린 축제에서 초연되었다.-역자 주

카렘 자신도 요리에 대해 많은 글을 썼으며, 기억에 남을 만한 논평을 남겼다. 그는 가끔 다음과 같은 말을 반복했다. "예술에는 그림, 조각, 시, 음악, 그리고 건축의 다섯 가지가 있는데, 그것들은 패이스트리(pastry, 케일의 일종)의 주요 부분들이다."[211]

사실상 그는 약간 과장한 듯하다. 그는 연회(그림, 4.3, 카렘의 장식된 수퇘지와 새끼돼지)로 차려낸 정교한 장식에 더하여, 전설적인 진열품 조각들, 또는 받침에 붙여진 조각들(pièces montées)을 만들어 냈다. 비록 그것이 예술품이 될 정도로 잘 위장된 것은 아니지만, 이 놀라운 건축물들은 빌딩을 가장한 음식으로 만들어진 것이다.

---

210 Prefatory notice to Antonin Carême, *Le Cuisiner parisien, ou L'Art de la cuisine française au dix-neuvième siècle*, 3d ed (Paris, 1842), p.xiii.

211 Quoted in Revel, *Culture and Cuisine*, p. 222

**맛의 의미와
의미 있는 맛**

4-3. 카렘의 장식된 돼지 머리와 젖먹이 돼지 (인디애나 대학 도서관)

그것들은 솜사탕, 아몬드 페이스트, 그리고 유연한 퓌레(야채류를 익혀 으깬 음식)와 파테(면류, 국수)로 만들어졌다.(그림, 4-4 카렘의 슈가 하프) 몬테 조각(piéces montées, 달걀흰자 또는 생크림으로 거품을 내서 만든 것)은 고귀한 손님들의 파티를 위해 준비되었다. 손님들은 탁자 위에 장식된 달콤한 과자에 감탄하였다.

피셔(M.F.K. Fisher)는 "환상적인 요리: 조심스러운 트집 잡기"라는 제목으로 다음과 같이 묘사하고 있다.

"맨 아래 부분에 있는 초록 잎 형태의 거품은 짓이긴 감자로 만든 것이다. 도리스 양식(가장 오래된 그리스식 건축 양식)의 기둥은 바닷가재 살로 만들어진 것으로 꽃이 만발한 화환 모양이다. 그것은 맨 아

4-4. 카렘의 슈가 하프
(인디애나 대학 도서관)

래 부분과 비교해서 반으로 줄어든다. 맨 꼭대기에는 작은 조개와 새우로 만들어진 장미꽃 봉우리와 함께, 다리가 중앙에 한 개 있는 테이블이 있다. 그것은 청록색 설탕절임을 한 것으로 마치 속이 움푹 파인 수영장 모습을 띠고 있다. 그리고 신선하고 부드러운 생선이 곡선을 이루고 있다. 또 설탕으로 만들어진 아름다운 우산은 하나의 단단한 지느러미가 그의 머리를 붙들고 있다."[212]

---

212 Fisher, *Serve It Forth*, p. 113. ; Margaret Visser, in *Much Depend on Dinner* (Torronto:HarperCollins, 1992), p.314

**맛의 의미와
의미 있는 맛**

카렘은 특히 폐허가 된 건축물 조각들, 사원, 교회, 그리고 누각과 같은 것을 좋아했다. 그런 것들이 그의 책에 많이 등장하고 있다. 그는 "웅장한 중국의 정자(亭子)"(그림 4-5)를 매우 섬세하게 기술하고 있다. 그것은 그의 작품을 모방하려는 다른 사람들에게 가르침을 주기 위한 것이었다.

"다리는 아몬드 반죽으로 만들어져야 한다. 누군가 그것을 스케치하려고 한다면, 지시된 디자인대로, 그림 연필로 마호가니색을 칠해야 한다. 정자의 두 기둥은 장미색으로 제작되어야 한다. 대접받침과 건물의 토대는 노란색으로, 지붕은 엷은 녹색으로, 휘장은 하얀색으로, 그리고 그들의 술장식은 장미색으로 제작되어야 한다.....지붕의 장식, 종, 격자 울타리, 복도는 노랗고, 피스타치오 녹색으로 제작되어야 한다.[213]

카렘의 위대한 전시(display)는 마스터 쉐프의 작품이었다. 훌륭한 저녁식사에 걸맞는 음식으로 단골 손님들의 맛을 즐겁게 하기 위한 작업이었다. 그의 터무니없는 생각들은 희귀한 것이었고, 매우 어려운 것이었으며, 시간과 비용이 많이 들어갔다. 그 호화로운 연출은 부와 여가를 가진 사람들에게만 제공될 수 있는 것으로, 그런 음식에 대한 표상은 흔한 것이 아니었다.

---

213 Caréme, *Le Pâtissier Pittoresque* (Paris: Imprimerie de Firmin Didot, 1828), p.29.

4-5.
카렘의 웅장한 정자, 시누아즈리
(인디애나 대학 도서관)

그래서 그런 식사는 의례(ceremony)의 한 부분에 포함될 때 가장 극적인 것이 된다. 의례는 가장 지속적이면서도 복잡한 상징기능의 사례들을 제공한다. 카렘의 요리가 창조적이고 혁신적인 것이었음에도 불구하고, 그런 전시는 관습적으로 오랫동안 지속되어 온 것이었다.

유럽의 중세 시대에는 기념품 세트가 교회의 성찬식 행사에 동반되었다. 거기에서 사람들은 음식으로 만든 조각 작품에 영광을 돌렸다. 그 조각 작품은 십자군 전쟁에서 돌아온 기사와 성경에 그려진 극적 장면, 그리고 대주교와 같은 성인 등을 그린 성지(Holy Land)의 광경

**맛의 의미와
의미 있는 맛**

들을 보여 주었다.

가끔 그런 전시는 동물과 새의 가죽이 요리로 재구성되기도 한다. 거기에서 요리사는 상당한 도전을 받게 된다. 그것은 공작, 사슴, 백조를 부활시키고, 그것이 마치 살아있는 것 같은 자태를 갖도록 해야 하기 때문이다. 이런 창작물들은 "음식"의 경계를 넘나드는 것이다. 그것들은 먹기 위한 것이라기 보다 주로 보여주기, 과시하기를 위한 것들이기 때문이다. 그래서 이런 창작물들은 요리 예술의 경계에 대한 물음을 제기한다. 식사 경험이 멈추고 시작하는 지점이 어디인지에 대한 물음을 제기한다.

나는 음식이 갖는 의례적 기능이 무엇인지 말하고자 한다. 그런데 여기서 문제가 되는 것은 상징화된 음식의 순수한 예술성-연출의 어려움, 요구되는 기술, 산출물을 완수할 수 있는 기량 등-이 이런 종류의 예술적 전시에 자격을 부여한다는 데 있다.

"음식은 표상될 수 없는 것"이라고 말하는 것은 잘못된 것이다. 또한 그 자체 이외의 것에 대해서는 말할 수 없다고 하는 주장은 분명히 잘못된 것이다. 표상의 유형에는 "지시적 것"(실제적이고 개별적인 사실 존재를 말함)과 "~과 같은 표상"(음식이 어떤 것과 같은 모습이라는 것)이 포함된다. 그런데 문제는 이런 표상들이 음식을 보잘것없거나 불필요한 것으로 만들 수도 있다. 그래서 흥미롭고 진기한 음식이 심오하고 중요한 의미를 갖지 못할 수도 있다.

4-6. 장식으로 조각된 과일들 (인디애나 대학 도서관)

카렘의 솜씨가 감탄스러운 것은 그의 작품이 고난도의 요리연출로 나타나기 때문이다. 그는 설탕과 밀가루, 그리고 생선 반죽 등으로 몰타르, 벽돌 그리고 목재 등을 연출한다. 그런 음식 조각들을 재미있고 재치있게 표현함으로써 진정한 기념비적 상징을 나타내고 있다. 그것은 음식을 사용하여 건축, 조각, 극장 등에 필적할 수 있는 예술적 형태를 가장 잘 표현한 것이다.

그러나 그런 묘기 요리는 '식사'에 대한 중요한 예시가 될 수 없다. 더글러스(Douglas)의 분류에 따르면, 기껏해야 그것은 요리를 '장식 예술' 정도로 특징지우고 있는 것이다. 카렘이 나오기 몇 세기 전에도 귀족들은 부엌에 고기와 과일을 준비하기 위해 조각가들을 고용했다.(그림 4-6 ; 장식으로 조각된 과일들, 1647)

그리고 20세기 요리책에서도 음식의 장식물 목록과 함께 이런 전통은 계속되고 있다. "끈으로 만든 깃, 벨트 버클, 옷에 달린 보석 등의 모양으로 요리에 고명을 얹는다."[214] 음식의 장식 기능은 잘 정립되어 있는 것 같다. 하지만 카렘의 엉뚱한 전시는 장식을 넘어서 음식의 예술적 가치를 좀더 확대시킨 것이라고 볼 수 있다.

우리는 음식의 표상적 요소들을 지적함으로써 "장식용" 음식에 이의를 제기할 수 있다.[215] 즉 음식에 있는 상징적 사례들은 넓게 보면

---

214 *The Village Cookbook* (Scarsdale, N. Y., 1948), p.325

215 Kevin Sweeney raised this point to me.

시각적인 속임수라고 말할 수 있다. 카렘과 같은 예술가는 음식재료들을 청동이나 대리석을 다루는 조각가와 같은 방법으로 다룬다. 그의 몬테 조각(piéces montées)은 그것이 표상하는 대상과 같은 것으로 보이도록 표현되었다.

그와 비슷하게 부활절 달걀(Easter Egg)은 거듭남과 부활을 상징한다. 달걀은 문자적으로 새로운 삶의 거처를 의미한다. 한편, 달걀의 둥근 모습은 영원성을 의미한다. 프레첼은 기도하는 모습을 의미한다. 그것은 매듭 양쪽의 둥근 모양 때문이다. 이런 요리의 표상 형식들은 단순히 시각적 대상들로부터 파생된 것이다.

이런 반론은 음식의 상징성에 대한 인식을 더욱 확장시킬 필요가 있다는 것을 의미한다. 나는 음식의 표상적 가치들이 사실은 다른 감각, 특히 시각에서 제공되는 정보에 의존한다고 알고 있다. 하지만 이것이 음식의 상징 가능성을 빈곤하게 만드는 것은 아니다. 오히려 "식사 경험"이 하나 이상의 감각을 내포한다는 사실을 의미한다.

우리는 이미 후각을 미각의 동반자로, 촉각의 감촉 또한 그 동반자로 초대했다. 음식을 깨물고 소리내어 먹는 것은 청각과 관련된 것이며, 식탁 위에 식사를 준비하는 것은 시각적인 쾌락에 맞춰진다.

그러나 맛 감각 자체의 상징적 기능에 대해서 더 많은 이야기를 할 수 있다. 크로아상을 먹으면 오스만 투르크를 물리치게 된다는 사실

맛의 의미와
의미 있는 맛

은 음식을 은유적 매개로 보게 한다. 크로아상은 비록 그것이 먹는 것이기는 하지만 여전히 시각적 표상의 상징성을 지닌다.

그럼에도 불구하고 표상은-그것이 지시적인 것이든, 묘사적인 것이든- 음식이 갖는 상징의 "방식"일 뿐이다. 그러나 굳맨의 "예시"(exemplification) 개념은 음식의 "상징 기능"을 가장 분명하게 보여 줄 것이다.

예시된 음식

예시는 어떤 대상의 속성과 그것에 대한 언급의 상징적인 관계다. 음식은 가장 일반적인 상징 유형을 제공할 수 있다. 어떤 음식이든 예시가 가능하다. 예시는 "식사"의 어떤 속성에 주의를 기울이는 것이다. 또 그것을 주목하여 보고 평가하거나, 직접적인 경험을 통하여 즐기는 것이다.

미각을 식별하는 훈련을 받은 미식가는 음식과 음료에 예시되어 있는 속성들에 주목한다. 음식이 갖고 있는 성질들은 그렇게 단순한 것이 아니다. 그래서 미식가들은 우연한 속성들에 대해서는 관심을 갖지 않는다. 그것들은 음식을 맛보는 데 필요한 것을 제공하지 않는다. 예를 들면 미식가는 트러플Truffle(송로, 松露 : 땅 속에서 자라는 값비싼 검은 감자 모양의 버섯)을 찾는 암퇘지의 체중 같은 것에는 관심을 기울이지 않는다.

　*트러플 : 우리나라나 일본에서 최고로 치는 버섯은 가을의 상징이라 할 수 있는 송이이다. 송이에서 풍기는 은은하고 아련한 솔향기를 맡기 위해 식도락가들은 거금 치르는 걸 마다하지 않는다. 프랑스나 이탈리아 사람들이 가장 좋아하는 버섯은 송로(松露)버섯이라고도 부르는 트러플(truffle, 혹은 트뤼프)이다. 흔히 프랑스의 3대 진미를 꼽을 때도 푸아그라나 달팽이에 앞서 가장 먼저 거론되는 게 트러플이다. 우리나라에서는 전혀 나지 않아 모두 수입한다. 트러플 사냥꾼은 개와 돼지다. 매년 10월에 채취를 시작한다. 과거에는 돼지가 이용되기도 했으나, 차에 싣고 다니기가 번잡하여 요즘에는 대부분 개가 쓰인다.

　그의 관심은 오직 트러플 자체가 갖고 있는 맛의 속성들에 있다. 만약 그가 트러플이 언제 채취됐는지, 어디서 발견됐는지에 관심을 갖는다면, 그것은 맛의 예시된 속성들을 설명하기 위해서다. 예시된 속성에 주의를 기울인다는 것은 맛의 대상에 주의를 기울인다는 것을 의미한다.

　굿맨(Goodman)의 "상징 관계 목록"은 맛보기와 식사의 인지적 요소들을 보여준다. 거기에서 '예시'는 지각적/인지적 경험에 유용한 분류를 제공한다. 예시의 상징적 관계는 경험 대상에서 주어진 성질들을 언급한다.

　예를 들면, 양파와 향료를 입힌 파스닙(배추 뿌리같이 생긴 채소) 수프의 속성들은 다음과 같은 방식으로 예시될 수 있다. 그것은 음악에서

맛의 의미와
의미 있는 맛

단조(短調)가 예시되는 것과 같고, 피카소의 그림에서 음울한 색깔이 예시되는 것과 같다.

이런 특징들은 맛의 미학적 버전이다. 그런 것들은 음식에 가장 자주 나타나는 평가이자 칭찬이다. 예시에는 맛 경험의 감각 요소들, 풍미의 성질, 감각들의 조합이나 충돌, 쾌락 등과 같은 것들이 있다. 그래서 상징적 기능은 감각적 성질들에 대한 느낌에서 분리될 수 없다. 그래서 풍미를 즐기는 것은 주관적 환희 그 이상의 것이다.

음식은 서로 다른 맛들, 냄새들, 그리고 질감에 대한 복잡한 감각적 관계들을 예시한다. 그래서 어떤 식사든 그것은 굳맨의 말대로 "상대적 포만감"을 갖게 한다. (비상용 야외 전투 식량, 우주 비행사의 음식, 항공기의 기내식 등은 제외된다) 상대적 포만감이란 평가와 관련된 감각에 유효한 속성들의 범위를 말한다. 그 말은 "맛" 그 자체와 같은 것으로서, 미학적 의미를 지니며, 미식(美食, gastronomic) 용어의 한 부분이 된다. 거기서 상징적 측면들은 중요성을 갖게 된다.

이와 같이 예시된 속성들은 주의를 끄는 맛의 성질들을 말하는 것이다. 그것은 식사의 풍미와 즐거움이라는 의미에 가깝다. 따라서 예시는 '맛'의 경험 그 자체보다 더 확장된 개념이며, 문화적 관습에 깊이 관련되어 있다. 우리가 매일 먹는 음식의 종류는 다양하다. 어떤 종류의 음식들(foods)은 식사(meal)의 의미를 갖게 된다. 예를 들어, 오트밀(Oatmeal)은 아침 식사의 의미를 갖는다. 그것은 그 곡물이 전

형적으로 하루 중 첫 번째 식사가 되는 문화 속에서 그런 의미를 갖게
된다.

음식에 대한 인식론적 설명에 가장 가깝게 접근한 것은 구조주의
인류학자들이다. 그들은 인간의 행동은 어떤 일을 하든 상관없이 비
슷한 패턴과 구조를 갖는다고 가정한다. 요리를 하는 것과 먹는 행동
도 마찬가지다. 그리고 먹을 수 있는 것을 선택하는 것 또한 사회적 행
동과 신념체계들을 비교할 때 가장 확실해진다.

예를 들어 레비스트로스(Claude Lévi-Strauss)의 유명한 비유를 살
펴보자. "날 것"과 "익힌 것"은 동일한 것의 이항대립구조를 띤다.(자연-
문화, 남성-여성 등과 같이) 그것들은 모두 사회에 널리 확산된 신화와
사회적 관습을 조명한다.[216]

매리 더글라스(Mary Douglas)는 음식을 "의사소통의 체계"로 보았
다. 그리고 음식이 어떻게 예술의 형태로 이해될 수 있는지 추측해 보
았다.[217] 만약 음식이 예술 형태로 간주될 수 있으려면, 거기에는 다
음과 같은 물음들이 제기될 것이다. 그 하나는 다른 예술형태와 똑같
은 방식으로 질문될 수 있어야 한다. 다른 하나는 음식을 매개로 하
는 특수한 영역이 발견될 수 있어야 한다. 또한 어떤 문화 속에서 음

---

216 Claude Lévi-Strauss, *The Raw and the Cooked,* trans. John and Doreen
   Weightman(New York:Harper&Row, 1969)

217 Douglas, *In the Active Voice,* pp.85-87

**맛의 의미와
의미 있는 맛**

식이 예술 형태로 분류될 수 있으려면, 그 지역의 음식 예술이 다른 문화에 있는 음식 예술과 비교될 수 있는지를 물어야 할 것이다.[218]

더글라스는 그녀의 모국인 영국에서 식사 관습을 관찰하고, 다음과 같은 사실을 발견했다. 음식은 실제적인 기능, 즉 자양분을 갖는다. 그래서 음악, 조각, 그림과 같은 예술보다는 의복, 건축, 기구 등과 같은 예술에 보다 적합하게 분류된다(음식이 장식을 위한 것이라면, 더글라스는 그것을 장식예술로 분류할 것이다.).

음식에 있는 미학적 요소는 영양학과 구분된다. 예술과 똑같은 방법으로 "패턴을 만드는 규칙"의 지배를 받는다. 음식의 감각적 성질들은 미학적 측면에서 중요한 부분이 된다. 음식은 촉감, 냄새, 맛, 그리고 색깔을 수용할 수 있는 패턴을 가지고 있다.

가끔 음식은 다른 예술 형식에 있는 패턴을 빌려오기도 한다. 그래서 음식에 적합한 성질들이 사회적 행동 준거들로부터 주어지기도 한다. 공식적 행사에서 부드럽고 정제된 음식과 비공식적인 모임에서 거친 질감의 음식 등을 그 예로 들 수 있다.

또한 식사 습관은 사회적 관계와 계급에 의해서 패턴화되기도 한다. 사람들이 언제, 누구와 함께 먹는가 하는 것은 그들의 직업과 경

---

218 Ibid., p.106

제적 지위에 따라 달라진다. "음식이 하나의 부호처럼 다루어진다면, 그것이 표현하는 메시지는 사회적 관계의 패턴에서 발견될 것이다. 그 메시지는 포섭과 배제, 경계선과 그 경계선을 가로지르는 것 등, 그 위계의 정도가 서로 다르다."[219]

그러나 식사는 사회적 패턴에 따라서만 분석될 수 있는 것은 아니다. 한 끼의 식사 또한 그 자체의 구조를 갖는다. 음식의 조합이 식사가 되는 것은 그 결과를 보면 알 수 있다. 액체와 고체의 혼합, 고기와 채소 그리고 전분의 혼합, 그것들을 먹기 위해 필요한 도구들, 그리고 서비스의 시간 등이 그것이다.

이런 패턴들 중 약간은 영양을 위한 생물학적 필요에 의해서 만들어진다. 또한 그것들은 전통과 관습의 결과로서 인식된다. 어떤 음식들은 식용으로, 어떤 음식들은 식사로, 어떤 음식들은 좋은 맛을 내는 것으로 인식된다. 이런 모든 인식들은 복잡한 "인지적 에너지"를 요구한다.[220]

더글라스는 식사의 순서나 음식의 분류가 "의미"를 갖는다고 말한다. 특히 식사로 가능한 것과 식사로부터 격리에 대한 발견은 통찰력이 돋보인다. 마찬가지로 식사 습관과 사회적 위계 또한 통찰력 있는

---

219 Mary Douglas, "Deciphering a Meal", *Daedalus* (Winter 1972) : 61

220 Ibid., pp.69-70

**맛의 의미와
의미 있는 맛**

발견이다. 특히 어떤 음식을 먹는가, 누구와 함께 먹는가 하는 것 등이 사회적 위계와 관련해서 중요한 것이다. 이런 식사 구조의 의미들은 많은 사회적 패턴들을 드러낸다.

어떤 사람이 아침에 일어나서 커피를 끓인다. 토스트, 버터, 그리고 시리얼은 미국 스타일의 아침식사로 완성된다. 그 커피는 특별히 맛이 좋은 것이며, 토스트는 하얀 밀가루가 아니라 통밀가루로 만들어진 것이다. 이런 것들은 잠이 덜 깬 채 식사를 하는 사람에게 알려줄 수 있는 예시들이 된다.

하지만 단지 습관적인 이유 때문에 아침식사에 예시될 수 없는 속성들도 있다. 한 사람이 노르웨이로 갔다. 그리고 그에게는 작은 은빛 생선 요리와 향기나는 짙은 황색 치즈가 제공되었다. 그러면 그는 분명히 이런 음식들이 아침식사로 제공된 것이 아니라는 "의미"를 알게 될 것이다. 그것들은 점심시간에 더 많이 맛볼 수 있는 것들을 제공한다.

시리얼과 중국 접시에 담은 밥은 더욱 극적인 차이점을 드러낸다. 무엇을 먹는지에 대한 국가적인 차이와 예시된 속성들의 차이는 음식에 구현된 "의미"의 차이를 만들어낸다. 그러나 분명한 것은 그런 의미 안에 '맛'이 내포되어 있다는 사실이다.

표현된 음식

예시는 음식과 맛의 두 가지 특성을 제시한다. 음식의 풍미를 즐길 수 있는 속성들은 맛의 미학적 경험이 된다. 그런데 음식의 속성들은 자양분의 리듬 안에서 획득된다. 그것은 식사의 어떤 특별한 장소와 시간에 주어진다. 우리는 이제 군맨이 말하는 "은유적 예시"를 탐색해 보고자 한다.

여러 사례들에서 음식의 속성에는 은유가 적용된다. 앞에서 예시된 백설공주의 사례는 "사악한" 속성이 사과에 적용된 것이었다. 일반적으로 사과에 적용되는 속성은 은유적이고 문자적인 것이 아니다. 백설공주 이야기의 맥락에서 사과는 독이 있기 때문에, 또 악의적으로 백설공주를 죽이려고 준비된 것이기 때문에 "사악한" 것이다. 음식에서 표현되는 많은 속성들은 이야기의 특수한 맥락에서 주어진다. 그러나 음식이 표현하는 일반적인 속성들은 인습적이고 판에 박힌 경우가 많다.

다양한 문화 속에서 치킨 수프는 가정의 상비약이다. 관습적인 것이기는 하지만 거기에는 의학적인 근거도 있다. 열로 인해 몸이 탈수 증세를 보이면 소금과 물을 주는 것을 권했다. 하지만 그런 치료적 특징들은 수프를 먹는 경험의 일부라고 생각하지 않는다. 게다가 치킨 수프에서 예시되는 "진정시키기", "위안을 주기" 등과 같은 속성들은 가정의 치료약이라는 사실을 나타낸다. 즉 누군가의 보살핌을 받고 있다는 사실을 "의미"한다.

수프가 예시하는 "돌봄"의 표현은 문자적 속성에 의해서 지지된다. 이렇게 표현되는 음식의 속성은 가족과 같은 작은 집단에서 문화적으로 전파되고 자리를 잡게 된다. 아마도 그것은 개인의 습관을 형성하는데에도 적용될 수 있을 것이다.

음식에 내재된 표현은 어떤 맛에 대해 좋아하고 싫어하는 자연적 성향을 나타낸다. 우리가 잘 알고 있는 단맛은 사람들이 모두 좋아하는 기본적인 풍미다. 단맛을 내는 음식이 제의(祭儀)에서 번영이나 행운의 표시로 사용된다는 것은 놀라운 일이 아니다. 유대인들은 새해가 되면 빵을 꿀에 담가 먹는데, 그것은 새해에 희망과 번영을 약속하는 표시다. 힌두교에서 제사를 지내는 동안 단 음식을 먹는 것은 신에게 경의를 표하는 것이다.

소금은 생존을 위해 필요한 것이다. 또한 생리학적 연구에서 입증된 바와 같이 적당한 맛을 내려고 할 때 쓰인다. 소금의 중요성에 대한 인식은 몇 세기에 걸친 환대의 관습에서 형성되었다. 베두인(Bedouin)족의 전통에 의하면 빵을 자르고 소금을 나누는 것이 사람을 보호한다는 의미를 갖는다. 그런 관습은 문자적 전통, 즉 영어에서 "소금을 나누다", 혹은 "함께 빵을 자르다"와 같은 표현이 생기게 되었다.

러시아에서는 환대라는 단어가 문자적으로 "빵-소금"을 의미한다.[221] 그와 반대로 인도네시아의 웨이와(Weyewa) 족은 사회적 규율을 어긴 사람을 조용히 꾸짖을 때, 특히 쓴 견과류를 먹게 한다.[222] 이런 사례는 근본적인 맛으로 인식되고 표현되는 성질들을 확인시켜준다. 그것은 음식과 음료의 풍미를 이용할 때 자연적인 상징이 고려되는 것처럼 보인다.

고대 영어에 나오는 어떤 동화에서 단순하지만 근본적인 풍미가 상당히 자세하게 조명되고 있다. 그 동화는 우리에게 맛 감각의 의미를 이해할 수 있는 직접적이고 친밀한 힘을 보여준다. 그 이야기의 제목은 여주인공의 별명을 딴 "카포루시"(Caporushes)다.

그것은 그의 세 딸로부터 사랑받기를 원하는 어느 부자에 대한 이야기다. "나는 나의 삶을 사랑하는 것처럼 아빠를 사랑해요"는 그 첫째 딸의 대답이었다. "이 세상 무엇보다도 아빠가 더 좋아요"는 둘째 딸의 대답이었다. 가장 예쁜 셋째 딸은 그런 상투적인 말을 피하고, 그녀의 사랑을 초라한 부엌과 비교하여 설명하고 있다. "나는 신선한 고기가 소금을 사랑하는 것처럼 아빠를 사랑해요"라고 대답했다.

결국 아빠는 셋째 딸을 그 집에서 쫓아내고 말았다. 그 소녀는 어떤

---

221 Leonard R. Kass, discusses this and other aspects of hospitality in food practice in *The Hungry Soul* (New York; Free Press, 1994), pp.111-27

222 Joel C. Kuipers, "Matters of Taste in Weyewa" in *The Varieties of Sensory Experience,* ed. David Howes(Toronto: University of Toronto Press, 1991) pp. 111-27

**맛의 의미와
의미 있는 맛**

늦지에 도달할 때까지 방황했다. 그러자 도둑이 올까 봐 무서웠다. 그래서 그녀는 호화로운 옷과 보석같이 빛나는 머리를 감추기 위해서 골풀(등심초)로 짠 망토와 모자를 썼다. 그렇게 변장을 하고, 그녀는 이웃에 있는 귀족의 집에서 부엌데기 하녀로 조용히 살아갔다.

얼마 후 그 영지의 아들이자 상속자는 그 아름다운 부엌데기 소녀와 사랑에 빠졌다. 그리고 결국 그들은 결혼을 하게 되었다. 그녀의 아버지는 비탄에 잠겨 눈이 멀게 되었으며, 그 결혼 잔치에 초대되었다. 아버지가 올 것을 알게 된 신부는 식사를 준비할 때 소금을 사용하지 말라고 명했다.

식탁에 모인 사람들은 충분히 만족했다. 그들의 얼굴에는 웃음과 만족감이 넘치게 되었다. 접시에 담긴 모든 음식들은 아주 맛있게 보였다. 그러나 식사를 시작한지 얼마 되지 않아 그 손님들은 실망으로 가득 찬 얼굴을 했다. 소금이 없이는 어떤 음식도 맛을 낼 수 없었기 때문이다. 눈 먼 아버지 카포루시는 그의 딸이 옆에 와서 앉자 울음이 터져 나왔다.

"무슨 일이죠?"하고 그녀는 물었다. 카포루시는 흐느껴 울면서 말했다. "나는 너무나 소중하게 사랑한 딸이 있었습니다. 그리고 나는 그 딸에게 나를 얼마나 사랑하느냐고 물었습니다. 그러자 그 딸은 '신선한 고기가 소금을 사랑하는 것 같이 아빠를 사랑한다'고 대답했습니다. 그래서 나는 화가 났고, 그녀를 집 밖으로 내쫓았습니다. 그녀는 나를 전혀 사랑하지 않는다고 생각했기 때문입니다. 하지만 이제야 나는 그 딸이 나를 최고로 사랑한다는 것을 깨달았습니다." 이 말을 하자 카포루시는 다시 눈을 뜨게 되었다. 옆에는 누구보다도 더 사랑하는 딸이 있었다.[223]

이 단순한 이야기는 감각 경험을 통하여 "진리"를 발견하는 모습을 조명해 주고 있다. 문자적인 것이든 비유적인 것이든, 카포루시는 양념을 하지 않은 고기를 맛보고 딸의 사랑을 "깨달을" 수 있었다. 게다가 그는 맛 감각을 통하여 깨닫게 된 것을 명제적 지식으로 표현하고 있다.(카포루시는 셋째 딸이 "아버지를 사랑한다는 것"과 "고기와 소금을 언급함으로써 사랑을 표현"하는)

그가 발견한 것은 다소 흔한 진리이며 조금만 숙고하면 분명히 알 수 있다. 독자들은 셋째 딸의 말이 사랑의 선언이라는 것을 이해하는 데 큰 어려움이 없었을 것이다. 그리고 그녀의 말의 의미를 알기 위해서 고기의 맛을 요구하지 않는다. 모든 사람들은 음식이 소금과 함께 할 때 더 맛있다는 사실을 안다. 그렇다면 이 슬픈 아버지에게 제시된 특별한 계시는 무엇인가?

결혼잔치의 상황은 그에게 깨달음의 맥락을 제공했다. 그는 본능적

---

223 *English Fairy Tales*, retold by Flora Annie Steel (New York: Macmillan, 1918), p. 308

맛의 의미와
의미 있는 맛

이고 "직관적으로" 그 딸이 자기를 정말 사랑했다는 것과 그 딸을 내쫓은 것이 잘못된 것이라는 것을 깨달았다. 이 이야기에 나오는 사건의 장면들, 특히 그 아버지가 놓인 입장은 소금기 없는 고기의 감각적 성질과 깨달음의 의미에 초점이 맞춰져 있다. 그 "소금기 없는 고기"는 그 딸의 사랑의 고백이었으며, 아버지의 잘못된 판단을 의미한다.

철학자들은 두 가지 상반된 미학적 관점을 일치시키려고 오랫동안 노력해 왔다. 특히 그 대상이 예술작품일 때는 더욱 그렇다. 한편으로, 예술은 우리의 삶과 경험에 대한 고유하고 특별한 통찰의 기회를 준다. 그러나 다른 한편으로, 우리는 예술작품이 특별히 "말하는 것"이 무엇인지를 말해야 하는 압박을 받으며, 그 대답은 뻔한 것이 될 수도 있다.

위에서 살펴본 이야기는 그런 두 가지 통찰이 어떻게 조화를 이룰 수 있는지를 보여준다. 아버지가 그의 딸을 추방한 후 장님이 된 것은 그 딸의 사랑에 대한 완강한 거부의 표시다. 그는 사랑한다는 말을 보다 고결한 언어로 듣기를 기대했다. 그래서 그 딸이 하는 말의 본래 의미를 융통성 있게 생각해 보지 못했다.

그러나 그는 맛을 통해서 계시를 받았고 지혜와 행복을 얻었다. 맛의 문자적이면서도 비유적인 의미를 알게 되었다. 그는 그 딸의 사랑을 "지적으로" 알게 되었을 뿐만 아니라, 그 힘을 느끼게 되었다. 소금기 없는 고기에 대한 감각 경험은 이와 같이 오직 "주관적인" 경로를 통해서만 전달될 수 있다.

인간을 전인격적 존재–몸과 마음–로 이해하는 것은 오직 지성으로만 인식하는 것보다 앞선다. 이것이 곧 미학적 이해력의 힘이다. 소금기 없는 고기를 맛본 장님 아버지의 가슴 아픈 통찰은 어떤 진리나 깨달음이 단 한번의 촉각을 통해 전달될 수 있다는 것을 의미한다. (이 작은 이야기는 맛이 미학적 경험을 위한 은유로서 적합하다는 것을 확인시켜 준다.)

또 다른 이야기는 맛의 경험이 갖는 의미의 복잡성과 은유적 예시를 보여준다. 이 사례는 매우 독특한 경험과 반성에 근거하고 있다. 이 책의 마지막 장에서는 특히 중요한 이야기에 식사가 등장하고 있다. 그 소설의 어떤 부분에서는 맛이 얼마나 깊이 "도덕적 은유"의 속성으로 작용하는지를 보여준다.

찰스 프래지어(Charles Frazier)의 소설 콜드 마운틴(Cold Mountain)은 남북 전쟁의 막바지에 아팔라치아 산에서 어렵게 살아가는 한 남자와 두 여인의 이야기를 그린 것이다. 그들은 굶주림에 지쳐 평소에는 잡아먹지 않던 짐승을 도살하게 된다. 그들은 자신들의 행동에 소름이 끼쳤으나, 살기 위해 먹을 것이 필요했다. 하지만 그들은 배고픔으로 예의와 관습을 저버리면, 도덕적으로 죄를 짓는다는 사실을 알게 되면서 낭패감에 빠지게 된다.

인만(Inman)은 육군병원에서 탈영한 부상당한 남부연합의 병사다. 그가 집으로 가는 길에는 두 가지 커다란 위험이 있었다. 하나는 추운 겨울이 다가오고 있다는 것이었고, 다른 하나는 탈영병을 체포하려고 하는 의용군 파견대였다. 그는 전투에서 심한 부상을 입었다.

그 후에 그는 반복해서 꿈을 꾸었는데, 산에서 굼벵이와 꿀로 살아가는 검은 곰으로 변화되는 꿈이었다. 그의 생생하면서도 환상적인 꿈은 산중턱을 돌아다니고 강한 손발로 나무를 꺾는 곰과 같이 본능적인 감각을 일깨웠다. 그의 꿈 막바지에 그 곰은 죽었고 사냥꾼들에 의해서 가죽이 벗겨졌다. 이 꿈에서 인만은 다음과 같은 결론을 얻었다. "그 곰은 내가 관찰하고 배워야 하는 특별한 의미를 갖는 동물이다. 그 곰을 죽이는 것은 나에게 죄가 된다. 그 곰에게는 나에게 희망을 말하고자 하는 어떤 것이 있었기 때문이다."[224]

그러나 인만은 그 곰과 친밀한 관계를 유지할 수가 없었다. 그가 집으로 가는 길에, 이른 새벽 어두운 시간에, 어미 곰으로부터 공격을 받았다. 인만은 쏜살같이 달려가는 곰을 옆으로 피해 간신히 살았다. 그런데 낭떠러지의 나무에 작은 새끼가 매달려 있었다. 그 새끼는 곧 죽을 것이다. 자비로운 행동이 필요했다. 하지만 인만은 그 새끼를 구조하거나 돌볼 힘이 없었다. 결국 그는 그 새끼를 죽였다. 그는 굶주렸고 고기를 버리기는 아까웠다. 그 새끼를 구워 먹었다.

"인만은 그 곰의 살점들이 요리되는 동안 앉아서 그의 나라를 찬양했다. 그는 그것들을 밀가루에 넣어 반죽하고, 며칠 전 어떤 여인이

---

224 Charles Frazier, Cold Mountain (New York: Atlantic Monthly Press, 1997), p. 279

음식
철학

준 구겨진 종이에 마지막 기름을 넣고 그것들을 튀겼다. 그는 절벽 꼭대기에 앉아서 먹었다. 그는 전에 그런 어린 곰을 먹어본 적이 없었다. 그 고기는 늙은 곰의 고기보다 기름이 많았다. 죄의식을 느끼기도 했지만, 그 고기는 훨씬 더 맛있었다."[225]

인만은 굶주린 상태에 있었고, 조심스럽게 도살을 했다. 그래서 그는 꿈 속에서 만났던 곰을 기념하며 다시는 곰고기를 먹지 않겠다고 한 맹세를 위반하게 됐다. 그는 전에 그 즙을 맛보았던 바로 그 고기 맛에서 어떤 의미를 발견하게 된다. 그것은 바로 "후회"였다.

맛에 잠재된 의미들은 임의적이거나 변덕스러운 것이 아니다. 식사 경험의 한 부분이 되는 많은 의미들은, 때로는 넓은 사회적 맥락에서 발생하기도 하고, 때로는 우리가 먹는 것의 맛 안에 깊이 박혀 있기도 하다. 그 의미들이 주어지는 이야기의 맥락은 공적인 것이기도 하고, 개인적인 역사에 의존하기도 한다. 어쨌든 맛은 인지적 의미를 얻는 데서 다른 감각 경험과는 다른 측면이 있다.

어떤 형태든 거의 모든 식사는 굿맨의 분석에서 밝혀진 상징체계 중 적어도 하나와 관련된다. 지금까지 언급된 사례들은 특정한 사람이 갖는 음식의 풍미에 대한 관심에 불과하다. 그런 흔한 맛 경험도 맛과 음식에 있는 인지적 요소들을 보여준다. 맛과 음식의 의미를 깊

---

225 Ibid., p.281

**맛의 의미와
의미 있는 맛**

이 있게 다루는 것은 사실 좀처럼 드문 일이다. 이런 상징 유형들 중 가장 의미 있는 사례는 의식과 의례에서 발견된다.

의식과 의례

음식의 인지적 의미는 말하기, 표상, 표현, 예시와 음식을 준비하고 차리는 사회적 조건에 있다. 모든 음식이 그런 것은 아니지만, 제례음식은 그런 의미를 더 많이 가지고 있다. 그리고 모든 문화와 종교는 그런 의례적인 식사의 관습을 가지고 있다. 몇몇 사례들은 이런 의례적 행동의 상징기능을 설명하기에 충분하다.

축제에서의 식사는 사회적 맥락과 식사 현상들을 고려하여 분석될 수 있다. 미국에서 추수감사절은 법률로 제정되었다. 그것은 유럽에서 온 이민자들 중 1621년 메사추세츠의 혹독한 겨울을 이겨내고 살아남은 사람들을 위한 것이었다. 그 당시 그들은 현지 인디언들의 도움을 받지 못하면 굶어 죽을 수밖에 없었다.

그러나 거기에는 사람들 사이의 행복한 관계가 낭만적으로 그려지고 있다. 또한 온전한 저녁식사가 재현되고 있다. 그들은 식사를 공동체의 유대감을 기념하는 것으로 생각했다. 가족과 친구들이 함께 하는 큰 규모의 저녁식사를 이상적인 것으로 생각했다.

첫 번째 추수감사 축제는 제한된 메뉴를 가지고 있었다. 거기에는 칠면조와 뿌리채소가 포함되어 있었다. 그것들은 뜨겁고, 구미를 돋우고, 진한 것으로 천천히 소화되는 음식이었다. 그것들은 따뜻함, 풍미, 질감, 그리고 무거움과 같은 속성들을 예시한다. 또한 위로, 웰빙, 풍요로움을 은유적으로 예시한다.

추수감사절 메뉴는 전통에 많이 의존하고 있었다. 그 메뉴에는 속을 채워 넣은 칠면조, 크랜베리 소스, 고기 국물, 호박과 달콤한 감자가 들어간 파이, 야채 등이 있어야 했다. 초록색 야채와 빵, 그리고 다른 음식을 고르는 것은 선택사항이었다. 하지만 칠면조가 빠진다면 추수감사절로 생각될 수가 없다. 이런 음식들은 전통에 따라 처방된 것이었다.

추수감사절 식사는 보수적인 음식의 조합을 보여준다. 그 자체가 "온전한 식사"를 상징한다. 여러 가지 음식을 담은 접시들은 온전한 음식의 특징을 나타낸다. 그것들 중 일부는 '첫 번째' 추수감사절 사건들과 관련되어 있다.(칠면조는 북아메리카의 숲에서 살고 있었던 새이고, 뿌리 채소는 계절음식으로 곧 겨울이 온다는 것이며, 크랜베리는 식민지에서만 구할 수 있는 유일한 음식이라는 것 등)

그때는 축제가 계절마다 반복되었다. 계절의 모습들이 식사의 한 부분으로 경험되었다. 사람들은 순환하는 행사에 반복해서 참가해야 한다고 생각했다. 하지만 그것은 결코 지난번 축제와 똑같은 것은 아

맛의 의미와
의미 있는 맛

니었다.[226] 손님들은 다른 참석자들과 자리를 함께 하는 것을 반복했다. 그것은 모든 제의의 식사에서 없어서는 안 될 중요한 요소다. 축제 기간에 음식 맛이 더 좋은 이유는 그 때에만 부여되는 의미가 있기 때문이다.

또 다른 축제의 식사는 음식의 상징기능을 더 잘 규명하고 있다. 유태인의 유월절은 이집트에 속박돼 있던 유태인들의 탈출을 기념하는 것이다. 그리고 그것은 모든 사람들을 노예상태로부터 해방시킨 것을 의미한다. 이와같이 종교적 의례를 기념하는 식사는 음식의 시각적 표상과 맛에서 풍부한 상징적 관계들을 보여준다.

테이블의 중앙에 있는 '유월절 음식(Seder)' 접시 위에는 여섯 가지 음식이 차려진다. 그것은 식사를 시작하고 끝내는 의식의 한 부분을 의미한다. 구운 양의 다리, 구운 계란, 쓴 허브, 하로셋(charoses; 유월절에 먹는 음식으로 사과, 계피, 꿀, 와인 등을 배합하여 만든 반죽), 파슬리 혹은 처빌(허브의 일종), 그리고 소금물을 담은 접시가 그것이다.

쓴 허브는 이집트에서의 속박과 슬픔을 상징한다. 그러나 이것의 상징적 가치는 시각적 속성에 의존하지 않는다. 허브는 그 자극적인 맛에 의해서 은유적으로 슬픔을 예시한다. 소금물을 담은 작은 그릇

---

226 Hans-Georg Gadamer, *Truth and Method* (1960), trans. Joel Weinsheimer and Donald G. Marshall(New York: Continuum, 1994), pp. 122-23

은 눈물을 흘리는 것을 의미한다. 새로운 봄이 다시 올 것을 의미하는 파슬리는 소금물에 담가서 먹는다. 하로셋은 유태인들이 이집트인들을 위해 사원을 지을 때 사용했던 몰타르의 촉감을 상징한다. 그것을 쓴 허브와 함께 먹는다. 계란은 부활을 의미한다. 유월절 어린양의 정강이 뼈를 먹는 것은 하나님이 유태인의 집은 넘어가고 이집트인들의 첫 번째 자식을 죽였다는 것을 기념하는 것이다.

유월절 열흘 동안에는 부풀린 빵을 결코 먹지 않는다. 그것은 이집트로부터의 탈출을 기념하기 위한 것이다. 그래서 부풀려지기 전에 오븐에서 빵을 꺼내야 한다. 출애굽을 상징하는 무교병은 이스트를 넣지 않는 빵의 속성을 예시한다. 그것은 다급함과 절박함을 은유적으로 예시하거나 표현하는 것이다. 성경 속의 사건과 그 상징성을 기념하는 것이다.

유월절 요리와 같은 제의적 음식은 실제로 먹지 않더라도 표현되고 맛보게 된다. 어린양의 정강이 뼈는 유월절 기간 동안 단지 접시 위에 올려지기만 하고 다시 교체된다. 소금물은 구토제 같은 속성을 지닌 것으로 맛보는 것 이상은 할 수 없다. 그래서 중요한 상징 기능을 갖는 많은 음식들은 실제로는 먹지 못한다.

그 역할은 자양분을 공급하는데 있지 않다. 기쁨과 환희를 상기시키는 데 있다. 하지만 그것들은 식사의 한 부분을 차지하고 있으며, 맛보는 행동에서 나타나는 상징성을 갖는다. 추수감사절이 그런 것과

맛의 의미와
의미 있는 맛

같이 유월절은 주로 기념을 위해 먹는 규범적인 음식이다. (그것은 매우 오랫동안 확산된 것으로서, 수 세기 동안 전 세계가 기념해 온 축제다)

많은 종교적 관습에는 음식을 준비하기 위한 처방적 의미가 있다. 그들 중 어떤 것은 다른 계절에도 경험될 수 있는 방식으로 맛을 변화시키기도 한다. 유월절은 지역적인 차이가 있다. 그러나 음식의 전통을 포함하여 의례의 정체성을 훼손하지 않는다.

성체성사의 빵은 실제로 먹지 않는 음식의 중요성을 보여준다.[227] 성찬식은 그리스도를 유월절 어린양으로 묘사하는 의식이다. 거기에서 그 물질(성찬음식)과 그것을 '맛보고', '먹는 것'의 의미는 종교적 믿음으로 대체되는 결과를 가져온다.

성찬식의 빵과 포도주는 그리스도의 몸과 피를 의미한다. 만약 성스러운 변화(성화)에 대한 믿음이 지지될 수 있으려면, 몸과 피가 문자적으로 표상화되어야 한다. 또한 신도들에게 제시되는 그런 물질이 있어야 한다.

성찬식의 빵과 포도주는 레오나르도 다 빈치가 그린 "최후의 만찬"에서 은유적으로 예시되고 있다. ―게세마네 동산에서의 죽음의 고통,

---

227 On the Eucharist, see Louis Marin, *Food for thought,* trans. Mette Hjort(Baltimore: Johns Hopkins University Press, 1989), pp.120-24

십자가에 못박힘, 그리고 부활 등. 이런 빵과 포도주의 사례는 음식이기도 하고 음식이 아니기도 하다. 그것은 맛을 보기도 하고 먹기도 하지만 자양분을 가지고 있는 것은 아니다. 빵을 맛보고 포도주를 마시는 것은 ─모든 교회들이 평신도들에게 그리스도의 피를 마시도록 허용하는 것은 아니지만, 가장 깊이 있는 성찰의 기회가 된다. 성체가 실제로 그리스도의 몸과 관계된다는 사실은 신의 희생의 신비로운 재현에 참여한다는 것을 의미한다.

식사 뿐만 아니라 그 반대인 금식까지도 제의적 의미의 한 부분으로 생각될 수 있다. 렌트, 라마단, 욤 키푸르 등과 같은 종교의식에서는 축일 뿐만 아니라 금식일까지도 준수된다.

*렌트Lent, 사순절, 四旬節 ─ 기독교인들이 예수의 고행을 기리는 성회, 부활절 전까지 여섯 번의 주일을 제외한 40일 동안의 기간을 말한다. 이 40일간, 금식과 특별기도, 경건의 훈련 기간으로 삼는다.

*라마단Ramadan, 아랍어로 '더운 달'을 뜻한다. 천사 가브리엘(Gabriel)이 무함마드에게 《코란》을 가르친 신성한 달로 여겨, 이슬람교도는 이 기간 일출에서 일몰까지 의무적으로 금식하고, 날마다 5번의 기도를 드린다.

*욤 키푸르, 헤브라이어의 Yom Kippur의 역어로 영어로는 Day of Atonement. 유대교의 가장 엄숙한 제일이다. 유대력의 정월에 해당하는 티슈리월 10일(태양력의 9월이나 10월)에 해당된다.『구약성서』의『레위기』16장에 의하면 대제사장은 자기 자신과 그 가족의 죄를 속죄하기 위해 수송아지를 바친 후, 민중의 죄를 속죄하기 위해서 산양을 바친다.(참고문헌 : 종교학 대사전)

**맛의 의미와
의미 있는 맛**

금식은 일상의 삶에서 종교적 관습을 반영한다. 에티오피아의 교회에서는 한 주에 하루의 금식이 요구된다. 그것은 속죄와 자기 수양의 의미를 갖는다. 뿐만 아니라 음식의 분배가 어려운 나라에서 음식 자원의 고른 배급을 가져오게 한다.[228] 금식을 수행하는 기간에는 맛 감각의 경험 뿐만 아니라 자양분이 전혀 공급되지 않는다. 그러나 그것이 영혼을 살찌게 한다. 그것은 신체의 고난을 통해서 영혼의 장애물이 제거되기 때문이다.

이런 사례들에서 문화적 관습과 믿음이 음식의 의미 안에 들어오게 된다. 또한 음식 자체가 문화적 특징을 결정하는데 기여한다. 일본의 다도(茶道)는 선불교의 관습으로서 그 철학적 가치를 예시한다. 그것은 단지 차를 마시는 것만을 의미하는 것이 아니다. 다도의 의례는 물리적인 환경과 사용되는 도구를 위해 이상적으로 처방되고 계획된 이벤트다.

거기에는 모든 감각들이 개입되고, 경험적 의미에 대한 성찰이 촉진된다. 스즈키(D.T. Suzuki)는 다도의 예술을 '순박함'의 가치를 지닌 선(禪)으로 기술하고 있다. 차(茶), 물, 바람, 풍경을 위해 선택된 오두막에서 의례가 진행된다. 차를 천천히 준비하는 것, 그 차를 음미하는 것 등은 모든 감각을 둘러싸고 이루어지며 부드럽고 조화롭게 진행된다. 여기 다쿠안의 선 마스터(Takuan's Zen Master)가 기술하고 있는

---

228 This observation was suggested to me by Tereffe Asrat.

다도를 보자.

"대나무 숲이나 나무 아래에 작은 방을 만들자. 방 안에서는 숯 더미를 쌓아 놓고 그 위에 주전자를 올려놓으며, 꽃들과 차 도구들을 정리해 놓는다. 그 방에서 우리는 마치 자연에서 강물의 흐름과 산의 바위를 보는 것과 같이 우리의 생각의 흐름과 멈춤을 즐길 수 있다. 그리고 눈이 오는 장면과 달빛이 비치는 장면, 나무와 꽃으로 만들어진 여러 가지 분위기와 정서를 음미해 볼 수 있다. 그들은 계절의 변화에 따라 꽃이 피고 시드는 것처럼 나타났다 사라졌다 한다. 어떤 방문자가 찾아와 존경 어린 마음으로 인사를 한다. 그리고 우리는 주전자에서 물이 끓는 소리를 조용히 듣는데, 그 소리는 마치 솔잎 사이로 불어오는 산들바람의 소리와 같다. 이윽고 우리는 세상의 모든 근심과 걱정을 잊게 된다."[229]

이런 설정에서 차는 순박함과 조화로움, 그리고 정신적 명료함을 의미한다. 또한 삶의 흐름을 읽을 수 있게 한다. 이런 의례에서 제공되는 차의 맛과 경험들은 적합한 철학적 태도에 의해서 인도되어야 한다. 사실 차를 맛보는 단순함만으로는 빈약한 경험이 될 수밖에 없다. 그것만으로는 차의 의미와 중요성이 드러나지 않게 된다. 그러나 차는 그 자체로 다양한 속성들을 예시해 준다. 차를 마시는 것은 그 풍미

---

229 Takuan(1573-1645) quoted in D.T. Suzuki, *Zen and Japanese Culture* (Prinston: Prinston University Press, 1970), pp. 275-76

**맛의 의미와
의미 있는 맛**

의 미묘함과 정교함에 주의를 집중시킨다.

음식과 예술의 비교

나는 지금까지 음식과 예술작품이 유사한 사례들을 제시해왔다. 그런데 굳맨(Goodman)의 상징 유형이 음식과 음료, 그리고 맛의 경험에서 어떻게 충족되는지를 보여주어야 한다. 이런 상징 기능은 예술작품에서와 마찬가지로 음식에서도 나타나는 것으로 보인다.

앞에서 굳맨은 "미학적 징후들"(symptoms of the aesthetic)을 말했다. 그런 미학적 징후들은 음식을 맛보고 먹는 것에서 충족되는 '예시'와 '상대적 포만감', '필요조건' 등을 포함한다. 이런 굳맨의 접근법은 먹고 맛보는 것이 미학적 관심사가 될 수 있다는 근거를 제공해 준다.

그것은 프랠(Prall)과 텔퍼(Telfer)에 의해서 촉발된 음식의 미학적 지각을 보완해 줄 수 있다. 그렇다면 음식은 예술작품으로서의 자격을 가질 수 있다는 결론에 도달하는가? 또한 음식을 매개로 그림, 조각, 시, 교향곡과 같은 것들이 표현될 수 있는가? 나는 그럴 수 있을 것이라고는 생각지 않는다. 특히 오늘날 예술의 개념은 음식과 그 소비의 특성을 이해하는데 매우 빈약하다.

그러나 음식을 예술 형식으로 발전시키려고 노력해 왔다. 그것은 미학적으로 음식을 예술과 동등한 가치를 갖게 한다. 그렇다면 음식과 예술 사이 유사성의 관점을 잃지 않으면서도 그 차이점은 어떻게 설명될 수 있을까?

우리는 음식의 미학에 반대하는 지점에서 이 논의를 다시 시작할 수 있다. 음식의 인지적이고 미학적인 의미는 의례적 맥락에서 많이 발견된다. 또는 개인적이거나 문화적인 서사(narrative)에 많이 의존하는 것으로 보인다. 음식의 넓고 다양한 상징기능 −특히 표현과 지시를 포함하는 것으로서 −은 어떤 문화적 관습에서 발견된다. 그래서 우리는 어떤 의미를 갖지 않는 음식을 의심해 보아야 한다.

예를 들어 추수감사절이 11월 어느 목요일로 정해지지 않았다면, 그것은 단지 많은 양의 식사에 불과할 것이다. 음식 그 자체만으로는 축제의 의미를 표현하지 못한다.[230] 의례를 둘러싼 이야기와 역사가 없다면, 유월절 식탁 위에 놓인 음식들은 단지 먹기 위해 만들어 놓은 물건들일 뿐이다. 선(禪) 철학의 전통이 없다면, 찻잔들은 단지 차를 마시기 위한 것일 뿐이다. 간단히 말해서 음식과 그 맛은 어떤 의례와 같은 맥락에 많이 의존하고 있다.

---

230 As Barbara Salazar pointed out to me, festival timing is not open to arbitrary manipulation. During World War Ⅱ Present Roosevelt moved Thanksgiving up a week or two, to nationwide outrage. It was moved back as soon as the war was over.

맛의 의미와
의미 있는 맛

이런 관점을 인정할 때, 음식의 미학적 토대가 되는 상징기능과 예시로 돌아갈 수 있다. 미각의 즐거움을 위해 제공되는 음식은 그 맛을 예시하는 것으로 이해된다. 그러나 만약 미학적으로 정의되는 근거가 예시뿐이라면, 음식의 풍부한 상징성이 희생될 수도 있다.

이제 음식과 예술 사이에 존재하는 두 가지 차이점을 비춰보고자 한다. 그 하나는 음식의 미학적 기능은 음식 그 자체의 특성을 넘어선다는 것이다. 다른 하나는 음식과 예술은 서로 평행하는 역사와 전통을 갖고 있지 않다는 것이다.

그러나 어떤 예술가는 음식과 예술 사이의 중간 지점을 향해 달려간다. 작가인 헥토르 베를리오즈(Hector Berlioz)는 그 시대의 음악을 신랄하게 비판했다. 이탈리아를 여행하는 동안 그는 밀라노의 청중들이 듣기 어려운 음악을 연주하는 오페라에 대해서 거칠고 무뚝뚝한 반응을 보였다. 1832년의 기록에서 그는 이렇게 불평하고 있다.: "이탈리아의 음악은 감각적 즐거움 그 이상의 것이 아니다. 그 연주들 중 가장 아름다운 것이 요리법보다도 못하다. 반성과 집중이 없이 들을 수 있는 음악은 한 접시의 마카로니(이탈리아 국수)를 먹는 것에 불과하다."[231]

아마도 이탈리아 오페라와 파스타에 대해 높은 식견을 가진 사람이

---

231 Hector Berlioz, *Memoirs of Hector Berlioz from 1803 to 1865*, trans. Rachel Holmes and Eleanor Holmes, rev. Ernest Newman(New York: Tudor, 1935), p.183

라면, 음식과 예술 사이의 통찰력을 가지고 있었던 베를리오즈의 불만이 무엇인지 잘 알 것이다. 그는 식사가 "반성과 집중"을 일으킨다고 생각했다.

의식이나 의례로서의 식사와 음식, 그리고 그 맛의 복합적인 상황들은 은유적인 속성들을 예시한다. 그것은 맛을 보고 먹는 것이 단지 감각적 즐거움만 갖는다는 생각을 잠재우게 한다. 종교와 기념을 목적으로 먹는 음식과 음료는 분명히 그 행사의 의미를 반성하게 한다. 또한 그 문화와 역사 속에서의 위치, 그리고 인간이 갖는 감정의 의미를 반성하게 한다. 이와같이 음식이 갖는 많은 상징적인 모습들은 의례의 한 부분으로서 중요한 기능을 한다.

음식은 그 의미를 지시하거나 표현하기 위해서 확장된 맥락을 요구한다. 어떤 것을 먹는다는 것이 항상 제사나 전통, 혹은 문화적 의미를 갖는 것은 아니다. 그러나 대부분의 사례에서 볼 때, 음식이 갖는 상징적 기능들에는 어떤 충분한 맥락이 요구된다.

그 이유는 매우 복잡하지만 분명하다. 그것은 예술작품을 음식의 항목과 사례별로 비교해 봄으로써 명료해질 수 있다. 예술의 역사와 음식의 역사는 평행하는 것은 아니다. 그래서 우리 시대의 문화에서 예술이 되는 것과 음식이 되는 것은 똑같은 것일 수 없다. 이런 관점에는 복잡한 역사적 탐구가 요구된다.

서구 전통에서 예술의 개념은 기술(craft), 혹은 응용예술이나 장식

예술과 대조를 이루면서 발달했다. 게다가 예술의 전통에는 다음과 같은 관념의 유산이 있다. 즉 미학적 가치는 자율적면서도 고유한 것으로서, 예술은 그 자체의 목적만으로도 가치가 있다. 즉 예술 작품에는 그 자체에 고유한 미학적인 특징들이 있다.

그러나 음식은 그런 역사를 가지고 있지 않다. 음식의 미학적 특징은 관습으로부터 생겨난다. 축제와 제의를 통해서 형성되고, 거기에서 풍부한 의미를 갖게 된다. 그래서 단일한 식사나 개별적인 음식을 어떤 예술작품과 비교하는 것은 그 맥락을 벗어난 것이다. 그것은 미학적인 의미를 무색하게 만든다. 의례적인 관습에서 벗어난 맛은 감각적으로만 예시되는 성질들이다. 그것들이 갖는 쾌락은 깊은 미학적 의미를 갖지 못한다. 미학적 의미를 갖는 음식은 제례와 의식, 기념을 포함하는 관습적 맥락에서 나타난다.

프랠(Prall)은 음식의 미학적 가치를 인정하지 않고 있다. 텔퍼(Telfer)나 더글라스(Douglas), 레벨(Revel) 등은 어느 정도의 예술적 성취를 인정하지만, 다만 비주류 예술로 분류하고 있다. 나는 음식이 예술적 의미를 갖는다면, 굿맨(Goodman)이 주장하는 방식으로 어떤 인지적 차원을 구성하는 것으로 이해하고자 한다. 그러면 음식과 음료에 미학적 지위를 부여할 수 있을 것이다. 동시에 예술작품과 같은 상징 기능을 부여할 수 있을 것이다. 나는 음식이 매우 깊고 중요한 의미를 가지며, 단지 감각적 즐거움만 주는 것은 아니라고 믿는다.

홀륭한 요리는 그것이 의식, 의례, 기념의 일부가 될 때, 음식의 상징적 기능들(표현, 표상화 등과 같은)이 나타나게 된다. 하지만 요리가 빈약하고 그 감각적 즐거움이 줄어든다 할지라도, 음식의 상징적 기능들은 축제나 관습, 제례에서 여전히 중요한 것으로 남는다.

그렇다면 음식은 예술의 한 형태인가? 이것은 나에게는 중요한 질문이라고 생각되지 않는다. 비록 음식과 예술 사이에 존재하는 공통성이 음식을 이해하는데 중요한 의미를 갖는다고 해도 그렇다. 그러나 음식이 홀륭한 예술로서의 자격을 갖지 못한다는 것은 분명하다.

요리 예술은 아직도 비주류 예술이거나 장식예술로 간주되고 있다. 그것은 기능 예술이거나 응용 예술로 간주되고 있다. 텔퍼(Telfer), 레벨(Revel), 그리고 더글라스(Douglas)는 홀륭한 요리, 위스키 만들기, 포도주 만들기 등의 예술적 성취를 충분히 옹호할 수 있다고 말한다. 하지만 이와같이 "예술"이라는 라벨을 붙이는 것이 음식과 예술 사이의 가장 중요한 연결고리가 되는 것은 아니다.

요리사, 포도주 제조자, 그리고 우리가 먹는 것을 준비하는 사람들은 홀륭한 성취물들을 만들어낸다. 그러나 그것이 언제나 우리의 미학적 경험을 위해 중요한 것이 되는 것은 아니다. 이런 성취물들은 음식, 맛, 그리고 식사가 가정하는 독특한 역할들을 인정하는 방식으로 이해될 필요가 있다.

음식 그림은 장식으로 즐거움을 주는 매력적인 몫을 담당한다. 식욕이 시각 예술, 즉 그림의 중요한 묘사 대상이 되는 까닭이다. 음식 그림은 음식과 성의 에로틱한 관계에 대한 이해를 돕게 해준다. 음식에 대한 예술적 표현은 일상의 삶을 비추는 거울과 같다. 다른 한편으로는 음식을 맛이 뛰어난 것으로 표현하기도 한다. 예술은 관습이 도달 불가능한 한계를 향해 나아가기도 한다. 예술은 철학자들이 보는 맛의 낮은 감각을 일단 겉으로 거부하거나, 묵살하는 매력적인 힘을 보유하고 있다. 그림으로 보는 맛 감각 표현의 최대 장점이다. 예술적 관점, 그림에서 시각과 청각, 미각과 후각은 동등하게 다뤄진다. 예술 세계에서는 '높은 시각'과 '낮은 미각'이 존재하지 않고 평등하다.

식사에서, 어떤 특별한 의례상의 식사는 사유를 위해 의미 있는 음식을 제공한다. 이런 식사에서 "의미 있는 맛"이 드러난다.

시각화된 식욕

예술적 관점에서 시각과 미각은 동등하다

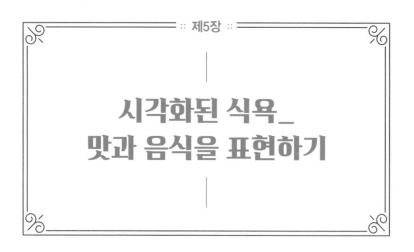

시각화된 식욕_
맛과 음식을 표현하기

앞에서 우리는 무엇을 기념하는 식사에 대해 숙고해 보았다. 음식은 신체적인 것 뿐만 아니라 사유를 위한 것이다. 또한 맛은 그 먹는 행위에서 어떤 의미를 갖는 것처럼 보인다. 하지만 실제로 먹는 행위를 탐구해보면, 맛과 음식의 의미를 드러내는 방법은 없다. 그것의 직접성에도 불구하고 밝혀내기가 어려워 보인다.

대부분의 사람들에게 식사는 일상적인 삶의 한 부분일 뿐이다. 극단적인 궁핍은 섭생의 리듬을 깨게 될 것이다. 극심한 가난이나 기근으로 고통을 받지 않는다면, 유기체(몸)에 연료를 공급하는 일은 일상적으로 일어나게 될 것이다. 그런 것들은 특별한 반성이 없는 일상적인 행동이다. 사실 배고픔은 가능하면 신속하게 그 요구를 들어주어야 하는 불청객 정도로 생각된다. 그런데 이런 일련의 생각들은 식욕, 식사 등에 대한 사유로부터 멀어지게 한다. 단지 어떤 감각 장치에만 연관되어 있는 것처럼 보이게 한다.

그래서 우리는 깊은 반성을 요구하는 문화적 산물로서의 음식과 맛을 고찰해 보고자 한다. 맛을 보고 먹는 것에 대한 표현은 시각 예술과 서사에서 나타난다. 이런 표현들은 우리를 일상적인 식사로부터 벗어나게 한다. 또한 신체적인 경험으로부터 거리감을 갖게 한다.

우리는 음식의 소비적 의미와 예술적 의미 사이에 어떤 중첩이 있음을 발견한다. 또한 우리는 예술에서 선택과 과장, 그리고 조작을 발견한다. 예술은 맛, 음식 그리고 식사에서 나타나는 폭넓은 역사적 의미를 제공한다. 그것은 음식에서 예시된 의미보다 더 많은 것을 제공한다.

예술적 표현에서도 감각 위계가 발견되며 그 순위를 매기는 도해법이 발견된다. 철학에서 맛을 배제시키는 것으로 보이는 특징들이 예술에서도 복잡하게 그려지고 있다. 미각과 후각이 다른 감각들보다 더 자연적 본성에 가깝다고 보는 가정이 예술에서도 그려지고 있다.

시각 예술에서 모든 감각 경험들은 언제나 해석의 대상이 된다. 맛의 시각적인 묘사에서 우리는 맛의 감각과 그 대상이 속하는 해석의

시각화된 식욕_
맛과 음식을 표현하기

범위를 발견한다. 그런데 거기에서 우리는 식사가 어떻게 순수하게 자연적인 행위로만 생각될 수 있는지 궁금증을 갖게 된다.

모든 장르의 그림들은 식탁에 있는 것들을 묘사하려고 한다. 그런데 전통적인 예술이론에서 소위 정물화라는 것은 그리 높은 평가를 받지 못했다. 그리고 이 장르에서 우리는 감각에 대한 철학적 위계가 되풀이되는 것을 볼 수 있다. 앞에서 논의한 바와 같이 그런 서열화에는 젠더(gender)적 차원이 반영되어 있다.

감각 위계에서 드러나는 도덕적 차원은 해묵은 것이다. 그것은 탐닉되기 쉬운 식욕에 대한 우려를 드러낸다. 그러나 식욕은 시각 예술의 중요한 묘사 대상이 된다. 그것은 음식과 성의 에로틱한 관계에 대한 이해를 갖게 한다.

음식의 모습과 색깔은 건축과 공예에서 장식용 무늬로 사용돼 왔다. 현대 미술에서 그런 감각적 속성들은 정물화의 주제와 형식들을 제공한다. 그림에서 음식에 대한 묘사는 장식으로서의 즐거움을 주며, 매력적인 역할을 한다. 마찬가지로 음식은 위험하고, 끔찍하며, 혐오스러운 것으로 표현되기도 한다.

여기에서 음식의 역할은 맛보는 것, 먹는 것, 식욕을 느끼는 것을 표현하는 데로 관심을 돌리게 한다. 음식에 대한 예술적 표현은 일상의 삶을 비추는 거울과 같은 역할을 한다. 하지만 다른 한편으로 예술은

음식
철학

음식을 맛좋은 것으로만 표현하기도 한다. 또한 예술은 관습이 도달할 수 없는 한계를 향해 나아가기기도 한다.

표현된 맛 _ 예술에서의 감각 위계

파리에 있는 클루니(Cluny) 박물관에는 6개의 고딕양식 패스트리(여러가지 색실로 그림을 짜놓은 직물)가 걸려 있다. 그 이름은 "유니콘과 함께 있는 귀부인"(La Dame à la licorne)이다. 각각의 직물들은 귀족의 숙녀를 묘사하고 있으며, 그 숙녀는 수행원, 사자, 그리고 유니콘을 거느리고 있다.

빨강 장미로 가득 찬 밀레퍼오리(millefleur) 풍 무늬 속에는 여러 종류의 동물들이 흩어져 있다. 사람, 사자와 유니콘, 그리고 몇몇 작은 동물들은 남색의 타원형 위에 그려져 있다. 그것은 마치 어떤 섬에 그들을 배치한 것 같이 보이며, 시각적으로 깊이가 있는 구성물이라는 것을 알 수 있다.[232] 다섯 개의 벽걸이 융단은 다섯 가지 감각을 그리고 있다. 그리고 그 수수께끼 같은 여섯 번째 융단은 그들 모두에 대해 해설을 하는 것처럼 보인다.[233]

---

232 The manifold details of this series have invited speculation and interpretation ever since the hangings were brought to public attention in 1844. George Sand discovered the hangings at the Château de Boussac sometimes in the 1830s and mentioned them in her novel *Jeanne* (1844), as well as in three later publications.

233 Pierre Verlet, *Le Musée de Cluny* [Paris: Musées Nationaux, 1966], p.83

시각화된 식욕_
맛과 음식을 표현하기

그 벽걸이 융단은 혼자 앉아 있는 여인의 모습을 묘사하고 있다. 그녀는 거울을 붙잡고 있으며, 유니콘은 앞다리가 그녀의 무릎을 향해 있다. 악기에서 표현되는 소리는 마치 그녀가 작은 오르간을 연주하는 것 같다.

그녀의 옆에 서 있는 여인의 손에서는 맛이 표현되고 있다. 산딸기나 작은 사탕 모양을 한 과일로 가득 찬 접시가 준비되어 있다.(그림 5-1) 그녀(서있는 숙녀)의 오른손이 그 접시 위에 멈추고, 손으로 딸기를 만지작거린다. 그녀는 왼손의 손가락 위에 내려앉은 새를 바라보고 있으며, 산딸기를 가볍게 깨물고 있다. 그녀는 먹지 않지만, 그녀의 발 아래에 있는 작은 원숭이는 그 달콤한 딸기를 게걸스럽게 먹고 있다.

그와 비슷하게 그 벽걸이 융단은 냄새를 묘사하고 있다. 그녀는 시종의 바구니에서 가져간 꽃을 응시하고 있다. 그녀의 뒤에 있는 원숭이는 꽃바구니를 뒤지고 커다란 꽃에 코를 박고 있다. 또한 그 벽걸이는 촉각을 묘사하고 있다. 그 숙녀는 한 손으로는 그 유티콘의 뿔을 잡고, 다른 한 손으로는 현수막에 새겨진 문양(文樣)을 잡고 있다.[234]

6번째 벽걸이 융단에서 그 숙녀와 시종은 사자와 유니콘이 들고 있

---

234 The arms represented by the banners that appear in every panel are those of the Le Viste family. Erlande-Brandenburg believes that the tapestries were woven to commemorate the appointment of Jean Le Viste (d. 1500) to royal office in 1489 (Alain Erlande-Brandenburg, *La Dame à la licorne* [Paris: Musées Nationaux, 1978]).

5-1. "유니콘과 함께 있는 귀부인"에서 맛을 묘사한 테피스트리 판넬
(파리 클뤼니 박물관)

는 텐트 아래에 서 있다. 그 시종은 작고 뚜껑이 열린 장식함을 들고 있다. 그 숙녀의 손은 보석이 길게 장식된 목걸이를 빼거나 다시 걸고 있다. 그 텐트의 꼭대기에 있는 테두리에는 다음과 같이 적혀 있다. "A mon seul désir" 이 단순하면서도 애매한 문구는 다음과 같이 번역된다. "나의 유일한 욕망을 위하여" "나의 단 하나의 욕망에게" "나의

시각화된 식욕_
맛과 음식을 표현하기

단 하나의 간청으로".

처음에 그 숙녀는 보석 상자에서 보석을 가져가는 것처럼 보인다. 그러나 가장 믿을만한 해석을 보면 그 내용은 뒤집어진다. 그 숙녀는 보석을 가져가는 것이 아니라, 그 상자에 되돌려 놓은 것이었다. 그녀의 손에 걸려 있는 목걸이는 다른 벽걸이 판에서 그녀가 끼고 있었던 것으로 정교한 색상을 가진 것들 중 하나다.

그녀의 행동은 여러 감각들이 충족된 결과 욕정의 지배를 포기했다는 것을 의미한다. 그녀는 지성이 신체 감각보다 우월하다는 것을 알고 있다. 이런 독해에 의하면, 그 벽걸이 융단의 순환(촉각, 미각, 후각, 청각, 그리고 시각을 나타내는)은 전혀 감각적인 것이 아니라고 말할 수 있다.

오히려 그 그림들 전체는 감각 세계의 오류를 확인시켜 주고 있으며, 현실 세계의 본질에 대한 플라톤적 이해를 수용하고 있다. 특히 그 텐트를 장식하고 있는 수수께끼 같은 말은 "나의 욕망을 위하여"가 아니라 "오직 나의 소망에 따라"라는 것을 의미한다. 그 숙녀는 감각이 갖는 힘을 스스로 포기하고 있다.[235]

---

235 Erland-Brandenburg makes the case for this interpretation . "A mon seul désir, c'est à dire selon maseul volonté'. Le collier déposé est symbole de renoncement aux passions que déchainent en nous les sens mal contrôlés ("Etude," ibid.,n.p).

다른 다섯 가지 벽걸이들에서도 우리는 감각을 다음과 같이 이해할 수 있다. 즉 인간의 행위가 감각운동에 포함되는 것은 매우 적다는 것이다. 그 숙녀는 단지 청각에만 적극적으로 개입하고 있다. 그녀는 음악의 산물에 사로잡혀 있다. 하지만 음악은 가장 수학적인 것이며 가장 추상적인 예술이다.

시각을 훈련하고 있는 것은 유니콘이며, 원숭이는 보다 낮은 감각인 미각과 후각을 열심히 충족시키고 있다. −유럽의 성상연구(聖像研究)에 따르면 원숭이는 신을 찬미하는 피조물이 아니다.− 촉각은 아마도 가장 애매모호하게 다루어지고 있을 것이다. 그 숙녀는 가장 큰 영적 의미와 순수성을 갖는 동물을 만지고는 있지만, 그녀의 시선은 그들을 외면하고 있다. (그녀가 붙잡고 있는 유니콘의 뿔은 아마도 남근을 상징하는 것이라고 생각할 수 있을 것이다.) 촉각은 종종 성욕과 가장 관계가 깊은 것으로 생각된다. 특히 원숭이에게는 수갑이 채워져 있는 것으로 보이는데, 그것은 사슬 모양이라기 보다 회전판(roller) 모양에 가깝다.[236]

미첼 세레스(Michel Serres)는 그 벽걸이 융단이 감각의 영역을 설명하고 있을 뿐만 아니라, 인간 자신의 가장 원초적인 구조를 묘사하고 있다고 해석한다.[237] 세레스는 여섯 번째 벽걸이만 언어를 포함하

---

236 While other interpreters have not looked for indications of the sense hierarchy in these panels, (indeed, the last panel suggests the unimportance of all sense experience), suggestions of the familiar sense hierarchy can be found in their iconography.

237 Michel Serres, *Les Cinq Sens* (Paris: Bernard Grasset, 1985), pp.52-63

시각화된 식욕_
맛과 음식을 표현하기

며, 그 언어가 인간 세계를 구성한다는 사실을 강조한다. 외적 감각은 말로 할 수 없고 미성숙한 상태로 남게 되며, 언어를 요구하는 반성적 의식으로 가져올 수 없다.

물론 감각들이 "동물적"이라는 생각은 철학적 가정에 근거를 둔 해석이다. 오직 인간의 반성 작용에 의해서만 동물적인 감각들은 선택적인 표상 체계로 들어간다. 세레스가 설명하는 바와 같이, 인간은 언어의 성막(聖幕)에서 벗어날 수 없다. 언어라는 장막의 밖에서 감각들을 기술할 수 있는 방법은 없다.[238]

"자연적인" 감각이나 맛은 이미 자연적인 것으로 해석된다. 그 숙녀는 사탕 그릇에 손을 넣기를 망설이고 있다. 하지만 원숭이는 동물적 식욕에 굴복해서 그것을 입안으로 게걸스럽게 집어넣고 있다. 무엇을 먹기 위해서는 신체가 필요하다. 그와 같이 어떤 감각 경험이 잘못된 것인지를 알기 위해서는 지적이고 영적인 것이 필요하다.

또한 그것은 지성이 신체보다 우월하다는 것을 말해준다. 감각은 인간의 생명 활동을 구성하는 요소다. 그러나 그것이 이론적으로 분석되고 예술적으로 묘사되려면, 어떤 질서와 의미에 토대를 두어야 한다. 그래서 이런 질서가 우리의 경험 안에 들어오게 될 때, 우리는 감각에 대한 해석을 이해할 수 있게 된다.

---

238 ibid, p.58

"유니콘과 함께 있는 귀부인"(La Dame à la licorne)은 감각을 예술적으로 풍자한 초기의 장르다. 이 장르는 17세기에 북유럽과 프랑스에서 그 인기가 절정을 이루었다.[239] 이런 종류의 그림들은 막연하게 플라톤의 사유방식을 따르고 있다. 그것은 감각 세계가 영혼이나 지성세계의 메아리에 불과하다고 생각하는 것이다.(또한 기독교는 플라톤의 우주관을 그들의 영적 목적에 적용하고 있다.)

하지만 이런 비유에 걸맞은 철학이라고 해서 모두 감각을 불신하는 것은 아니다. 자연은 신의 작품이며, 그래서 신적인 의미를 갖는다. 이런 관점에서 보면, 다섯 가지 감각은 신이 창조한 자연적 차원을 이해하기 위한 것으로 생각될 수 있다.

신중하고 절제된 감각운동은 자연의 숨겨진 의미를 드러낼 수 있다. 물론 쾌락을 추구하는 탐닉은 그런 감각적 이해방식을 잘못 사용한 것이다.[240] 철학은 감각 경험을 숙고함으로써 현상과 실재를 구별하는데 관심을 집중한다. 그런데 거기에는 일반적으로 세계의 참된 본성을 잘못 이해하는 착각이 발생할 수 있다. 또한 감각적인 비유를 불러올 수도 있다.[241]

---

239 Michel Faré, *La Nature morte en France: Son Histoire et son évolution du XVII au XX siécle* (Geneva: Pierre Cailler, 1962), pp. 105-7

240 Ildiko Ember, *Delight for the sense: Dutch and Flemish Still Life Paintings in Budapest*(Wausau, Wis,: Leigh Yawkey Woodson Art Museum, 1989), p.32

241 Faré, *La Nature morte en France*, p.10

그런 주제를 더욱 확장해서 논의하게 되면, 지리멸렬한 철학적 주제들만 남게 된다. 그러나 감각에 관심을 갖는 예술적 논의들은 철학적인 논의들보다 어떤 장점을 갖는 것이 분명하다. 많은 철학자들은 보다 낮은 감각들(미각이나 후각 등)을 피상적으로 거부하고 묵살해 버린다. 그러나 예술적 관점에서 그런 감각들은 동등하게 다루어진다.

그러나 특히 미각은 그것의 남용에 취약한 것으로 묘사된다. 얀 브뤼겔(Jan Brueghel the Elder)은 "다섯 가지 감각의 비유"(the Allegory of the Five Senses, 1618)에서 그런 사례를 보여준다. (Jan Brueghel the Elder, 1568~1625년)는 플랑드르의 화가였다. 그는 유명한 플랑드르 르네상스 화가 인 피터 브뤼겔(Pieter Brueghel)의 아들이었다.) 그것은 현재 스페인 마드리드에 있는 국립 예술 박물관인 프라도 미술관(Museo del Prado)에 전시되어 있다.

5-2. 얀 브뤼겔, 맛의 우화(마드리드 , 프라도 박물관)

이 시리즈를 구성하는 세밀한 그림들은 각 감각의 징표들로 가득 차 있다. 어떤 부인이 그림을 풍자적으로 바라보고 있다. 그녀는 망원경과 같은 시각적 장치에 둘러싸여 있다. 악기는 청각을 암시한다. 꽃은 후각을 암시하고 있다. 갑옷과 폭탄은 촉각을 의미한다. 미각은 먹을 수 있는 것들이 흩어져 있는 모습으로 나타난다. 그 부인은 먹을 수 있는 것들로 가득 한 테이블에 앉아 있다.(그림 5-2)

정원 밖에 그려진 그림들 중에는 후각을 제외한 것들이 있다. 그것은 성경 속의 장면들이 고풍스럽게 그려진 그림으로 가득 차 있다. 각 그림들에는 노출되고 느슨한 옷을 입은 부인이 무언가 감각을 발휘하고 있다. 천사가 그 부인과 함께 동참하고 있다. 그러나 이와 같이 감각에 주의를 기울이는, 그 고풍스런 모습은 순진 무구한 어린 아이가 아니라 사악한 사티로스나 파우누스의 모습이다.(satyr, 사티로스 : 고대 그리스 신화에 나오는 숲의 신, faun, 파우누스 : 고대 로마 신화에 나오는 숲의 신) 그들은 그 게걸스럽게 보이는 부인을 위해 포도주를 따르고, 그녀의 탐욕스러운 식욕을 응시하고 있다.

이 일련의 그림에서 이례적으로 관심을 사로잡는 것은 사티로스다. 미각에의 탐닉은 여러 감각들 중에서 특히 위험한 것으로 지목되고 있다. 그렇게 게걸스럽게 먹고 있는 부인은 그녀의 미각적 쾌락에 온전히 사로잡혀 있다.[242] 그러나 이 그림 세트들 중 어떤 것도 식욕과 맛의

---

242 Fabrizio Clerici, in *Allegorie dei sensi di Jean Bruegel* (Florence, 1946), pp.23-24

풍미가 성욕이 추구하는 대상과 연결되어 있지 않다. 그것은 곧 미각이 성적 욕구를 자극하는 탁월한 감각이라는 것을 말하지 않는다.

그러나 감각 자체가 예술적 주제가 될 때, 식욕과 맛을 즐기는 것은 성욕과 결부되기 쉽다. 마치 이 감각(미각)은 두 가지 욕구(식욕과 성욕)를 직접 연결하는 통로처럼 보이기도 한다. 또는 마치 식욕이 욕구충족의 두 갈래 길을 하나로 묶는 현상인 것처럼 보이기도 한다.

브뤼겔의 그림 시리즈는 활동적인 감각의 모습을 보여주고 있다. 반면에, 다른 풍자적인 그림들은 어떤 대상의 도움으로 감각을 표현한다. 예를 들면 루뱅 보갱(Lubin Baugin, 1612~1663년)의 정물화(그림 5-3)는 물건들로 가득찬 테이블의 일부분을 보여주고 있다. 그들 각각은 어떤 감각들 중 하나를 묘사하고 있다.

거울은 시각을 위한 것이고, 류트나 만돌린은 청각을 위한 것이며, 병 속의 꽃은 후각을 위한 것이고, 게임용 카드와 체스 세트는 촉각을 위한 것이며, 고블렛 잔의 포도주와 한 덩어리의 빵은 미각을 위한 것이다. 우리는 첫눈에 집안에 물건이 잔뜩 쌓여 있는 테이블보다도 더 현실적으로 그렸다는 것을 알 수 있다. 이 장르를 반추해 보면 다섯 가지 감각이 묘사하는 주제를 이해하는 데 도움이 된다.

정물화는 그림의 대상들 중 어떤 하나가 특정 감각을 표시하는 환유법을 사용한다.(환유법, 換喩法: 어떤 낱말 대신에 그것을 연상시키는 다

5-3.
루뱅 보갱의 정물화
(파리, 루브르 박물관)

른 낱말을 쓰는 비유. '미국 대통령' 대신에 '백악관'을 쓰는 것과 같은 경우-네이버 사전) 이런 방식의 도해법(圖解法)에서 거울은 시각의 상징으로 묘사된다. 거울은 세계를 비춰주는 모방 장치와 같다. 그렇게 그려질 수 있는 대상은 시각을 상징한다. 즉 그 대상이 시각적으로 묘사될 수 있다는 사실에 의해서, 그것은 반드시 시각적 대상이 된다.

하지만 거울은 반사를 통해서 사물을 보여준다. 그래서 거울은 시각 그 자체에 주의를 환기시킨다. 거울, 물의 표면, 금속, 그리고 눈과 같은 반사 매체들은 비처지는 것을 볼 수 있게 하는 것들이다.[243] 그래서 그 감각에 부가되는 징표들은 도덕적 의미를 전달한다. 거울은 자기 자신의 모습을 살펴볼 수 있게 한다. 인간의 자만심, 어리석은

243 Peter Sloterdijk, *Critique of Cynical Reason,* trans. Michael Eldred(Minneapolis: University of Minnesota Press, 1987), p.145

**시각화된 식욕_
맛과 음식을 표현하기**

집착 등을 비추어 줄 수 있다. 이와 같이 거울은 인간의 모습을 풍자적으로 묘사한다.

악기는 자주 청각을 묘사한다. 그것은 악기의 중요한 목적이 사람들의 청각을 사로잡는 소리를 만들어내기 때문이다. 게다가 악기는 결코 "자연적인" 것이 아니다. 그것은 언제나 개량되고 발달되는 것이다. 그리고 세련되고 기교적으로 감각을 사용한다.

하지만 악기나 과학적 도구는 모두 인간의 노력이 헛됨을 상징하는 베니타스 모티브를 나타낸다.(vanitas motifs; 죽음을 상징하는 정물화의 한 유형, 16~17세기 네덜란드 그림의 특징을 나타냄) 그것은 무엇을 성취하기 위해 쌓아 올린 인간의 노력을 헛된 것으로 만들고 만다.

5-4. 피테르 아르트센의 정물화, 베니타스(1552, 비엔나 예술사 박물관)

반면에 후각은 자주 들판이나 정원에서 뽑아다 놓은 꽃으로 그려
진다. 꽃의 향기는 자연의 선물이며 인간의 어떤 조작도 허용되지 않
는다. 꽃잎이 시들어 떨어지기 시작하면, 꽃은 죽음의 경고를 의미한
다.("당신은 반드시 죽게 된다"는 것을 기억하게 하는) 시간은 순간일 뿐이
고, 쾌락은 짧다는 것을 상기시켜 준다.

촉각의 상징성은 더욱 다양하다. 이 감각은 카드 게임과 같이 손으
로 붙잡고 손가락으로 더듬는 어떤 것에 의해서 표현된다. 이런 촉각
의 대상들은 음악이나 과학적 도구와 비슷하게 온전히 인간이 만들
어낸 것으로 그렇게 오래 가지 못한다. 체스보드 게임이나 카드 게임
등은 촉각적인 것이며 공허한 어떤 것임을 보여준다.

미각은 후각과 마찬가지로 과일과 같은 자연물에 의해서, 또는 준
비된 음식물에 의해서 표현된다. 풍요로워 보이는 식품은 화려함을
상징한다. 초기 정물화의 창시자들은 지나치게 많이 쌓아 올린 음
식 더미를 전경으로 그렸다. 성서 속의 장면을 그린 피테르 아르트센
(Peter Aertsen)의 그림을 보면, 음식물을 잔뜩 올려놓은 테이블이 전
경에 나온다. 그 배경에 예수가 막달레나, 마르타와 이야기하는 장면
이 나온다.(그림, 5-4)[244] 하지만 이 정물화는 보잘것없는 빵과 포도주
를 그린 보갱(Lubin Baugin)의 그림과 같은 맛을 풍자하고 있다.

244 Ingvar Berström, *Dutch Still-Life Painting in the Seventeenth Century*, trans.
Christina Hedström and Gerald Taylor[1947] (New York: hacker Art Books,
1983), pp.16-24

빵과 같이 먹을 수 있는 것은 실제로 다섯 가지 감각 모두를 상징할 수 있다. 빵은 보여지는 것이고, 냄새를 맡을 수 있는 것이며, 맛을 볼 수 있고, 들을 수(빵이 으스러지는 소리를 낼 때) 있기 때문이다. 물론 그것은 손으로 만져지는 것일 뿐만 아니라 입, 혀, 목구멍으로 만져지는 것이기도 하다.

그러나 보갱의 그림은 더 중요한 어떤 것을 보여준다. 그것은 맛의 잠재성에 영적인 의미를 부여한다. 빵과 포도주는 인간의 노력과 욕망의 헛됨을 말하는 것이 아니다. 그것은 기독교의 성체 성사에서 제공되는 영적인 만남을 암시한다.[245] 다른 감각의 징표들은 이 세상의 덧없는 행동에 사로잡혀 있음을 암시한다. 그러나 맛은 신의 초월적 세계와 맞닿아 있다.

보갱의 그림에서 맛은 신체적인 기능이 적어진다. 반면에, 맛에 대한 영적 차원과 식사의 제의(祭儀)적 의미에 대한 반성을 암시한다. "유니콘과 함께 있는 귀부인"에서 신체 감각은 초월되거나 거부될 수 있는 것이 아니었다. 하지만, 맛의 친근감은 신과의 소통으로 통합되며, 사실상 그 의미가 역전된다. 그리스도의 피를 상징하는 포도주는 혀를 쏘고, 목구멍으로 내려가며, 몸으로 들어가고, 영혼으로 스며든다.

맛은 신과의 소통을 상징하는 동시에 폭식과 방종을 의미하기도

---

245 Faré, *La Nature morte en France*, p. 106

한다. 그것은 초월적인 경험을 의미할 수도 있고, 동시에 육욕에 묶여 있음을 의미할 수도 있다. 이런 사실들은 감각 위계에 나타난 분석들이 전혀 의미가 없다는 것을 말한다. 전통적인 감각 위계는 신체감각과 그 탐닉의 위험성을 경고하기 위한 것이었다. 그러나 보갱의 그림에서 맛, 음식, 그리고 식욕의 의미는 전혀 달라질 수 있다.

정물화와 음식에 대한 묘사

예술의 역사와 비평이 다루는 감각 위계는 철학과 대조를 이룬다. 음식을 만드는 유물들과 일상의 가사용 물건들은 예술 이론가들을 겸손하게 만든다.[246] 음식은 성경, 전설, 혹은 역사에 나오는 웅장한 이야기와 함께 그려지기도 한다. 그 때 그 음식은 중요한 서사적 기능을 갖게 된다.

음식이 갖는 상징성은 그 이미지에 의미를 더한다. 그래서 음식은 관람자의 마음을 움직이고 도덕적 이해를 돕는다. 하지만 음식을 중심 주제로 그린 그림은 수준이 떨어지는 것으로 생각된다. 음식과 다른 일상적인 물건들은 화가들에게는 별 가치가 없는 주제다.[247]

---

246 Charles Sterling, *Still Life Painting from Antiquity to Present Time*, trans. James Emmons(New York: Universe Books, 1959), p.11 ; and Norman Bryson, *Looking at the Overlooked:Four Essays on Still Life Painting*(Cambridge: Harvard University Press, 1990), Foreword, pp. 136-37

시각화된 식욕_
맛과 음식을 표현하기

현대 초기 예술 논문의 주제로 돌아가 보자. 17, 18세기 유럽의 예술이론이 그 가치를 깎아 내린 그림이 있다. 그것은 움직이지 않는 대상을 그리는 정물화로 알려진 것들이다. 이 장르를 나타내는 용어 자체가 "낮은 평가"를 의미한다.

영어의 "정물화"(still life)라는 말은 그 기원이 네덜란드어 "still-leven"에 있다. 그것은 "움직이지 못하는 사물"을 그리는 것을 의미한다. 또한 이 표현은 정지된, 또는 고요한 삶을 의미하는 것으로 독일어에 뿌리를 두고 있다. 17, 18 세기 프랑스에서 그 용어는 "자연의 활동을 정지함"(nature reposée), 혹은 움직이지 않는 사물을 의미했다. 또한 현재 쓰이고 있는 프랑스어 "정물"(nature morte)은 18세기 중엽에는 "죽은 자연"을 의미했다.[248]

전통적으로 정물화의 대상에는 적어도 네 가지 요소가 있다. 그들 모두는 간접적으로 맛과 음식을 이해하는 것과 관련된다. 그 네 가지 요소는 다음과 같다. 즉 주제의 사소함, 트롱프뢰유(trompe l'oeil: 사람들이 실물인 줄 착각하도록 만든 그림) 기법에 의해서 제시되는 환상, 식욕을 자극하는 먹을거리를 그리는 것, 먹을 수 있는 대상의 "여성스러운" 특성 등이 그것이다.

---

247 Depicted objects in still life painting range from flowers to machinery. My discussion focuses on kitchen objects, chiefly foods.

248 Sterling, *Still Life Painting*, pp.43-44 ; See also Berström, *Dutch Still-Life Painting,* pp.3-4

17세기 앙드레 펠리비엥(André Félibien; 1619~1695년, 프랑스의 예술에 관한 행정가이자 작가)은 프랑스 왕립 아카데미(French Royal Academy)에서 강연을 했다. 그 강연에서 그는 과일, 꽃, 조개, 그리고 죽은 짐승을 주제로 한 그림을 가장 저급한 것으로 평가하고 있다.[249]

더 나아가서 그는 웅장한 스타일의 그림이 더욱 발전된 것이라고 주장한다. 음식이나 집안의 물건들을 그린 그림은 성경, 고전 신화, 또는 위대한 역사적 사건 등의 주제를 그린 것보다 열등한 것이다. 그래서 네덜란드의 장인(匠人)이 그린 정물화 기술은 그 재주가 최고 수준에 있다고 믿지 않았다.[250]

영국 왕립학교에서 행한 그의 강연에서는 정물화가였던 조수아 레이놀드 경(Sir Joshua Reynolds)을 다음과 같이 경멸하고 있다. "정물화가는 그의 앞에 놓인 저급한 물건의 모든 부분에 대해 극히 세심하게 묘사하는 것을 최고의 포부로 여기고 있다. 그것은 칭찬해 주어야 마땅하다. 하지만 이 탁월한 예술품의 어느 부분도 세련된 삶의 장식품이 될 수 없다. 그래서 전혀 가치가 없어 보인다. 이것은 결코 학생이 중요하게 생각해야 할 관점이 될 수 없다."[251]

---

249 André Félibien, *Conférences de l'Académie royale de peinture et de sculpture* (Paris, 1669)

250 Jonathan Richardson, *An Assay on the Theory of Painting(1725)*, facs. ed(Menston, Eng : Scolar Press, 1971), p.171

251 Sir Joshua Reynolds, *Discourses* [1797](New York:Penguin, 1992), p.114

현대 초기 신고전주의 이론의 형이상학적 고찰은 정물화에 대한 의구심을 가져오게 했다. 붓질을 하는 예술의 목적은 진리를 묘사하는 데 있다. 플라톤의 방식으로 말하자면 이미지는 어떤 대상의 형상(form)을 마음에 그리는 것이다.[252] 고전 유물 속에 있는 예술적 표현 원리는 미술가들에게 하나의 모델이 된다. 그것은 그런 형식들이 인간의 몸의 이상적인 비율을 가장 잘 표현하고 있기 때문이다.

웅장하고 신비로운 주제에 대한 묘사는 마음을 보편적인 진리로 이끄는 가장 좋은 방법으로 간주되었다. 이런 기준에서 볼 때, 식품은 단지 하찮은 어떤 것에 불과하다. 동정녀 마리아 앞의 그릇에 놓여 있는 사과는 도덕적이고 영적인 의미를 갖는다. 그것은 우리의 마음을 원죄와 구원에 대한 중요한 진리로 인도한다. 반면에 단지 찬장에서 갈변된 상태의 사과는 우리의 마음을 잡스럽고 사소한 것들로 채우는 것에 불과한 것이다. 이와 같이 초기에는 학문적으로 정물화를 거부했다. 그것의 일상적인 주제는 진지한 관심을 끌만큼 가치 있는 것이 아니었다.

아이러니하게도, 몇몇 화가들이 이 장르에 대해 다른 비판을 제기하였다. 그들은 아주 멋진 기술로 일상적인 삶의 대상들을 섬세하게 묘사할 수 있는 능력을 갖고 있다. 그들이 비판하는 것은 정물화가 고도의 시각적 환상을 만들어낸다는 것이다.

---

252 Carolyn Korsmeyer, "The Eclipse of Truth in the Rise of Aesthetics," *British Journal of Aesthetics* 29.4(Autumn, 1989)

하지만 이런 변변치 않는 장면들을 그리는 정물화의 기법은 놀랍게도 "실제적인" 것이다. 유리를 통한 빛의 굴절, 즙이 뚝뚝 떨어지는 복숭아 주스, 나뭇잎에 이슬이 맺혀 매달려 있는 모습, 남은 음식을 이리저리 뒤지는 날벌레와 딱정벌레 등…… 이런 것들을 붓으로 섬세하게 묘사하는 것은 그런 환상을 지우기에 충분하다. 실제 식품들은 보통의 크기를 갖기 때문에, 정물화는 다소 실물 크기로 그려지고, 거기에 환영 효과를 입히게 된다.

예술 이론은 가끔 트롱프뢰유(입체화법) 기법의 가치를 배제해왔다. 한편으로, 그 기법은 이런 환상적 차원의 속임수를 부정할 수 없다는 것이다. 그것은 직선 원근법(평면 위에 공간과 거리에 대한 착각을 일으키게 하는 기법)을 정교하게 사용하는 것과 결부되어 있다. 드로잉 기법과 마찬가지로 광학에 대한 숙달이 요구된다.[253] 다른 한편으로, 그런 환상은 매우 쉽게 속임수에 의지한다는 것이다. 특히 그려진 대상이 실제 크기로 묘사되어 있으면 더욱 쉽게 눈을 속일 수 있으며, 일시적인 즐거움을 줄 수 있다.

그러나 그것은 마음에 어떤 정보를 주는 것이 아니다. 단지 눈을 속이는 것이기 때문에 궁극적으로는 공허한 것이 될 수 있다. 조나단 리차드슨(Jonathan Richardson)은 레이스로 장식된 조각, 날벌레, 꽃 등

---

253 The classic discussion of illusory representation is E.H. Gombrich, *Art and Illusion* (Prinston University Press, 1960)

이 매우 세련되고 자연스러운 것들이기 때문에, 그런 그림을 좋다고 하는 예술적 판단은 잘못된 것이라고 비판한다.[254] 리차드슨이 지적하는 것은 그런 그림은 중요한 예술 작품으로 끌어 올리기가 어렵다는 것이다.

레이놀드(Reynold)는 그것에 대해 다음과 같이 말하고 있다. "만약 눈을 속이는 것이 예술이 하는 유일한 일이라면, 세심한 화가가 보다 더 성공할 것이다. 그러나 화가가 그리고자 하는 진정한 욕구는 눈에 있는 것이 아니라 마음에 있다. 그래서 화가는 감각으로만 포착하고, 마음으로 말하고자 하는 큰 계획을 망치는 작은 대상에 시간을 허비하지 말아야 한다."[255]

레이놀드와 리차드슨과 같은 이론가들은 웅장한 스타일의 이탈리아 학파의 그림이 가정이나 마을을 완벽하게 그리는 북유럽 학파의 그림보다 더 우월하다고 본다. 특히 레이놀드는 특정한 대상의 세부 사항에 초점을 맞추기보다 그림의 "일반적인 특성"을 지적한다. 그것은 이탈리아 풍의 역사 회화를 더 선호하기 때문이다.[256] 그와 비슷한 취향들이 19세기 미국의 대중적인 그림 교습 매뉴얼에서도 발견된다.

---

254 Richardson, *Essay on the Theory of Painting*, p.vi

255 Reynolds, *Discourses,* p.112 ; Bryson, *Looking at the Overlooked,* analyzes what he sees as sinister and unsettling effects of trompe l'oeil on pp.140-44

256 Reynolds, *Discourses,* Discourse Ⅳ. ; *The Art of Describing: Dutch Art in the Seventeenth Century* (Chicago:University Chicago Press, 1983).

그것은 유럽의 이론에 그 뿌리를 둔 생각들이 전파된 것이다.[257]

트롱프뢰유 기법은 시각에 어필하는 것이다. 어떤 비평가들은 그 그림이 미각적 욕구를 자극할 것이라고 우려한다. 사실 정물화가 더 많은 착시현상을 일으킬수록, 더욱 직접적으로 미식가의 군침을 자극한다. 어떤 정물화는 신선한 생선, 선명한 색깔을 지닌 과일, 익은 무화과로 만든 주스, 오븐에서 갓 꺼내 김이 물씬 나는 빵과 같이 아주 맛있는 것들을 묘사한다. 먼 옛날, 필로스트라투스(Lucius Flavius Philostratus ; 로마 왕정 시대 그리스의 소피스트 철학자)는 음식을 묘사하는 그림에서 실제와 그려진 것 사이의 맛의 연속성을 파악하였다.

"이 그림에서 무화과를 모으는 것은 좋은 일이며, 조용히 스쳐 지나가지 않는 것도 좋은 일이다. 주스를 짜는 자주색 무화과는 포도나무 잎 위에 올려진다. 그리고 그것들은 껍질이 갈라진 모습으로, 어떤 것들은 깨져서 꿀을 토해내는 모습으로, 어떤 것들은 무르익어서 갈라진 모습으로 그려진다. 당신은 그 그림에 그려진 포도 또한 주스로 가득 차 있고 먹기에도 좋아 보인다고 말할 것이다. 잎이 무성한 나뭇가지 위의 벌집에는 노란 꿀벌이 가득하고 그 벌집을 짜면 꿀이 흘러나올 것 같이 보인다. 그것은 이런 모든 것들 중 가장 매력적인 모습이다. 다른 나뭇잎 위에서는 새로운 치즈가 울퉁불퉁한 모습으로 만

---

257 William Gerdst, *Painters of the Humble Truth* (Columbia: University of Missouri Press, 1981), chap.1 ; Carolyn Korsmeyer, "The Compass in the Eye," *Monist* 76.4(October 1993)

들어지고 있다. 희고 빛나는 우유 그릇에는 크림이 반짝이는 모습을 하며 떠오르고 있다."258

17세기에 대중적인 인기를 누린 네덜란드의 정물화는 먹는 즐거움으로 가득 찬 세계를 보여 주고 있다. 그런데 그런 그림들은 자주 공허한 (vanitas) 메시지를 전달하기도 한다. 그것을 폄훼하는 사람들 때문에 약간의 도덕적 부담감을 주기도 한다. 그것은 자극적인 식욕이 지적이고 도덕적인 가르침을 압도하기 때문이다. 아마도 이런 그림들은 화가의 진정한 예술감각을 무시하고 식욕만 자극할 위험성이 크다.

그런 관점에서 보면, 보다 높은 예술의 차원에서는 음식에 대한 묘사가 인정을 받지 못하게 된다. 그것은 음식에 대한 묘사가 지성에 호소하고 영혼을 고상하게 하는 것과는 거리가 멀기 때문이다. 다시 말해서 보다 낮은 감각들은 식욕을 자극하는 것이지 지성을 자극하는 것이 아니다. 그러나 마음을 식욕으로부터 해방시키는 것이 회화 예술이 할 수 있는 최선의 것은 아니다. 미각의 정직함과 조화에 대한 숙고가 있어야 한다. 그것이 개선되고 격상되어 미덕에 도달할 수 있어야 한다.259

예술에 대해 형이상학적 논평을 하는 철학자 쇼펜하우어도 그런 생

---

258 Philostratus the Athenian, *Imagines*, trans. Arthur Fairbanks(New York: Putnam, 1931),bk.1,p.31 quoted in Bryson, *Looking at the Overlooked*, pp. 18-19

259 Reynolds, *Discourses*, Discourse IX, p.171

각을 말하고 있다. 쇼펜하우어는 정물화의 진가를 알아보고 있다. 정물화는 일상적이고 하찮은 사물들을 잘 정돈하여 배치함으로써 평정심을 준다. 하지만 그런 사물들 가운데 맛있어 보이는 음식이 끼어들수 있다. 그것은 식욕을 불러일으키게 되어 평정심은 깨지게 된다.

쇼펜하우어는 정물화를 "매력적인" 것으로 분류하고 있다. 그것은 숭고하고 아름다움을 지닌 그림과 구별된다. 매력은 식욕을 만족시키는데 달려 있다. 그래서 그런 매력은 맛을 보는 사람을 아름다움의 순수한 사색으로부터 멀어지게 한다. 그것은 어떤 매력적인 대상에 의해서 그의 의지가 흔들리게 되기 때문이다.[260]

"매력적인" 예술의 범주에 속하는 두 가지 사례가 이 논의와 관련된다. 그 중 하나는 음식에 관한 정물화이고, 다른 하나는 성욕을 자극하는 누드화다. 첫 번째 음식에 관한 정물화를 살펴보자.

"네덜란드의 정물화에는 매우 저질적인 별종이 발견되었는데, 그들은 먹을 수 있는 물건을 그리는 실수를 범했다. 그것들은 기만적인 모습으로 식욕을 돋우고 의지를 자극하여 그 그림의 대상에 대한 미적숙고를 멈추게 했다. 하지만 그것이 먹을 수 있는 것이라는 생각을 하지 않더라도, 그림 속의 과일은 꽃과 마찬가지로 그 형태와 색깔을 통

---

260 Arthur Schopenhaur, *The World as Will and Representation*, vol.1, sec.40(1819), trans. E.F.J.Payne(New York:Dover,1969), p.207

시각화된 식욕_
맛과 음식을 표현하기

해서 자연의 아름다운 산물로 드러난다. 그러나 불행하게도 우리는 가끔 접시에 차려놓은 굴, 청어, 게, 빵과 버터, 맥주, 포도주 등에서 기만적인 자연스러움을 발견하게 된다."[261]

그러나 쇼펜하우어가 이의를 제기한 것들에는 그가 미처 보지 못한 상징적인 의미가 담겨 있다. 굴은 호화로움과 성적인 탐닉을, 게와 바닷가재는 옆으로나 뒤로 허우적거리며 가는 성향 때문에 변덕스러움을 암시한다. 관찰자는 그것들을 먹어보지 않더라도 그 의미를 익숙하게 알 수 있다. 그것을 그린 그림들은 도덕적 실수에 대한 영감을 준다.

그러나 쇼펜하우어는 정물화가 도덕적 의미를 상기시킨다는 사실을 의심하고 있다. 그는 음식을 감미롭게 묘사함으로써 식욕을 강하게 자극하는 것에 반대했다. 먹고자 하는 의지가 사색(思索)의 기회를 압도할 것이라고 주장했다.

정물화는 그 주제의 열등함 때문에, 중요한 사건이나 이야기를 그린 그림(-소위 역사적 장면을 그린 그림)보다 열등한 것이다. 여기에서 우리는 철학자들의 감각에 대한 우려를 예술 비평가들의 말로 바꾸어 볼 수 있다. 즉 그것은 식욕과 탐닉에 대한 우려이며, 환상에 대한 지각을 믿을 수 있는지에 대한 의심이다. 이런 우려가 음식에 대한 시각적 표현과 함께 일어난다는 것은 결코 놀랄 일이 아니다.

---

261 Ibid, pp.207-8

정물화에 대한 찬사

이런 낮은 평가에도 불구하고, 정물화는 그 상업적 성공이 입증하듯이 굉장히 인기 있는 것이었다.[262] 또한 거기에는 쏟아지는 비난에 대응하면서 정물화를 옹호한 예술가와 예술사가들이 있었다. 하지만 그들은 그들의 예술적 관심을 옹호하기 위해서 음식의 맛을 실제로 경험하려고 하지 않았다. 그들은 식욕을 북돋우고 충족시키는 신체 경험을 받아들이지 않았다.

정물화를 옹호하는 사람들은 이 예술의 과소평가된 가치를 수용하면서도, 그런 비난이 잘못된 것이라고 생각했다. 그 이유는 예술가들이 그들의 작품에 도덕적 메시지를 불어넣기 때문이었다. 그런 도덕적 메시지는 작품을 보는 사람을 맛의 쾌락에 대한 생각에서 벗어나게 해준다. 예술사가들 가운데 많은 정물화 팬들은 그 그림의 도덕적 깊이와 형식적 속성들을 강조함으로써 그 장르를 옹호한다. 그런 속성들은 지적이면서도 시각적인 매력에 호소한다.

현대 초기 유럽에서는 정물화가 종교적인 그림과 책의 장식으로 발전되었다. 그리고 그것에 부수되는 세부 장식들은 상징적인 의미를 지

---

262 Paintings were purchased by the Dutch peasantry as well as the middle and upper classes(Bergström, *Dutch Still-Life Painting*, pp.2-3). Gerdst, *Painters of the Humble Truth*, chronicles the popularity of still life in America (pp,20-21 and passim).

시각화된 식욕_
맛과 음식을 표현하기

니고 있었다. 예를 들면 꽃 위를 맴도는 나비는 보는 사람에게 좋은 자연적인 감촉을 준다. 하지만 나비는 또한 인간의 영혼을 상징한다. 공중을 나는 곤충은 과일이 썩고 꽃이 시드는 것과 같이 인생의 덧없음을 상징하게 된다. 영혼은 잠시 동안 몸 안에 깃들여 살 뿐이다.

정물화에서 전달되는 도덕적 메시지의 가장 극단적인 형태는 배니타스 그림(vanitas picture; 16~17세기 네덜란드의 화풍으로 도덕성을 상징하는 정물화)에서 발견된다. 그 명칭은 《전도서》의 첫 문장인 다음 구절에서 나왔다. "헛되고 헛되니 모든 것이 헛되도다."(Vanitas vanitatis, et omnia vanitas)

전형적으로 그런 헛됨을 그리는 것은 인간의 해골이다. 하지만 인생의 덧없음과 인간의 노력이 헛됨을 상징하는 것들은 많다. 시뻘건 촛불, 살짝 익힌 꽃잎, 끓인 과일, 퀴퀴한 냄새가 나는 빵, 모래시계, 비누 거품, 기름 램프, 동전, 지구와 천구 등…… 많은 배니타스 그림들은 전혀 음식의 특색을 지니지 않는다.

그 그림들은 책이나 과학적 도구와 같은 인간의 노력을 상징하는 것들로 가득 차 있다. 또한 담뱃대, 카드, 악기 등과 같이 인간을 즐겁게 하는 것들로 가득 차 있다.[263] 이런 대상들은 죽음을 표시하며, 보는 사람의 마음에 인간의 노력이 헛됨을 가르쳐 준다.

---

263 Bergström, *Dutch Still-Life Painting*, pp.154, 307n2

가끔은 이런 그룹에 식품이 나오기도 한다. 엎질러진 와인이나 쪼개진 무화과가 먼지 투성이인 해골의 바로 옆에 놓여 있기도 한다. 그것은 결과적으로 허황된 설교가 되거나 끔찍하게 맛이 없는 것이 되고 만다. 찰스 스털링(Charles Sterling)은 다음과 같이 말하고 있다. "만약 여러 가지 상징적인 것들로 구성된 성찬 그림이 깊이 반성해야 할 문제를 제시한다면, 배니타스 그림은 전적으로 지적인 것이라고 말할 수 있다."[264]

음식을 그린 정물화에는 죽음의 상징이 좀처럼 눈에 띄지 않을 수도 있다. 그것의 효과는 식욕의 탐닉에 주의를 환기시키는 데 있기 때문이다. 잉그바 베르그스트룀(Ingvar Bergström)은 식탁 위에 걸려 있는 회중시계는 음식의 절제나 조절을 상징하거나 그 양을 측정하기 위한 것이라고 지적한다. "정물화에서 시계는 도덕적인 훈계의 요소를 담고 있다. 그 시계의 존재에 의해서 화가는 사람들을 탐식에로 유혹하고, 인생을 낭비하게 한다는 비난을 피할 수 있다.[265]

화가들은 그림에서 도덕적 메시지를 전달하고 싶어 한다. 하지만 많은 평론가들은 정물화가 표현하는 미각적 욕구에 대해 우려를 나타낸다. 또한 장중한 화법으로 역사화를 그리기를 좋아하는 사람들은 정물화를 폄하하는 주역이었다. 게다가 분명한 것은 현대의 관람객들

---

264 Sterling, *Still Life Painting*, p.52

265 Bergström, *Dutch Still-Life Painting*, p.190

은 도덕적 주제에 대해 주목하기를 싫어한다는 사실이다.

예술사가인 노만 브라이슨(Norman Bryson)은 정물화에 대해 흥미로운 옹호를 하고 있다. 그런데 그것은 전통적으로 적용되어 왔던 가치를 뒤집는다. 그는 그림의 상반되는 범주에 두 가지 그리스어 개념을 적용하고 있다. 그중 하나는 사소하고 일상적인 사물들에 대한 묘사인 로포그라피(rhopography)다. 다른 하나는 위대하고 웅장한 것에 대한 묘사인 메갈로그라피(megalography)다. 즉 특별한 의미를 갖는 신화나 역사적 사건에 대한 묘사다.[266]

그의 주장에 따르면, 정물화는 인간의 자부심과 야망을 해소하기 위한 해독제로서 사소한 것들의 디테일에 집중한다. 이런 그림들은 웅장함을 거부하는 의미에서 사소하고 하찮은 이미지들을 표현한다. 과일, 꽃, 음식 등을 표현하는 방식은 사소한 묘사로서 웅장한 역사화와 마찬가지로 도덕적이고 지적인 메시지를 갖고 있다.

브라이슨의 관점에서 보면, '사소한 그림'에 '웅장한 그림'이 주는 가치가 전혀 없는 것이 아니다. 오히려 동등한 가치를 갖는다. 인간의 행동에 대한 서사(narrative)가 없다면, 정물화는 그려질 수가 없을 것이다. 그것은 인간이 어떤 장면에서 퇴장할 때 남겨둔 것을 표현한다.

---

266 These terms were introduced by Chales Sterling, *Still Life Painting*, p.11

사소한 그림에는 인간이 갖는 중요성의 잣대에 도전하는 본성이 있다. 사소한 그림은 인간중심설에 대항하며, 인간 주체의 가치 그리고 위신을 공격한다. 또한 정물화는 인간이 세계에 부여하는 가치를 드러내기도 한다.

브라이슨은 정물화가 그 관람자들을 겸허하게 할 수 있다고 생각했다. 모든 인간은 먹어야만 산다. 아무리 위대한 사람이라 해도 먹어야만 산다. 더 이상 부정할 수 없는 사실인 "배고픔 앞에서 인간은 겸허하게 되고 평등해질 수 있다."[267]

사소한 그림에 대한 이런 옹호는 그 장르를 낮게 평가하는 이유와 관련된다. 브라이슨은 사소한 그림이 "여성의" 영역을 묘사한다고 말한다. 그런데 여기에 여성성이 관련된다는 사실은 복잡하고 이해하기 어렵다. 분명한 것은, 사소한 그림에서 묘사되는 영역은 주로 가정적인 것이기 때문에 여성적인 것으로 그려진다는 사실이다. 여성은 이데올로기적으로나 역사적으로 가정을 지키는 사람으로 분류되었다.

또한 그 장르는 여성들의 행동이 특히 제약되어 있다는 의미에서 여성적이다. 과일이나 꽃을 그린 그림은 여성들의 창조적 재능을 잘 보여주고 있다. 여성들은 그들의 가정에서의 의무 때문에 정물화의 주제를 잘 알고 있다고 생각된다. 게다가 그들은 사례 교수법, 수학적 원근

---

267 Bryson, *Looking at the Overlooked,* pp.60, 61

시각화된 식욕_
맛과 음식을 표현하기

법, 해부학 연구 등에 대한 접근 없이도 이런 주제들의 특성을 잘 배울 수 있다. 물론 사소한 그림에서 여성들에게는 훌륭한 기회가 주어진다. 하지만 그림의 영역에서 그것은 "비주류"(miner branch)에 속한다.[268]

브라이슨의 주장은 미묘한 의미를 갖는다. 즉 사소한 그림이 여성적이라는 사실은 남성적인 영웅주의를 전복시킨다는 뜻이다. 영웅주의는 영원히 변치 않는 중요한 일을 이루기 위해서 판에 박힌 일상적인 일에서 도망쳐 버린다. 웅장한 그림과 정물화 사이의 대립은 위대함, 영웅주의, 성취를 지향하는 가치와 사소한 것을 지향하는 가치의 대립이다.

그런 대립은 결코 진공상태에 있는 어떤 것이 아니다. 그것은 지나칠 정도로 젠더(gender)의 양극단에 의해서 결정된다.[269] 먹고, 씻고, 잠을 자는 것은 영웅이든 하녀든 우리 모두에게 필요한 것이다. 가끔 정물화에서 그려지는 음식과 부엌 쓰레기는 미묘하면서도 불편한 평등을 나타낸다. 부엌에서는 개인적인 노력에 의한 성취가 무시하기 쉬우며, 변함없는 일상적인 삶이 지배할 뿐이다. 그런 의미에서 사소한 그림은 여성적인 장르다. 이제 남성성과 여성성의 양극은 개인적이고 영웅적인 성취와 생명 유지를 위한 일상적인 삶 사이의 극단으로 묘사된다.[270]

---

268 Rozsika Parker and Griselda Pollock, *Old Mistresses: Woman, Art, and Ideology* (New York: Pantheon, 1981), esp. chap.2

269 Bryson, *Looking at Overlooked*, p.157

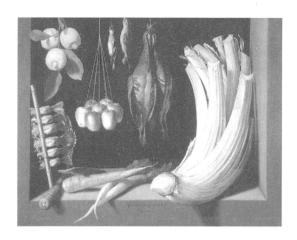

5-5. 후안 산체스 코탄, 카르둔을 그린 정물화 (그라나다 미술관)

스페인의 수도사 후안 산체스 코탄(Juan Sánchez y Cotán(1561~1627년)은 웅장함을 피해서 그린 그림으로 도덕적 차원을 나타낸 최초의 예술가들 중 하나다. 그의 보데곤(bodegones; 식기나 식품 따위를 주제로 하는 정물화의 한 장르)은 식품 저장실을 열어 놓은 부엌을 그린 것이다. 그런데 그것은 기본적으로 식욕에 호소하는 것과는 거리가 멀고, 시각과 지성에 호소하고 있다.(그림 5-5) 브라이슨에 따르면,

> "그들은 처음부터 인간의 우월성을 단념한 것처럼 생각된다. 산체스는 식품 저장실의 물건들과 같이 세상에서 가장 보잘것없는 것들을 그림으로써 세상을 뒤집어 보려고 했다. 그리고 그것이 그림을 그리는 사명이라고 생각했다. 그 과정에서 세상을 보는 잣대는 아래로 내려가는

---

270 Bryson, Ibid., pp.172-73

시각화된 식욕_
맛과 음식을 표현하기

것이거나 위로 올라가는 것이다. 아래쪽의 세속적인 잣대에서 중요한 것은 삶의 사소한 것들에서 발견된다. 이렇게 세속적으로 굴러떨어지는 것은 자기 자신에 대한 굴욕감을 느끼게 한다. 그러나 다른 관점에서 볼 때, 그런 가치 없는 것들은 결과적으로 가장 가치 있는 어떤 것이 된다. 이런 초라한 환경에 관심을 가짐으로써, 또는 그런 지하 감옥 같은 공간에 눈을 돌림으로써 평범한 것들을 매력적인 것으로 변모시키는 힘을 갖게 한다."[271]

산체스와 같은 종교 미술가들은 사소한 것을 그린 정물화를 성서의 장면과 똑같은 영적 중요성을 갖는 것으로 다루고 있다.

이 정물화에 그려진 야채와 과일은 미각의 대상이 아니다. 그것은 시각의 대상, 혹은 숙고의 대상으로 간주될 것을 요구한다. 산체스의 보데곤은 세속적인 매력에 이끌리는 것을 멈추고, 자신의 감각적인 시각을 일깨울 것을 주장한다. 그것은 성공, 명성, 부의 욕망에 사로잡힌 인간의 세속적인 속박으로부터 시각을 자유롭게 하기 위한 것이다. 그래서 시각은 세속적인 욕망과 열정으로부터 자유로울 수 있다.

이런 초월의 과정은 전통적인 감각 위계의 가치 체계를 전적으로 따르는 것이다. 그것은 오직 시각과 지성에만 근거하기 때문이다. 브라이슨은 쇼펜하우어가 음식을 맛있어 보이게 그림으로써 식욕을 자

---

271 Bryson, Ibid., pp.63-64

극하는 그림을 비난한 것을 인정하고 있다. 그러나 사실상 산체스의 그림의 효과는 거의 거식증 환자와 같다. 그것에는 눈으로 보고 마음으로만 분석할 수 있는, 수학적 형상의 조합을 묘사하는 지성적 요소가 있다.[272]

산체스의 그림은 작고 겸허한 주제를 고집하는 사소함을 잘 표현하고 있다. 그것은 웅장한 그림에서 중시하는 접근법을 거부함으로써 겸허함의 도덕적 의미를 일깨워주는 힘이 있다. 그러나 카라바지오(Michelangelo Merisi da Caravaggio, 이탈리아; 1571~1610년)는 과일 바구니 안에 묘사된 대상들을 웅장한 그림과 똑같은 레벨에 올려놓았다. 그것은 그런 겸허함에 대립되는 효과를 갖는다.

현대 미술가들 가운데 정물화들은 '사소한 그림'과 '웅장한 그림'의 주제가 동등한 비중을 갖는다고 주장한다. 예를 들면 세잔(Paul Cézanne, 프랑스의 후기 인상파 화가(1839~1906년)로서 근대회화의 아버지로 불림)은 과일과 식기를 그린 그림에서 음식의 기능을 배제하고 있다. 세잔이 그린 정물화 속의 과일, 그릇, 탁자는 집안에서 식사하는 모습을 말하려는 것이 아니다. 그와 반대로 그는 그런 모든 식사 기능을 제거하는 것을 목표로 한다. 과일은 그림을 구성하는 뼈대 외에는 어떤 기능도 갖고 있지 않다.[273]

---

272 Bryson, Ibid., pp.64,66,88

273 Bryson, Ibid., p.81

브라이슨이 옹호하는 정물화가들도 어떻게 음식의 일반적인 기능-자양분을 제공하고 배고픔과 식욕을 충족시켜 주는-을 제거하는지를 보여준다. 그들은 음식이 갖는 생명력보다 더 큰 어떤 것으로 주제를 바꿔 놓는다. 카라바지오는 과일 바구니를 웅장한 모습으로 그려 놓았다. 산체스는 정물화가 갖는 영적 교훈과 함께 지적인 모습을 보여 주었다. 세잔은 음식이 갖는 영양상의 기능을 거부하고 정물화 배치의 형식적 가능성을 보여 주었다.

이런 정물화는 식욕을 거부하고, 오직 시각적이고 지적인 메시지만 주는 것으로 보인다. 음식은 그것이 테이블 위에 놓여 있는 것이든, 그림 속에 그려진 것이든 지적 반성과 통찰의 원천이 될 수 있다.

그러나 그것은 잠재적으로는 식욕을 불러일으킨다는 사실에 주목해야 한다. 미각은 지성적 의미보다 감각적이고 신체적 욕구라는 사실을 부정할 수 없다. 정물화에 대한 브라이슨의 주장은 감각의 위계를 내포하고 있다. 또한 신체 감각에 대한 비하에 그 토대를 두고 있다.

그림에서 발견될 수 있는 도덕적이고 영적이며 지적인 가치가 시각 경험에 그 뿌리를 두고 있다는 사실은 그리 놀랄 일이 아니다. 그림은 적어도 시각 예술의 형태이기 때문이다. 그런데 이런 현상은 감각 위계와 관련되어 있다.

식욕이라는 "저급한" 감각에서 제공되는 경험과 통찰은 말로 하기가 어렵다. 식욕은 탐닉과 만족을 추구하는 감각과 결부되어 있다. 그것은 신체가 제공하는 순간적인 쾌락들을 받아들인다. 그래서 그것은 욕정적이고, 가슴에 사무치며, 매혹적이고, 희극적인 것이다. 또한 그것은 마음을 산만하게 하고, 오해를 사기 쉬우며, 엽기적인 것이 될 수 있다. 이와 같이 미각적 욕구는 그 대상과 마찬가지로 복잡한 것이며 양면적 가치를 나타낸다.

표현된 식욕

역사 속의 한 풍설(風說)에 따르면, 베니스의 귀족인 바이론(Byron) 경은 저녁에 곤돌라를 타고 다니기를 좋아했다. 그때 그는 그의 정부(情婦)가 가슴에 품어서 따뜻하게 만든 폴렌타(polenta; 옥수수 가루로 만든 음식)를 먹으면서 다니기를 좋아했다고 한다.

하지만 그런 풍설은 그의 행동을 상세하게 말해주지는 않는다. 사실 그의 정부는 폴렌타를 그녀의 가슴에 품어서 따뜻하게 한 것이 아니라 꼬치에 끼워서 그렇게 한 것일 수도 있다. 그래서 그 여성의 신체와 자양물 사이의 관계는 자연스럽게 많은 의문점을 일으킨다.

즉 그녀는 어떻게 폴렌타가 가슴에서 무릎으로 미끄러져 내려가는 것을 막았는지, 또는 어떻게 그녀의 옷에 옥수수 가루가 얼룩지는 것을 피했는지 등에 대한 의문점이 있다. 그러나 어쨌든 자양분이 많고,

자극적이지 않아서 유아용으로 적합한 폴렌타가 그녀의 가슴에서 안전하게 지켜졌다는 것은 "자연스러운" 것처럼 생각된다.

여성의 몸과 음식 사이의 관계는 엄마가 아이에게 젖을 먹이는 것과 같이 실제적이고 자연적인 것이다. 그런데 그것은 우리가 이 책의 1장에서 살펴본 바와 같이 성적 차이의 존재론과 관련이 있다. 2장에서 살펴본 미학적 특성과도 관련이 있다. 뿐만 아니라 식사와 맛에 대한 문자적인 논의와도 관련이 있다.[274]

여성의 몸과 먹는 것 사이에는 어떤 공통분모가 놓여 있다. 그것에는 섹스와 미각적 욕망의 충족을 함축하는 "식욕"의 의미가 있다. 그리고 그런 연관성은 서로 다른 사회를 가로질러 다소 보편적으로 나타나는 현상이다. 미각과 섹스의 욕망을 표현하는 것들은 서로 다른 언어들 속에서 광범위하게 발견되고 있다.

그 두 가지 욕구의 의미는 함축적으로 결합되어 나타난다. 거기에서 성적 욕구와 미각적 욕구는 주로 "남성적인" 것으로 설명된다. 적어도 유럽과 미국의 전통에서는 그렇다. 우리는 여성의 몸과 음식에 대한 시각적 표현에서 욕망에 대한 묘사를 탐색해 볼 수 있다. 그렇다

---

274 Claude Lévi-Strauss, *The Raw and the Cooked,* trans. John and Doreen Weightman (New York; Harper & Row, 1969); Jack Goody, *Cooking, Cuisine and Class* (Cambridge: Cambridge University Press, 1982); Peter Farb and George Armelagos, Consuming Passions; *The Anthropology of Eating* (Boston; Houghton Mifflin, 1980)

면 우리는 "누가 보고 있지?"라는 물음과 같이 애매함과 모순에로 빠져들게 될 것이다. 그런 질문은 예술-역사적 담론에서 자주 사용되고 있다. 거기에서 "남성다움"은 시각 예술의 코드로 구성된 이상적인 관찰자로 등장하게 된다.

음식이 여성의 몸과 함께 표현될 때, 식욕과 관련된 신체 감각이 함께 비교될 수 있다. 이런 그림들을 보면 여성들의 모습은 매혹적인 자세를 취하고 있다. 또한 집어삼킬 수 있는, 소비될 수 있는 존재가 된다. 아마도 그 결말은 은유적으로 식인풍습(cannibalism)의 일종이 될 것이다. 결국 여성은 남성다운 욕망의 대상이 된다. 피셔(M.F.K Fisher)가 보고한 바에 따르면, 그리스와 로마에서 여성은 "마지막 포도주와 음악과 함께 제공"되어야 할 것으로 간주됐다. 또한 그리스 사람들은 여성의 젖가슴 모양으로 구워진 치즈케익을 먹었다.[275]

식욕에 대한 시각적 표현과 함께, 실제로 배고픈 자극에 의한 불안은 발가벗은 여성의 몸을 묘사하는 관점으로 옮겨간다. 쇼펜하우어는 그림에서 "매력적인 것"에 대해 반대하였다. 그런 매력은 정물화에서만 발견되는 것은 아니다. 그는 다른 유형의 그림, 즉 역사화에서도 그런 매력을 발견하였다. 쇼펜하우어는 그것이 미학적 숙고에 상반된다고 보았다. 그는 다음과 같이 논평하고 있다.

"역사화(歷史畵: 역사상의 정경 또는 인물 따위를 소재로 그린 그림)와 조각에 있는 매력은 누드의 모습과 자세, 그리고 드레이퍼리(한 장의 천으

시각화된 식욕_
맛과 음식을 표현하기

로 몸에 걸치는 직물)에 있다. 그 전체적인 구성은 구경꾼들을 흥분시키고 음탕한 느낌을 주도록 의도되어 있다. 거기에서 순수한 미학적 숙고는 사라지며, 예술적 목적 또한 사라진다. 이런 잘못은 네덜란드인들을 성토하며 말할 때 잘 어울린다. 그러나 고대인(古代人)들은 언제나 이런 잘못으로부터 자유로웠다. 그 시대의 예술가들은 아름다움으로 가득 찬 순수한 객관적 영혼을 가지고 누드를 그리거나 조각을 하였다. 그것은 주관적인 것도 아니고 감성에 바탕을 둔 것도 아니었다."[276]

그림의 역사를 보면 음식과 여성을 연관 짓는 것들이 많다. 그림의 주제로서 음식은 자주 여성의 몸과 연결된다. 그들은 요리를 제공하는 동시에 그들 자신을 제물로 바친다. 그러나 확실한 것은 그런 그림이 항상 음탕해 보이기만 한 것은 아니라는 사실이다. 가끔은 영성, 혹은 정신성이 음식의 그림에서 발견되기도 한다.

기독교의 성상(聖像) 연구를 보면, 간호사인 마돈나의 젖가슴이 과일과 가까운 모습으로 그려지고 있다. 그것은 종교적 상징성이 가득한 또 다른 자양분을 나타내고 있다.[277] 식욕에 대한 예술가들의 묘사는 장난기 있고 재치있게 그려지고 있다. 그런데 그것은 항상 여성의 몸과 함께 그려지는 것도 아니고 전적으로 성욕을 표현하는 것도 아니다.

---

275 M.F.K. Fisher, *Serve It Forth* (1937)(San Francisco: North Point Press, 1989), p.51-52; Martin Elkort, *The Secret Life of Food* (Los Angeles: Jeremy P. Tarcher, 1991), p.76

276 Schopenhaur, World as Will and Representation, p.208

예를 들면 제한 조르주 비버트(Jehan Georges Vibert; 1840~1902년, 프랑스 화가)의 신기한 소스(Marvelous Sauce)는 게걸스러운 식욕을 자극하고 있으나 성적인 표현은 거의 찾아보기 어렵다.(그림 5-6) 그 그림은 요리를 맛보기 위해 부엌에 들어온 추기경(樞機卿)을 그리고 있다. 그는 숟가락을 들고 스토브 위에 있는 맛있는 요리를 가리키고 있다.[278]

이런 경우에 그 그림을 보고 있는 사람은 식욕의 자극을 받지 않는다. 우리는 그 추기경이 홀짝거리는 것을 맛볼 수도 없을 뿐만 아니라 눈으로 볼 수도 없다. 우리의 식욕은 안전하게 억제되고 있으면서도, 그 추기경이 좋아하고 즐기는 것을 함께 음미할 수 있다.

사실은 그런 방식으로 맛을 감식하는 사람은 교권주의에 반대하는 성향이 있을 수 있다. 그의 뚱뚱한 풍모는 먹는 것에 열심이라는 것을 의미할 뿐만 아니라, 어느 정도는 방종을 의미한다.(그와는 대조적으로 젊은 요리사는 깡마른 모습을 하고 있다)

뚱뚱한 추기경의 등장은 관람자로 하여금 음식을 통한 욕구충족이라는 역설을 생각하게 한다. 성직자들에게 다른 욕구는 금지되어 있기 때문이다. 게다가 식욕이 성욕과 함께 나타난다고 해도 그 두 가지

---

277 Bergström, *Dutch Still-Life Painting,* p.10

278 Eric M. Zafran, *Cavaliers and Cardinals: Nineteenth-Century French Anecdotal Paintings* (Cincinnati: Taft Museum, 1992), p.116

**시각화된 식욕_
맛과 음식을 표현하기**

5-6. 제한 조르주 비버트, 신기한 소스 (올브라이트 녹스 미술관, 버펄로, 뉴욕)

가 언제나 동시에 자극되거나 탐닉되는 것은 아니다. 또한 비록 여기
에 음식이 있다고 할지라도 배고픔의 욕망이 언제나 일어나는 것도
아니다.

　예술 형식을 바꾸어 보자. 토니 리차드슨이 감독한 영화 톰 존스에
는 다음과 같은 유명한 장면이 나온다.(《톰 존스의 화려한 모험》은 헨리
필딩의 고전 소설 《기아 톰 존스의 이야기》(1749년)을 바탕으로 만든 1963년
영국의 모험 코미디 영화다. 토니 리처드슨이 감독을 맡았고, 존 오즈번이 극작
을 맡았다. 이 영화는 아카데미상을 4번 받았다.) 톰과 워터스 부인은 함께
음식을 즐기면서 그들의 욕구를 충족시키는데, 그것은 소설에 나오는

장면과는 다르다. 영화에서는 이 장면이 서로를 유혹하는 것으로 나온다. 그들은 큰 쟁반에 차려진 저녁 식사를 걸신들인 듯이 먹고, 구운 닭고기를 손과 이빨로 산산조각 내고, 차갑고 짭짜름한 굴을 관능적으로 삼키며, 과일을 갈갈이 찢어서 그 즙이 턱 아래까지 내려온다. 이 모든 장면들은 서로의 욕망을 조장하는 것이었다.

그런데 그 책(《기아 톰 존스의 이야기》, 1749)에 나오는 상응하는 장면들을 보자. 워터스 부인은 상사병이 나고 욕정이 넘쳐서 식욕을 잃어버린 반면, 톰은 그의 접시를 깨끗이 비우느라 정신이 없다.[279] 그녀가 할 수 있는 것은 희망을 갖고 그를 지켜 보는 수 밖에 없었다. 그녀는 그녀의 성욕을 상기시키기 이전에 그가 음식을 다 먹을 때까지 지켜볼 수 밖에 없었다.

동일한 맥락, 동일한 배경, 동일한 목적이기는 하지만, 먹는 것에 부과되는 의미는 서로 다르다. 배고픔과 욕망 사이의 관계에 부과되는 의미 또한 서로 다르다. 욕망들 사이를 연결하는 것이 예외 없이 묘사될 수는 없다. 하지만 그림은 의도적인 감각적 효과와 함께 식욕과 성욕의 허기짐을 짝지우고 있다.

폴 고갱이 그린 《망고를 든 타히티 여인》(Paul Gauguin ; 1848~1903

---

[279] Henry Fielding, *Tom Jones*(1749). This scene occurs in bk. 9, chap. 5, aptly titled "An Apology for All Heroes Who Have Good Stomachs, with a Description of a Battle of the Amorous Kind."

시각화된 식욕_
맛과 음식을 표현하기

년, 프랑스의 후기인상주의 화가, 이 그림(1892)은 고갱이 프랑스령 타이티에서 그린 것이다.)은 잘 익은 망고를 그리고 있지만, 마찬가지로 타히티 여인의 무르익은 몸을 그리고 있다. 이것은 유럽 남성들에게는 자연적이고 원초적이며, 성적이고 미각적인 욕구의 불순물을 걸러내는 효과를 준다.[280] 에듀아르 마네(Édouard Manet, 1832~1883, 프랑스의 인상주의 화가)의 유명한 작품《풀밭 위의 점심 식사》는 소풍 바구니에서 쏟아낸 것들이 여성 소풍객의 알몸으로 이어진다.(풀밭 위의 점심식사 ; Le Deuner sur l' herbe는 두 명의 옷을 온전히 입은 남성과 함께 점심식사를 하는 누드 여성이 등장한다. 옷을 잘 차려입은 젊은 두 남자는 여자를 무시하고 대화에 관여하는 것 같다. 그들 앞에는 벗어 놓은 여자의 옷, 과일 바구니, 빵 한 덩어리가 정물처럼 나타난다. 그 배경에는 옷을 가볍게 입은 여인이 시냇물에서 목욕을 하고 있다.– 역자 주)

먹고 마시는 것과 남성성 사이의 가장 노골적인 결합은 전통적인 예술 작품에서 잘 나타난다. 그런데 그것은 미국의 술집에 장식품으로 걸려 있는 사냥감 정물화 장르에서도 발견된다. 사냥감 그림(gamepiece)은 새나 짐승을 활이나 총을 쏘아 사냥하고, 부엌이나 훈제실에서 요리하는 것을 그린 정물화의 유형이다.

윌리엄 게르트(William H. Gerdts 1929~, 미국 미술 사학자, CUNY Graduate Center 예술사 명예 교수)는 그런 정물화가 19세기 미국에서

---

280 Griselda Pollock's *Avant-Garde Gambits, 1888-1893* (London: Thames & Hudson, 1993) interprets the sexual and colonial politics of Gauguin's Tahitian painting.

대중화되고 상업화되었다고 논평하고 있다. 그런 그림들은 집안의 방에 걸기 위해, 또는 상업적 목적을 위해 그려졌다.

또한 음식과 사냥감을 그린 정물화는 식당을 장식하기에 적합한 것으로 생각되었다. 사실상 1860~1870년대에 그런 장면을 그린 착색 석판화가 식당을 장식할 목적으로 시장에서 팔려나갔다. 술집이나 남성접객업소는 방에 사냥감 정물화를 걸어 놓거나 여성 누드 정물화를 걸어 놓았다. 이런 두 가지 유형의 그림에 대해서 게르트는 다음과 같이 논평하고 있다.

"그 두 가지 주제는 일반적인 "미학적" 성질들을 공유하고 있다고 생각해 볼 수 있다. 좀 더 정확하게 말하면, 사실에 입각한 묘사와 애매성의 결여가 그것이다. 관람자는 그가 보고 있는 것을 정확하게 알 수 있다. 그리고 왜 보고 있는지도 알 수 있다. 그리고 거기에는 사실성을 담은 정신이 있다. 정물화는 특히 복잡하게 구성되어 있을 것이다. 누드는 날개가 돋은 천사와 푸티(putti: 르네상스 시대 큐피드 등 발가벗은 어린이 상으로 장식된 조각)가 함께 하는 모습을 띨 것이다. 그러나 그것의 사실적인 내용과 해부학적 구조가 경험적으로 직접 인식될 수 있도록 그려진다. 사냥감을 그린 정물화는 남성성에 호소하고 있다. 그것은 사냥, 낚시, 총, 칼, 수렵용 나팔 등을 환기시킨다. 반면에 누드화는 여성성에 호소하고 있다. 술집의 누드화는 뉴욕에서 시작해서 시카고의 파머 하우스, 샌프란시스코의 팰리스 호텔에 이르기까지 도처에 걸리게 되었다."[281]

시각화된 식욕_
맛과 음식을 표현하기

그런 사례들은 거의 대부분 쇼펜하우어의 정당성을 입증하기에 충분하다.

술집에서 볼 수 있는 미각적이고 성적인 욕구에 대한 표현은 시각적이고 개념적인 관습에 대해 숙고해 볼 기회를 제공한다. 식사와 성 사이의 일반적인 관련성은 그 표현 형식에서 여러 가지로 탐구된다. 특히 음식에 대한 표현에서 더욱 잘 탐구될 수 있다. 누드와 사냥감이 서로 협력하여 추구되는 것은 이들 두 가지 욕구 사이의 공통점과 차이점을 모두 드러낸다.

앞에서 지적한 바와 같이 음식, 꽃, 식기 등의 정물화는 장식품으로 널리 사용되었다. 그것들은 그 분위기에 집중하게 하고 그 목적을 높이기 위한 장소에 걸리게 된다. 정물화가 장식품으로 사용되는 것은 시각적으로 흥미 있는 구성요소를 갖고 있기 때문이다. 과일, 접시, 은식기 등은 그 자체로도 보기에 아름다운 것이 될 수 있다.

또한 그 그림의 주제는 즐겁게 먹고 마실 수 있는 술과 안주가 된다. 그런 그림들이 먹는 데 전념할 수 있는 방의 실내장식으로 권장되는 것은 놀랄 일이 아니다. 잘 익은 과일, 선명한 색깔의 빨간 와인, 광택이 나는 요리기구들을 그린 그림이 테이블과 찬장 위에 걸려 있는 모습은 자연스럽게 보인다.

---

281 Gerdst, *Painters of Humble Truth*, p.29

그런 그림들은 1889년 가정용 백과사전에 설명된 도구에도 분명히 나타나 있다. : "식당은 가정에서 가장 즐거운 방들 중 하나가 되어야 한다. 잘 정돈되고, 깨끗하고, 통풍이 잘 되는 곳이어야 한다.…… 과일이나 사냥 장면을 그린 그림이 걸려 있어야 한다. 참나무나 단풍나무, 벚나무, 호두나무 등으로 장식한 벽판(壁板)은 그 풍미를 더한다."[282]

19세기 가정에 등장한 극적인 사건들 중 하나는, 식당이 과일이나 사냥 장면의 그림으로 장식된 것이다. 과일은 즐기기에 충분한 것으로서 정물화의 중요한 구성요소로 자리잡고 있다. 하지만 사냥감을 그린 그림은 전혀 다르다. 그것은 짐승이나 새를 도살하는 특징을 갖고 있다.

그것은 가끔은 사냥의 징표로 집밖에 설치되며, 부엌에 내려 놓기도 하고 숙성시키기 위해 걸어놓기도 한다.(그림 5-7) 그 짐승들은 여전히 깃털이나 털을 가지고 있다. 그들은 화살이 박혀 있을 수 있고, 칼날에 찢겨 있기도 하다. 선명한 핏자국은 그들의 고통을 잘 말해준다.

(얀 피트, Jan Fyt; 1611~1661년, 17세기 남부 네덜란드의 바로크 미술가다. 개와 같은 동물과 그것이 사냥한 것들을 정물화로 그렸다. 그는 부엌에서 보이는 음식이 아니라 사냥을 주제로 하는 게임을 묘사한 최초의 예술가다. 그 게임

---

282 *Our Home Cyclopedia*(1889), p.371

시각화된 식욕_
맛과 음식을 표현하기

의 조각들에는 과일이나 채소가 그려지지 않는다. 거기에는 집 밖에서 이루어지는 사냥장면의 한 부분을 차지하는 개가 그려져 있다.- 역자 주)

피가 줄줄 흐르고 내장이 흘러나온 동물의 모습을 그린 장식품은 비위가 상할 것이다. 물론 모든 사람들이 도살된 짐승을 먹을 수 없다고 생각하는 것은 아니다. 그런 사정은 지역의 식량 경제 상황, 직업, 관습, 다이어트 등의 영향에 의해서 매우 달라질 수 있다.

사냥감을 그린 정물화는 몇 세기 동안 매우 대중화되었다. 특히 17세기 네덜란드와 19세기 북아메리카에서 유행하였다. 그것은 사실상 음식을 먹는 식당에 많이 걸려 있었다. 식용 동물에 대해 역겨움을 느끼는 것이 사람들마다 서로 다른 것은 사실이다.

그러나 분명한 것은 그런 것을 묘사하는 관습은 온전히 수용될 수 있어야 한다는 것이다. 누드화와 같이 어떤 장식품으로 생각하기 이전에, 사실 우리는 사냥감 그림에 이미 익숙해져 있을 수 있다. 여기에는 요리를 위한 사냥으로부터 어느 정도의 추상성과 거리감이 요구된다.

그런데 이런 미학적 거리감은 어떻게 도살과 식사 사이에 개입하게 되는가? 죽은 짐승의 "실제적인" 그림에 익숙해지면, 우리는 그것이 정물화라는 사실을 잊어버리는 경향이 있다. 사냥감 그림의 전통적 버전은 모피와 깃털, 그리고 흐르는 피를 어두운 톤으로 부드럽게 부각시키는 것이었다.

5-7. 얀 피트의 정물화. 풍성한 사냥감(스톡홀름 국립 박물관)

죽은 새는 화살이 그 목을 관통한 채 벽에 박혀 있다. 빛나는 깃털은 마치 나뭇잎 다발처럼 땅에 떨어져 있다. 그런 그림이 현관에 장식으로 걸려 있다. 그러나 관람자들은 그림이 묘사하는 형식적 스타일뿐만 아니라, 그 구성의 형식적 요소를 생각하는 경향이 있다. 그것은 사냥감 그림에 접근하기 위한 추상성에 기여한다.

정물화에 대한 예술사적 변론은 이미지의 시각적이고 지성적인 호소에 맞춰진 것이다. 이런 정물화의 장르에서 강조되고 있는 것은 그

시각화된 식욕_
맛과 음식을 표현하기

림이 주는 미학적 즐거움과 우리의 "삶에" 있을 법한 주제 사이의 간극이다.

베르그스트룀(Bergström)은 위닉스(Jean Baptist Weenix)가 그린 《도살된 사슴》을 보고 다음과 같이 말한다. "그것은 뒷다리는 매달아 걸어 놓고 머리와 가슴은 돌 탁자 위에 놓여 있는 수컷 노루의 사체를 보여준다..... 빨강, 노랑 그리고 오랜지의 중심 색상은 전경에 놓여 있는 내장을 그린 것이다"[283]

또한 설리반(Scott Sullivan)은 내장을 형상화하여 표현한 그림을 감상하였다. 그는 "따뜻하고 장중한 느낌을 주는 색상은 붉게 빛나는 내장을 세밀하게 묘사한다. 그것은 사실적인 감각을 준다."[284]라고 말했다.

이런 감상들은 오직 시각적인 것이며 예술 비평의 형식주의적인 경향을 띤다. 그 추상적인 색깔과 구성은 핏빛이 선명한 내장의 시각적 주제를 나타낸다. 이와 같이 미학적 거리감은 시각적인 호소와 시각 대상의 형식적 복잡성에서 획득된다. 그런데 사냥감 그림의 미학적 쾌락에 냄새가 배제된다는 사실은 특히 중요하다.

게다가 그런 그림들은 구미를 돋구는 것이 수시로 바뀌며, 그것은

---

283 Bergström, *Dutch Still-Life Painting,* pp.253-54

284 Scott Sullivan, *The Dutch Gamepiece* (Montclair, N.J.: Allanheld&Schram, 1984),p.32

음식
철학

음식의 가변적인 성질을 잘 보여준다. 사과를 곁들인 애저(suckling pig; 고기로 먹을 어린 새끼 돼지)를 먹는 행위는 현대 북아메리카 사람들에게는 매우 잔인한 짓이다. 그러나 추수감사절 날 칠면조 사체의 잔해는 그들에게 아무런 문제가 되지 않는다. 따라서 후각, 미각, 시각만 식욕을 돋우는 것은 아니다. 상상력 또한 중요한 역할을 한다.

여성의 누드화 또한 그런 장식품이 될 수 있다. 여성의 벌거벗은 몸은 자연스런 아름다움으로 간주되며 공식적인 장식품으로 인정된다. 그것은 미술의 한 장르로서 과일과 사냥감을 그린 정물화와 유사하다. 여성의 벌거벗은 모습은 마치 과일과 같이 풍요로운 아름다움을 지닌다고 간주된다. 여성의 몸은 아름답고 성숙한 모습을 보인다. 그것은 부드럽고 흠잡을 데 없으며, 주름이 잡히거나 퇴락한 모습을 보이지 않는다.

쇼펜하우어는 과일을 그린 그림을 칭송하는 말을 했다. 과일의 표상은 씨앗이 열매를 맺는다는 것을 상징하기 때문이다. 그래서 그것은 일종의 완성과 역동성을 의미하며, 자연적 성숙의 관념으로 마음을 채운다. 그런 정물화와 마찬가지로, 술집에 다양한 모습으로 전시된 여성의 누드화도 우리의 눈길을 끈다.

하지만 과일이나 꽃과 달리 누드화는 성적으로 흥분시키고 식욕을 자극한다. 그것에 대해 쇼펜하우어는 의식적인 앎을 넘어서는 것이라고 비판했다. 여성의 누드화는 쾌락 추구의 대상으로 생각될 수 있다.

그런 의미에서 그것은 사냥감 정물화와 비슷한 점이 있다. 사냥감과 마찬가지로 여성의 누드는 일종의 사냥을 위한 아이콘이 된다.

누드는 전리품이며 사냥감을 표상한다. 비스듬히 누워 있는 여성이 술집 위에 걸려 있는 액자 속에 사로잡혀 있다. 그녀는 죽은 것도 아니고 불구가 된 것도 아니며, 욕구 충족을 위해 조용히 준비된 채 누워있다.

그러나 짐승과 여성이라는 두 주제 사이에는 어울리지 않는 비대칭이 있다. 우선 짐승은 그 껍데기가 벗겨진 뒤보다 아직 털과 발굽이 움직이고 있을 때 미학적으로 더 큰 즐거움을 준다. 반면에 여성의 옷은 몸에 전혀 손상을 입히지 않고도 벗겨질 수 있다. 그런 의미에서 사실상 누드는 사냥감보다 더 진보된 단계에 있다고 말할 수 있다.

노골적으로 술집보다 더 남성적인 공간은 없다. 교묘한 자태를 취하는 여성의 몸에 대한 그림은 술집의 공간을 여성스럽게 만드는 것이 아니라, 성적 매력을 보여주기 위한 것이다. 그런 묘사는 미각적이고 성적인 욕구로 가득 채워진다. 특히 남성의 미각을 충족시키도록 구조화된다.

그런데 그와 대조적으로 사냥감 그림은 식당에 어떤 다른 모습으로 들어간다. 케네스 아메스(Kenneth Ames)는 문명화된 식당과 도살된 사냥감 사이의 관계를 추적해 보았다. 그는 사냥의 주제는 가정의

**음식
철학**

식당에서 발견되는 특성들 중에서 남성적인 측면을 갖는다고 생각했다.[285] 어쨌든 사냥감 그림과 누드화는 식욕을 길들이거나 통제하는 것으로 표현된다. 또한 그런 자극을 상기시키기 위한 것이다.

그러나 비록 사냥감과 누드가 주는 자극에 공통점 있다 할지라도, 그들 사이에는 상당한 거리감이 존재한다. 그래서 미각과 성적 욕구에 대한 비교는 다시 뒤집어서 생각해 볼 필요가 있다. 그 두 현상의 대립과 차이는 예술적 표현에서 잘 나타난다. 또한 그 두 가지 욕구들 사이의 차이점은 감정, 행동, 그리고 문화, 신화 등에 대한 통찰을 제공한다.

특히 성에 대한 욕구는 〈트리스탄과 이졸데〉(Tristan and Isolde : 바그너; Richard Wagner의 악극 1857~1859년 작곡, 1865년 초연)의 불운한 사랑과 같이 비극적 차원을 갖게 된다. 그들은 사랑의 묘약에 의해서 마법에 걸린 채 성스러운 결혼의 맹세를 위반하게 된다.

그들이 묘약을 마시자, 다른 사람들을 모두 버린 채 오직 서로에게만 애착을 불러일으키게 된다. 만약 성적 욕망이 사랑의 애착이나 강박적 욕구로 발전하게 되면 어떻게 될까? 그것은 "메데이아"(Medea)와 같이 사랑을 거부하게 되고, "토스카"(Tosca)와 같이 그 욕구가 폭

---

285 Kenneth Ames, *Death in the Dining Room* (Philadelphia: Temple University Press, 1982), p.73

시각화된 식욕_
맛과 음식을 표현하기

탄처럼 사용되기도 하며, "페이드라"(Phaedra)와 같이 초월적인 사랑이 되기도 할 것이다.

*Medea ; 그리스 3대 비극 작가 에우리피데스의 희곡 '메데이아'가 원작, 한 여인의 비극적인 드라마를 그렸다. 메데이아는 그리스 신화에 나오는 마녀로, 복수를 위해 자녀까지 살해한 잔혹한 여인이다.

*Tosca ; 〈라보엠〉, 〈나비 부인〉과 더불어 푸치니의 3대 오페라 중의 하나, 1900년 1월 14일, 로마의 콘스탄찌 극장에서 초연되었다. 등장인물의 한 사람인 스카르피아는 완전 사디스트에 가깝다. 토스카에 대한 강한 집착을 보여주고 있다. 스카르피아는 기쁨에 차서 "Tosca, finalmente mia(토스카, 드디어 나의 것)"이라고 외치지만, 순간 토스카는 품안에 숨긴 나이프를 빼들고 "Questo è il bacio di Tosca!(이것이 토스카의 키스다!)"라고 외치며 스카르피아를 살해한다.

*Phaedra ; 테세우스와 그 아들 히폴리투스, 그리고 히폴리투스에게 구애를 거절당한 계모 페드라의 욕망과 간계, 파멸에 관한 그리스 비극 이야기, 미노스왕은 정략적인 이유 하나로 아테네의 왕인 테세우스(Theseus)의 후처로 자기 딸, 파이드라를 시집보내게 되는데, 기구하게도 파이드라는 전처 소생인 의붓 아들, 히폴리투스(Hippolytus)를 사랑하게 된다. 금지된 불륜의 사랑. 하지만 왕비의 불타오르는 정욕을 칼같이 거절하는 히폴리투스. 그러자 파이드라의 사랑은 증오로 변하였고, 그 복수심은 자신이 히폴리투스에게 강간을 당했다는 거짓 편지를 테세우스에게 보내는 몹쓸 음모를 꾸미게 하여 끝내 히폴리투스를 죽음으로 내몰고, 그녀 역시도 스스로 목숨을 끊는다.

음식은 때로는 최음제의 성질을 갖는 금단의 열매나 사랑의 묘약으로 나타나기도 하지만 약간은 비극적인 모습을 띠기도 한다.[286] 과도한 식욕이 성애의 욕망을 충족시키기 위해서 비극적인 형태를 띠기도 한다. 어떤 과도한 식욕은 라블레의 가르강튀아와 팡타그뤼엘과 같이 희극에서 더 많이 발견되기도 한다. 그 소설에서는 미각적이고 성적인 욕구가 장난기 있고, 재치있게, 그리고 유희적으로 그려지고 있다.

(Rabelais's Gargantua & Pantagruel ; 16세기 프랑스의 작가 라블레 (1483~1553년)의 소설에 등장하는 거대한 식욕을 가진 거인 왕을 뜻하는 말. 이 소설에는 수사학적 에너지와 해박한 지식을 바탕으로 유머와 재치, 언어유희가 담겨있다.- 역자 주)

브뤼겔(Brueghel)은 이런 차원의 맛을 풍자하고 있다. 거기서 그 두 가지 욕망(식욕과 성욕)은 서로 지나치게 탐닉되거나 거부될 수도 있다. 금욕이나 거식증과 마찬가지로 강한 성욕과 미각에의 욕구는 아리스토텔레스가 악의 형태로 규정한 것처럼 양극단에 치우친 것이다.

(중용·中庸, golden mean)은 어떠한 일에서나 사실과 진리에 알맞도록 하여 편향, 편중하지 않는 것이다. 중용의 덕을 철학적으로 명확하게 한 사람은 아리스토텔레스로, 그는 이성으로 욕망을 통제하고 과대(過大)와 과소(過小)의 양극단을 초월하여 최적화 개념에 도달함으로써 도에 부합한다고 했다.- 역자 주)

성적 욕망은 로맨틱한 사랑, 강박적 집착, 지나친 영웅주의와 결합되어 있다. 그래서 희극이 될 수도 있고, 비극이 될 수도 있다. 그러나

---

286 Philippa Pullar, *Consuming Passions* (Boston: Little, Brown, 1970), app.1.

시각화된 식욕_
맛과 음식을 표현하기

미각에 대한 강박적인 욕구는 결코 비극이 될 수 없다. 역겨운 어떤 것이 되거나, 희극이 될 것이다.

성과 미각적 욕구의 대상들 사이에는 차이가 있을 수 있다. 물론 성에 대한 것이거나 음식에 대한 것이거나 욕구 자체는 서로 다른 감정들로 구성된다. 성적 욕구는 에로틱한 사랑의 토대로 생각될 수 있다. 그런 사랑은 애정적이거나 비극적인 이야기를 포함하는 복잡하고 극적인 이야기가 될 수 있다.

사랑하는 사람은 그 욕구를 충족시켜 주는 유일한 개인을 대상으로 삼는다. 즉 어떤 사람에 대한 사랑의 욕구는 특별한 개별자에 대한 욕구다. 그래서 짐승과 같은 난잡한 성행위는 전혀 로맨틱한 사랑의 고귀함을 갖지 못한다.

그러나 먹는 것에 대한 욕구는 음식 일반에 대한 것이다. 혹은 특별한 유형의 음식에 대한 욕구로서 개별적인 것이 아니다. 미각적 욕구는 유일한 개체에 대한 복잡한 감정적 애착을 보이지 않는다. 미각적 욕구는 맛의 좋고 싫음이 정교하게 결정될 수 있다. 그러나 그 맛의 대상은 유일한 개체가 될 수 없다. 초콜릿 먹기를 원하는 사람은 사탕도 똑같이 좋아할 수 있다.

소사(Ronald de Sousa)는 보다 순수하고 더 발달된 인간의 감정은 대체될 수 없는 대상을 갖는다고 말한다. 즉 그 대상은 유일한 것이며 다른 어떤 것으로 교체될 수 없는 것이다.[287] 인간의 사랑의 감정은 그런 페러다임을 갖는다.

그래서 성적 욕구와 관련된 현상은 장엄하고 비극적인 서사를 낳을 수 있다. 사랑하는 대상에 대한 추구와 상실이 그와 그녀 이외의 다른 사람으로 대체될 수 없기 때문이다. 그러나 미각적 욕구의 대상은 비슷한 유형이나 성질을 갖는 대상이 나타날 때 대체될 수 있는 페러다임을 갖는다.

미각적인 것이든 성적인 것이든, 신화와 예술에서 나타나는 이런 사례들은, 자연적 충동과 욕망을 관습적이고 문화적으로 형성한다. "구미를 당기는 것"이라는 표현은 매우 암호화된 것이다. 시각 예술에서 그런 암호들은 재치, 반전, 그리고 경계 짓기 등으로 활용되고 있다.

사냥감 그림에서 표현되고 있는 죽음과 같은 무거운 주제는 일반적으로 정물화에 널리 퍼져 있다. 죽음에 대한 묘사는 해당 그림이 장식품으로서의 가치를 갖기 이전에, 커다란 미학적 거리감을 요구한다. 아이러니하게도 그런 예술적 성과가 정물화라는 낮은 지위 내에 존재하는 까닭에, 단지 장식품으로 또는 비주류 장르로만 생각되기 쉽다.

하지만 이런 거리감을 사용하는 음식이나 몸의 표현은 관람자를 불

---

287 Ronald de Sousa, *The rationality of Emotion* (Cambridge: MIT Press, 1987),pp.100-101, and chap.3

시각화된 식욕_
맛과 음식을 표현하기

쾌한 감정으로부터 보호하기 위해 어떤 장치를 마련할 필요가 없다. 물론 별로 예뻐 보이지 않는 식품에 대한 표현도 어느 정도는 미학적 즐거움을 줄 수 있을 것이다.

피테르 아르트센(Pieter Aertsen ; 1508~1575년, 네덜란드의 화가)의 《도살된 소》(그림 5-8)는 매우 흥미로운 디테일과 그 서사적 의미를 담고 있다. 하지만 그 구성에서 어려운 요소들을 보여주고 있다. 우리는 그런 어려운 주제를 항상 즐거움을 주는 것으로, 장식품으로, 또는 재미있는 이야기로 바꿀 수 있는 것은 아니다. 아르트센의 그림은 "혐오감"에 가까우며 우리를 또 다른 정물화의 범주에로 인도한다.

혐오감

예술을 아름다움으로 연결 짓는 것이 가끔은 말뿐인 경우가 있다. 성공적인 예술 작품은 긍정적인 미학적 경험을 갖게 한다. 그래서 우리는 아름답고 즐거움을 주는 예술 작품으로 선발된 것들을 "위대한 예술"로 인정하게 된다. 하지만 가끔 예술 작품은 우리를 충격적이고, 추하며, 끔찍한 일탈적인 경험으로 인도한다. 관점을 바꿔보면, 흉측하고 난해한 그림의 범위가 그 수에 있어서나 미적인 힘에 있어서 매우 크다는 것을 알 수 있다. 정물화는 그 제한된 표현 범위 때문에 비주류 장르로 무시되기는 하지만, 그런 흉측하고 충격적인 것을 강하게 묘사하기도 한다. 하나의 사례를 들어보자.

5-8.
생 수틴, 도살된 소(올브라이트
녹스 미술관, 버펄로, 뉴욕)

생 수틴(Chaim Soutine: 리투아니아 태생의 프랑스 화가(1894~1943)이
그린 《도살된 소》(Carcass of Beef, 1925)는 넓은 화폭에 도살된 황소가
붉고 푸르게 그려져 있다.(그림 5-8) 그 모습은 벽에 걸려 있는 직사각
형의 액자를 꽉 채우고 있다. 그 다리는 벌어져 있고, 갈비뼈는 갈라
져 있으며, 안쪽에는 구멍이 뚫려 있다. 그 머리는 잘려나갔다.

그 그림에서는 도살된 소만 보인다. 죽음의 사실만이 액자를 가득
채우고 있다. 죽음의 사실성(facticity), 즉 죽은 시체는 짙게 칠해진 그
림의 물질성으로 드러난다. 게다가 그것은 육식동물인 인간이 먹을
수 있도록 계획된 죽음이다.

시각화된 식욕_
맛과 음식을 표현하기

사냥감 그림과는 반대로, 이 장면은 그 야만성을 숨기기 위해 어떤 간교도 부리지 않는다. 그림의 형식은 선례를 따르고 있으며 그 색깔은 잘 칠해져 있다.(수틴은 렘브란트(Rembrandt, 1606~1669년, 네덜란드의 화가)가 1655년에 그리고 지금은 루브르 박물관에 소장되어 있는 "도살된 소"를 모델로 하고 있다)

그 그림은 검붉은 색이 두드러지게 그려지고, 음울하고 강렬한 푸른색이 그 배경을 이루고 있으며 애매모호한 동굴 같은 구멍이 보인다. 이 그림을 둘러싸고 있는 액자는 금색 무늬가 새겨져 있으나, 그 화폭 위에는 붉은 피가 그려져 있다.[288] 그래서 이 그림을 담고 있는 액자는 공포감을 학습하고 숙고하는데 기여한다.

이 그림은 1920년대에 수틴이 그린 많은 그림들 중 하나다. 수틴이 그린 많은 정물화들 중에는 매달아 놓은 칠면조와 육식성 물고기, 그리고 돼지 등이 있다.(수틴은 파리로 이주하여 살았던 예술가다. 그는 리투아니아의 빈곤한 슈테틀-동유럽에 있었던 소규모의 유대인 촌-에서 온 정통파 유대교도였다. 전기 작가에 의하면 그는 죽어서 해체된 고기에 심취되어 있었으며, 유태교의 율법에 따르지 않고 도살되고 부패한 고기를 그렸다)

---

288 On these stylistic grounds I surmise that Soutine himself made the frame, though I have no confirmation of this conjecture. The present frame housed the painting at the time of its purchase by the Albright Knox Gallery in 1939. Their records do not indicate the origin of the frame.

그는 소고기를 최소한 열 한가지 부위나 그렸는데, 그들 대부분은 하나의 버전을 재구성한 것들이었다. 그가 열정적으로 창작하던 시기에, 그의 스튜디오에는 정육점에서 가져온 황소 한 마리가 걸려 있었다. 그것은 악취와 해충으로 그의 이웃들이 참을 수 없을 때까지 거기에 걸려 있었다. 그 소고기에는 파리들이 들끓었고, 그는 그림을 그리는 시간 외에는 그 파리들을 쫓아내야 했다.

　　그러나 죽은 소고기의 색깔이 수틴의 마음을 사로잡았다. 특히 그 소고기가 썩어서 검게 변화된 것이 그에게는 좋은 모델이 됐다. 그 소고기는 말라 비틀어지고 색깔이 바랬지만, 그는 새롭고 풍부하면서도 신선한 핏방울을 갖게 되었다. 수틴이 그림에서 강조한 색깔은 해체된 소고기에 대한 그의 흥미를 잘 나타내고 있다.[289]

　　그는 도살된 소고기를 그린 정물화에 흥미를 가지고 있었으며, 아마도 그것이 이런 그림을 힘있게 표현하는 계기가 되었을 것이다. 그의 전기 작가인 에밀 지티야(Emile Szittya)는 수틴과 나눈 대화를 다음과 같이 기록하고 있다.

　　"나는 한 때 어느 마을에서 새가 목이 잘려 피가 흘러 나오는 것을 보았다. 나는 비명을 지르고 싶었다. 하지만 그 새의 목을 자르는 사람의 즐거운 표정이 비명 소리를 멈추게 했다. 수틴은 그의 목을 쓰다듬

---

289 Andrew Forge, *Soutine* (London: Spring Books, 1965), p.41

으면서 이렇게 말했다. 나는 언제나 그 울음소리를 느꼈다. 어린 시절, 나는 그 울음소리를 없애려고 노력했지만 허사였다. 나는 도살된 소를 그리면서 그 울음소리에서 벗어나기를 원했지만, 그러지를 못했다."[290]

이 애매모호한 논평은 겉보기에 서로 일치하지 않는 몇 가지 해석을 낳는다. 생명이 끊어지는 것에 대한 공포스런 비명, 푸줏간 주인이 표현하는 즐거운 비명, 소름끼치는 것 혹은 금기된 것에 매료되는 것 등이 그것이다. 수틴은 피와 죽음에, 상실에, 썩은 색깔을 띤 비정한 아름다움에 끌렸다.

이런 사례도 여전히 음식을 시각적으로 표현하는 영역에 속하는가? 아니면 음식에 대한 묘사를 다른 예술의 장르, 다른 미학적 범주가 되게 하는가? 우리는 정물화에 담겨 있는 중복된 의미를 발견하게 된다. 소의 옆구리 살은 음식으로 준비된 것이지만 여기서는 먹기 위한 것이 아니다. 그것은 어떤 것을 표현하기 위한 매체다.

보갱의 정물화(그림 5-3)에 있는 빵과 포도주는 식탁 위에 놓인 음식이자 동시에 성체(Eucharist)가 된다. 루카스 크라나흐(Lucas Cranach : 독일의 화가)는 사과와 금단의 열매를 들고 있는 이브(Eve)를 그리고 있다. 그렇다면 수틴이 도살된 소에서 그린 애매성은 무엇을 의미하는가?

---

290 Maurice Tuchman, Esti Dunow, and Klaus Perls, *Chaim Soutine* (Cologne:Benedict Taschen, 1993), p. 16. ; The text is quoting Emile Szittya, *Soutine et son temps* (Paris: Bibliotheque des Arts, 1955), pp.107-8

어떤 논평자들은 그렇게 배를 갈라놓은 소의 사체가 주는 의미를 묘사하기 위해 비극적 언어를 사용한다. 하지만 그 비극은 그 짐승이 말하는 것보다 더욱 숭고한 서사를 요구한다. 여기에서 우리는 살아 있는 몸의 구차한 운명을 목격하게 된다. 바로 그 지점에서 한 때는 살아 있었던 유기체가 그 생명 뿐만 아니라 형체를 상실하기 시작한다. 그것은 부패하여 다른 어떤 것으로 변화되기 시작한다. 그 형체와 정체성이 상실되어 돌이킬 수 없는 모습이 된다.

우리가 어떤 것을 음식으로 만들어 놓는다고 해서 언제나 먹을 수 있는 것은 아니다. 먹을 수 있는 것은 그렇게 오래 가지 않는다. 그것은 변질된다. 또한 우리가 그 음식을 먹게 되면, 그것은 소화되어 없어지고 더 이상 그릴 수 없는 것으로 바뀐다. 그러나 우리는 우리가 먹는 것으로 형성되며, 음식은 우리 자신의 일부가 된다.

우리 또한 느리기는 하지만 똑같은 부패의 과정을 겪는다. 그런 죽음을 상징하는 모티브가 수틴의 "잔혹한" 그림에 담겨 있다. 그것은 어떤 것이든 살아 있는 유기체는 변질과 부패의 과정을 겪는다는 것을 상기시켜 준다. 보다 발전된 단계에 이르면 이런 부패에 대한 묘사는 질서에의 침해를 상기시켜 준다. 거기서 썩는 것은 구토를 일으키지 않는 것으로 분류된다. 이런 것들은 음식이자 동시에 음식이 아니며, 더 이상 혐오스러운 것이 아니다.

시각화된 식욕_
맛과 음식을 표현하기

그러나 부패와 썩음, 불결함은 세계 질서에 대한 도전이며, 삶의 형식적인 경계를 침해하는 것으로 표현된다. 또한 그것들은 애매모호한 정체성과 소름끼치는 변환의 경계선 위에 있다. 매리 더글라스(Mary Douglas)는 그런 것들을 "불결함"의 본질로 특징지우고 있다.

그것은 어떤 것이 그 반대 방향으로 변환되는 것이며 자연적인 범주를 침해하는 것이다. 그것은 질서에서 무질서로, 존재에서 비존재로, 정형에서 무정형으로, 삶에서 죽음으로 나아가는 것이다. 그런 불결함은 질서의 위반으로 표현된다. "그런 어두운 주제를 그린 그림에서는 아무것도 묘사하지 않는 검정색이 오염의 상징으로 사용된다. 거기에서 우리는 성스러운 장소와 시간 속에 간직된 부패를 발견하게 된다."[291]

이런 경험은 이론적으로 비참함이나 혐오스러움과 마주친다고 설명된다. 줄리아 크리스티바(Julia Kristeva)는 비참함을 썩어가는 몸을 표현하는 죽음과 상실의 의미로 분석했다. 몸은 생명을 유지시켜 주는 것이지만, 그 자체는 썩지 않을 수 없다.

많은 예술과 문학은 신체의 통일성과 인격의 동일성이 언제든 붕괴될 수 있다는 것을 깨닫게 한다. 존재와 비존재, 삶과 죽음의 경계선

---

291 Mary Douglas. *Purity and Danger; An Analysis of Concepts of Pollution and Taboo* (1964) (London:Routledge, 1991), pp.5, 179

(주체든 객체든 간에)에는 그런 동일성이 존재하지 않는다. 그런 동일성은 이중적이고 다차원적이며 변형되고 깨지기 쉽다.[292]

비참함은 공포와 혐오감을 불어 넣는다. 그러나 그것은 동시에 우리를 매력적인 삶의 모서리로 이끈다. 그것은 역겹고 혐오감을 주는 것으로 여겨지지만, 깊이가 있으면서도 불가피한 어떤 것으로 표현된다.(수틴의 작품,《도살된 소》에서 그런 비참함을 엿볼 수 있다. 거기에서 죽음은 피할 수 없는 것이면서도 삶의 심연에 놓여 있는 어떤 것이다.)

그것은 예술에서 표현될 수 있는 것이지만, 우리가 먹고 마시는 것의 배후에 도사리고 있는 것이다. 또한 우리의 삶에도 간직되어 있는 것이다. 우리는 그런 비참함에 대해 충격적이고, 강렬하며, 신비로운 것으로 묘사하게 된다. 그래서 음식에 대한 시각적 묘사를 단지 장식으로만, 비주류 예술 형식으로만 생각할 수 없게 된다.

정물화의 장르는 노골적인 욕망을 그린 그림에서부터 최후의 만찬에 이르기까지 그 표현의 색조가 너무나 다양하다. 먹을 수 있는 식사를 주제로 하는 정물화는 평화롭고 즐겁게, 기발하고 재치있게 묘사된다. 정물화는 장식의 기능을 갖는 그림으로서 시각을 즐겁게 하는 것으로 생각된다.

---

292 Julia Kristeva, *The Power of Horror: An Essay on Abjection*, trans. Leon S. Roudiez
   (New York: Columbia University Press, 1982), p.207

그러나 또 다른 측면에서 그것은 가장 충격적이고 공포스런 경험을 갖게 하는 것으로 생각된다. 그것은 소름이 끼치기도 한다. 어떤 유기체의 종말을 말할 수 없이 짧은 경험으로 표현하기도 한다.

정물화는 음식에 대한 표현과 실제로 먹는 음식 사이에 현격한 차이가 있음을 강조하는 경향이 있다. 그런 표현들은 관람자로 하여금 신체적 경험의 의미, 덧없음, 기만, 유혹 ―그리고 궁극적으로는 허무감에 대해 생각해 보게 한다.

미셸 파레(Michel Faré)는 테이블에 가득한 음식은 일상적인 허기를 달래기보다 정신적인 삶의 욕구를 일으키기 위한 것이라고 말한다.[293] 이런 주장은 음식, 맛, 그리고 식욕을 묘사한 그림에 대한 감상에로 확장되어 왔다. 그림을 통한 맛과 음식의 탐구는 실제 음식보다 그 표현의 범위가 더 크다고 말할 수 있다. 그런데 여기서 우리는 다음과 같은 물음을 던질 수 있다. 맛의 영역에 대한 예술적 표현이 어떻게 실제적인 맛과 비교될 수 있는가?

식사의 실제적인 기능이 허기를 채우기 위한 것이라는 사실은 부인할 수 없을 것이다. 그런데 몸과 마음에 대한 몇몇 반성과 교훈들은 매일 일어나는 배고픔과 식사의 순환을 설명하지 못하는 것 같다. 오히려 감각적 이해 방식이나 실제적 필요성(배고픔의 해소와 같은)이 그

---

293 Faré, *La Nature morte en France,* p.105

런 도덕적 반성과 통찰에 도움을 준다.

정물화는 가끔 맛을 보고 먹는 것을 과장된 시각적 경험으로 전달할 수 있다. 하지만 사실 정물화에 숨어 있는 메시지는 우리의 몸이 매우 "주관적"이고 일시적인 것이며 공허한 것이라는 교훈을 준다.[294]

이 장은 비참함에 대한 진지한 주제로 마무리 짓고자 한다. 그러나 다음 내용을 기억할 필요가 있다. 즉 식사와 식욕에 대한 묘사들은 대개 도덕적인 것이 아니라 흥청대며 즐기기 위한 것이다. 맛의 경험은 쾌락과 그것에 대한 반성을 제공한다. 확실한 것은 사람들은 죽음의 상징을 생각하기보다 쾌락을 곱씹는 것을 더 좋아하는 경향이 있다.

쇼펜하우어가 말한 바와 같이, 음식에 대한 묘사는 식욕을 자극하게 된다. 그림에서 드러내고자 하는 특성에 대한 이해는 모두 식욕에로 옮겨지게 된다. 그러나 실제적인 식사 경험은 단순히 맛을 즐기고 식욕을 충족시키기 위한 것만은 아니다.

사실 쾌락을 즐기는 것은 그 쾌락이 덧없는 것이며 예측할 수 없다는 것을 아는 데서 고조된다. 삶의 무상함에 대한 통찰 또한 실제로는 낮은 감각(특히 미각)을 거부하도록 요구하지 않는다. 뿐만 아니라, 무상함의 극단에 이르는 병적인 상태를 고집하지 않는다.

---

294 Sloterdijk, *Critique of Cynical Reason*, p.149

시각화된 식욕_
맛과 음식을 표현하기

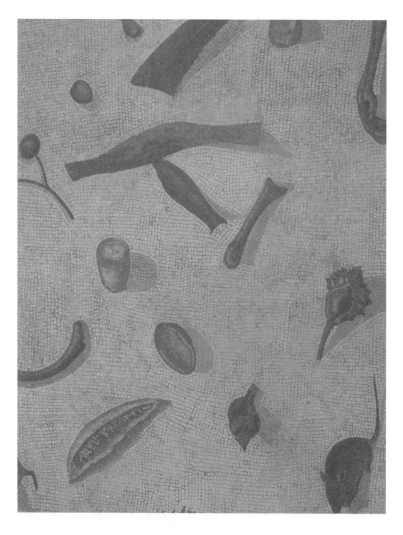

5-9. 로마의 모자이크 조각 : 쓰레기, 조가비, 쥐 한마리
(라테라노 박물관, 바티칸)

궁극적인 것에 대한 통찰은 죽음의 사실과 직면한다. 그렇다면,《지저분한 마루》(그림 5-9)라고 불리는 고대 로마 모자이크의 재치있는 이미지는 얼마나 역설적으로 보이는가? 마루에 떨어져 있는 견과류 껍질, 뼈, 닭다리와 같은 것들은 죽음과 소멸의 주제와는 동떨어져 보인다.

맛과 음식, 식사와 식욕 등은 시각 예술 못지않게 문학 장르와 더 잘 어울린다. 저자는 이를 서사적 예술로 이름 짓고, '미각적 의미론'이라는 이론적 토대를 만들었다. 식사는 매일 일어나는 불가피한 일상이고, 이야기의 줄거리가 될 식사 장면의 서사 구조를 갖추며 다양한 상징적 의미를 담아낸다는 것이다.

음식에 대한 서사는 음식이 어떻게 자양분이 되고, 치유와 위안이 되며, 속이고 독이 되며, 중독이 되는지를 상세하게 묘사한 소설을 사례로 들추어낸다. 어떤 사건의 드라마틱한 초점이 되는가 하면, 배경이 되기도 하고, 우연한 사건의 디테일한 내용이 되기도 한다. 때때로 암묵적으로 돌변하기도 한다.

음식은 다양한 상징적 애착을 불러일으킨다. 허구적인 캐릭터 특성과 다른 것이 되기도 한다. 이야기들은 왜 식사의 사회적 기능을 조명 가능하게 하는가? 식사는 사람들을 친밀하게 묶어 주고, 상호 존중하는 사회적 관계를 강화시켜주기도 한다. 공동체를 형성하거나 회복시키기도 한다. 소설 《모비딕》, 《베니스의 상인》, 《등대로》, 《바베트의 만찬》 등에서 이런 모든 장면들을 보여준다.

식사 이야기

음식은 서사적 이야기와 잘 어울려

식사 이야기

시각 예술에서 발견되는 맛, 음식, 식사, 식욕 등의 다양한 의미는 서사 예술에 더 잘 어울린다. 우리는 그것에 "미각적 의미론"(gustatory semantic)이라는 명칭을 붙일 수 있다. 식사는 매일 일어나는 불가피한 일이다. 그래서 우리는 이야기 줄거리가 될만한 식사 장면을 여기저기서 발견할 수 있다.

어떤 경우에는 그런 이야기가 극적인 사건의 초점이 되기도 하고 어떤 경우에는 그 배경이 되기도 한다. 어떤 경우에는 우연한 사건의 내용이 되기도 하고, 단지 함축적인 의미를 갖기도 한다. 음식은 다양한 상징적 애착을 요청하는데 그것은 허구적인 성격을 띠는 것이 아니다.

식사는 지독한 방종과 도덕적 해이를 의미할 수도 있고 삶에의 활기찬 참여를 의미하기도 한다. 맛에 관심을 갖는 것은 지각의 세련됨을 의미하기도 하고, 쾌락에 대한 어리석은 집착을 의미하기도 한다. 음식에 대한 금욕적인 거부는 고귀한 도덕적 관념으로 보이기도 한다. 또한 신체적 욕구에 대한 혐오나 종교적 극단주의의 조짐을 보이기도 한다.

환대의 표시로 음식을 준비하고 제공하는 것은 너그러운 모습일 수도 있고 위험한 모습일 수도 있다. 음식에 대한 서사는 음식이 어떻게 자양분이 되고, 치유와 위안이 되며, 속이고 독이 되며 중독이 되는지를 상세하게 묘사할 수 있다. 음식은 친구들을 연회와 대화에 초청하기 위해서 제공될 수 있다. 또는 저 유명한 플라톤의 "향연"(Symposium)과 같이, 잘 조율된 마음을 유지하기 위하여, 먹고 마시는 것을 허락하지 말아야 하는 경우도 있다.

감각의 위계체계는 일반적인 맥락에서 미각적 의미를 제공한다. 그런데 그것이 신체 감각을 폄하하는 것은 옳지 않다. 특히 미각은 충분한 인지적 경험을 갖고 있는 것으로 인정되었다. 감각 위계가 갖는 가치는 세계와 상호작용하는 우리의 감각을 이해할 수 있게 해준다. 그리고 쾌락에 대한 통찰을 준다.

음식과 그 소비는 실제적이거나 예술적인 장소에서 더 많은 의미를 갖게 된다. 그런데 이 장에서는 문학이나 영화의 목록이 다양하게 제시되지는 않을 것이다. 내가 주장하고자 하는 것은 음식의 의미가 허구적인 맥락에서 더욱 명료하게 드러난다는 사실이다. 그것을 위해서 몇 가지 이야기들을 살펴볼 것이다.

그런데 이야기에 관심을 돌리는 이유는 무엇인가? 많은 철학자들은 그들의 이론적 탐구를 위해서 허구에로 눈을 돌린다. 어떤 사람들은 철학을 은유, 반어법, 우화 등과 같은 문학적 장치를 사용하는 글쓰기 장르로 보기도 한다.[295] 특히 자아와 인격적 동일성 문제에 관심을 갖는 철학자들은 이야기 담론이 기여하는 바가 크다고 주장한다.[296]

윤리이론의 추상성, 규칙, 그리고 원리를 보완하기 위해서 허구에 눈을 돌리는 철학자들도 있다. 특히 다음과 같이 주장하는 사람들은 그런 방법에 마음이 끌릴 것이다. 즉 도덕이론은 일반적인 추론과 규칙에 근거한다. 그것은 인간이 직면하는 도덕적 선택이나 딜레마의 복잡성을 완전히 설명을 할 수 없다.

---

295 See for example, Jonathan Reé, *Philosophical Tales* (London: Methuen, 1987) ; Richard Rorty, *Contingency, Irony, and Solidarity* (New York: Cambridge University Press, 1989)

296 See for example, Genevieve Lloyd, *Being in Time : Selves and Narrators in Philosophy and Literature* (London; Routledge, 1993) ; Alasdair MacIntyre, *After Virtue* (Notre Dame: University of Notre Dame Press, 1981); Richard Eldridge, *On Moral Personhood* (Chicago: University of Chicago Press, 1989)

하지만 허구적 이야기는 그 개별적이고 독특한 성격과 함께, 특수한 세부사항을 갖는 배경, 복잡하게 얽힌 줄거리 등을 갖는다. 그것은 도덕적 평가와 관련된 사실들의 관계망이나 풍부한 세부사항들을 제공할 수 있다.[297]

허구적 이야기와 마찬가지로 식사 또한 확장된 사건이다. 식사를 다 하려면 시간이 걸린다. 그 효과와 즐거움은 한꺼번에 발생하는 것이 아니라 연속적으로 발생한다.(롤랑 바르트(Roland Barthes)는 식사의 순서를 이야기의 줄거리와 비교하고 있다.)[298]

식사 -그 맛과 식욕의 충족- 는 시간적 차원을 갖는다. 그래서 서사적 맥락은 이런 식사 행위의 의미를 반성하게 한다.(사실, 식욕 그 자체는 배고픔이라는 어떤 시작점이 있는 줄거리 구조를 갖는다. 또한 식욕을 충족시키는 과정으로서 중간 지점이 있다. 그리고 포만감과 충족감이라는 종착점이 있다.)[299] 서사 예술가는 맛보기와 식사의 현상에 대해서 분석하고 숙고하기를 좋아한다. 그런 현상을 둘러싸고 일어나는 감각, 생각, 그리

---

297 David Novitz, *Knowledge, Fiction, and Imagination* (Philadelphia: Temple University Press, 1987) ; Martha Nussbaum, *Love's Knowledge* (New York: Oxford University Press, 1990) and *Poetic Justice* (Boston: Beacon, 1995)

298 Roland Barthes, "Reading Brillat-Savarin," in *the Rustle of Language*, trans. Richard Howard(New York; Hill&Wang, 1986) ; Margaret Visser, *Ritual of Dinner* (New York : Penguin, 1991), pp. 196-210

299 This description obtains for gustatory and sexual appetites. The connection between the two is popularly exploited in such film as *Tampopo, Like Water for Chocolate* (based on Laura Esquivel's novel of the same name), and *Eat, Drink, Man, Woman,* to name but a few.

고 기억을 기록하기를 좋아한다.

앞에서 살펴본 바와 같이, 철학적 관점에서 맛은 너무 "주관적"인 경험이기 때문에 인지적인 힘이 요구된다. 맛은 밖의 대상을 지향하는 것이라기보다, 우리 자신의 몸의 상태를 지향한다. 그래서 그것은 넓은 세상에 대한 지식을 제공하지는 않는다. 쾌와 불쾌 –맛이 있고 없고–의 구분은 너무 주관적인 것이어서 이론적으로 정당화되기가 어렵다.

그런데 맛의 주관성은 식사를 통해서 확장되는 남다른 친밀감의 의미를 알 수 있게 한다. 여기에서 "주관성"이 "친밀감"으로 전환되는 것은 "함께 식사하기"(eating together)가 그 역할을 하기 때문이다. 어떤 것을 나누는 사건은 집단적 경험으로 전환된다. 그런 환경에서 맛보기와 식사의 친밀한 경험이 일어난다. 함께 식사하기는 개인적이고 주관적인 맛 감각을 넘어서는 것이며 강한 사회적 의미를 갖는다. 그래서 음식은 공동체를 형성할 수 있게 한다.

일반적으로 공동 식사는 사람들 사이의 우호 관계, 축하, 화해 등의 의미를 담고 있다. 그것이 이 장에서 목표로 삼고 있는 식사의 사회적 역할이다. 그런데 공동 식사가 어떻게 단순한 에너지의 공급에서 잔치로, 그리고 욕구의 충족에서 사회적 유대로 전환되는지는 명백하게 드러나지 않는다. 식사는 매일 혹은 매년의 일상 속에서 일어나며, 그 의미의 패턴을 식별하기는 어렵다.

그런데 이야기꾼들은 그런 모습들을 매우 세련되고 날카롭게 드러낼 수 있다. 문학은 이런 사실들을 보다 확실하고 깊이 있게 해준다. 그것은 맛보는 것과 식사에 대해서 극적인 깨달음을 얻게 한다. 그래서 주목받지 못하는 현상들을 이야기를 통해서 두드러지게 한다.

어떤 이야기들은 일반적이고 보다 친숙한 경험들을 비추기도 한다. 어떤 이야기들은 식사를 물 밑에서 수면 위로 끌어 올린다. 그래서 잊혀지거나 고의로 무시된 가치들(긍정적이든, 부정적이든)을 직면하게 한다. 결국 식사를 이야기하는 것은 문화적 관습이 된다. 음식이 허구로 다루어질 때, 식사는 서사적 전통에서 그 중요성을 갖게 된다.

식사가 주는 친밀감은 사람들로 하여금 유대를 긴밀하게 하고 상호 신뢰를 갖게 한다. 그들은 사회적으로 동등한 관계 속에서 함께 앉으며, 식탁 위에서 음식을 맛보고 즐거움을 나눈다. 식사를 나누는 것은 문명화된 사회에서 가장 즐거운 모습으로 인식되고 있다.

그러나 이런 "문명화된" 행동이 가능하기 위해서 성취되어야 할 것은 무엇인가?[300] 식사의 쾌락은 자주 덧없는 것으로 알려져 왔다. 맛의 쾌락은 순간적인 것이다. 무엇을 먹든 그것은 자양분과 쾌락을 주는 행위 속에서 사라져 버린다. 그러나 음식을 준비하는 일은 반복적

---

300 Norbert Elias, *The Civilizing Process, vol. 1: The Development of Manners*(1939), trans. Edmund Jephcott (Oxford: Blackwell, 1994)

인 것이며 반드시 필요한 것이다. 이런 식사의 시간적 특성은 신체의 활력을 유지하기 위해서 반드시 필요하다.

식사의 순간들과 그 쾌락의 대상들(음식)은 곧 사라져 버린다. 그래서 음식과 식사는 미학이나 가치의 대상으로 다루기가 어려운 것으로 여겨져 왔다. 하지만 이런 비영구성은 식사가 갖는 심오한 양상의 원인이 된다. 식사는 대상을 파괴하고 끝없이 더 먹을 것을 찾도록 요구한다. 식사의 행위에는 죽음이 있다. 먹은 것은 파괴되어야 하고 쾌락은 영구적이지 않다. 모든 식사 행위의 배후에 도사리고 있는 것은 파괴와 소모다. 자신의 동일성을 파괴함으로써 다른 것의 동일성을 유지시켜 준다.

배고픔과 그 충족은 이런 변화의 왕국에서 끊임없이 교체된다. 미카일 바크틴(Mikhail Bakhtin)은 식사 행위는 몸이 그 자신의 한계를 넘어서는 것이라고 말한다. 무엇을 삼키고, 게걸스럽게 먹는 것은 세계를 찢어 발기는 것이다. 그러나 그것은 또한 세계를 풍요롭게 하고 성장시킨다. 베어 물고, 찢어 발기고, 씹는 입(mouth) 안에서 인간과 세계와의 만남이 일어난다. 그것은 가장 오래되고 가장 중요한 인간의 사유 대상들 중 하나다.[301]

---

301 Mikhail Baktin, *Rabelais and His World,* trans. Helene Iswolsky(Cambridge: MIT Press, 1968), p.281

식욕은 무언가를 먹도록 하기 때문에 그 자체가 힘의 메타포로 사용된다.[302] 그것은 특히 허구적인 과장을 초래한다. 그래서 과식이 코믹한 글쓰기에 자주 등장한다. 라블레(Rabelais)의 이야기 가르강튀아와 팡타그루엘은 입으로 깨물기, 찢기, 씹기 등에 대한 우스꽝스런 과장을 활용하고 있다. 그 거인은 농장에 있는 것들을 모두 먹어 치워도 만족할 줄을 모른다.

이 이야기는 음식에 대한 욕구를 제지하지 않고 흥청거리며 먹고 마시는 민속 문화를 표현한 것이다. 또한 음식에 대해 절제할 것을 훈계하는 기독교 성직자들의 문화를 조롱하고 있다. 그들은 감각 위계를 강조한다. 지나친 신체적 욕구는 칭송할 것이 못된다. 지성적 활동과 절제의 가치에 대한 불손한 거부라고 본다.

그러나 지나친 식욕은 에로틱하고, 우스꽝스러우며, 기이하고 소름 끼치는 미학적 의미로 표현될 수 있다. 그것들은 모두 식사의 파괴적 순환을 나타내며, 맛의 감각과 식욕의 충족에 동반되는 취약성을 드러낸다.

맛의 대상은 우리 몸으로 들어가고 그 자체가 우리의 몸이 된다. 맛

---

302 Ronald D. LeBlanc argues that this is a theme of Dostoevsky's novels in "An Appetite for Power: Predators Carnivores, and Cannibals in Dostoevsky's Fiction in "in Food in Russian History and Culture, ed. Musya Glants and Joyce Toomre (Bloomington: Indiana University Press, 1997)

식사
이야기

을 보고 먹는 것은 바로 우리의 체질로 바뀐다. 그래서 거기에는 신뢰가 요구된다. 우리는 어떤 음식이 건강에 좋고 독이 없는 것이라면 신뢰할 수 있을 것이다. 우리는 우리가 먹는 음식의 성질뿐만 아니라, 음식을 함께 먹는 사람들과 음식을 준비하는 사람들의 성향에 의존할 수밖에 없다.

우리는 다른 사람들과 함께 식사를 하면서 잔치를 벌이고 우정을 쌓기도 한다. 그러나 식탁에서 신뢰가 사라지면 끔찍한 보복행위와 배신이 일어나기도 한다. 우리는 그런 사례들을 가장 오래된 고대 소설로부터 현대 소설에 이르기까지의 서사에서 발견할 수 있다. 우리는 식사에서 소름 끼치게 놀랄만한 어두운 측면을 발견하기도 한다. 그것은 문명화되고 사회적 결속의 양상을 띠는 식사와 대조된다. 그러나 어떤 어두운 측면들은 문명화된 관습으로 전환될 수 있다고 생각된다.

소름끼치는 식사

복수심에 사무친 요리

요정 이야기와 민간 설화에는 끔찍하고 소름 끼치는 식사와 식욕을 담은 내용으로 가득 차 있다.[303] 그런 것들 중 사람을 잡아 먹는 거인

---

303 These and other meaning of food in a set of French folktales are explored by Louis Marin, *Food for Thought*, trans. Mette Hjort (Baltimore: Johns Hopkins University Press, 1989)

이야기는 무분별하게 사람 고기(人肉)를 먹는 것으로 유명하다. (영국의 요정 이야기는 페, 피, 포, 품(Fe, fi, fo, fum)하는 사악한 거인이 내뿜는 불길한 징조의 외침으로 가득 차 있다. / 나는 영국 사람의 피 냄새를 맡는다. / 그는 살아 있든지 죽어 있을 것이다. / 나는 그의 뼈를 갈아서 나의 빵을 만들 것이다.)

민속적 전통에서 그런 괴물들은 사람을 잡아 먹는 식사가 아니면 달랠 수가 없다. 거기에는 미노타우로스, 레이들리 웜, 성 게오르그의 용 등이 있다.

*미노타우로스[Minotauros] : 그리스 신화에 나오는 우두인신(牛頭人身)의 괴물. '미노스의 소'라는 뜻. 크레타의 왕 미노스는 해신(海神) 포세이돈에 대한 약속을 지키지 않아 그의 노여움을 산 결과, 왕비 파시파에는 해신이 보내온 황소를 사랑한 끝에 머리는 황소이고 몸뚱이는 사람의 모양을 한 괴물 미노타우로스를 낳았다. 그러자 미노스 왕은 건축과 공예의 명장 다이달로스에게 명하여 비린토스(labyrinthos:迷宮)를 짓게 한 후, 미노타우로스를 그곳에 가두었다. 그리고 해마다 아테네에서 각각 7명의 소년 소녀를 뽑아 이 괴물에게 산 제물로 바쳤다. 그런데 세 번째 제물이 바쳐질 때 아테네의 영웅 테세우스의 손에 괴물은 죽고 말았다. 이같은 괴물을 생각해낸 배경에는 크레타 섬의 황소 숭배 관습이 깔려 있다.

*레이들리 웜[Laidly Worm] : 노섬브리아 왕국에서는 밤부르그(Bamburgh) 성의 왕이 그의 아내가 죽은 후, 아름답지만 잔인한 마녀를 여왕으로 데려 간다. 왕의 아들인 칠드 윈드(Childe Wynd)는 바다를 건너 갔지만 마가렛 공주

의 딸의 아름다움을 질투하는 마녀는 그녀를 용으로 변신시킨다....나중에 왕자
는 돌아와 용과 싸우는 대신 키스하여 공주를 자연스러운 형태로 복원시킨다.

성 게오르그의 용[St. George's dragon] : 성 게오르그는 초기 기독교의 순교자
다. 14 성인의 한 사람으로, 회화에서는 일발적으로 칼이나 창으로 드레곤을 찌
르는 백마를 탄 기사의 모습으로 그려진다.- 역자 주

흡혈귀는 끝없는 갈증으로 인간의 피를 빨아 먹고, 그 제물들을 희
생시킨다. 어떤 괴물은 증오와 적대로 음식 코드를 근본적으로 위반
한다. 백설 공주 이야기에서 사악한 왕비는 적을 저녁 식사로 올려놓
았다. 그래서 그녀의 사악한 성격이 알려질 수 있었다.

그녀의 의붓 딸은 숲으로 쫓겨나고, 나뭇꾼에 의해서 그녀의 기억
을 다시 찾게 된다. 그리고 그 딸에게는 황금 접시 위에 차려진 요리
가 제공된다. 백설 공주에는 마음씨 고운 나뭇꾼 이야기가 나온다.
그는 숲속의 짐승을 죽여서 그 심장으로 그녀의 것을 대체한다.

복수심에 사무친 식사는 요정 이야기에만 국한되지 않는다. 헤로
도토스(Herodotos ; 그리스의 역사가, BC. 484~425년)는 메디아의 왕 아
스티아게스에게 화가 난 하르파구스(Harpagus)에 대한 이야기를 한
다. 그 왕은 연회에서 자신의 아들을 죽여 그 살을 음식으로 차려낸
다.[304] 아마도 이보다 더 끔찍한 사건을 상상하기는 힘들 것이다.
셰익스피어(Shakespeare)는 "피비린내 나는 연극" 티투스 안드로니
쿠스(Titus Andronicus)에서 복수의 마지막 장면으로 그와 똑 같은 주

제를 다루고 있다. 휴전을 기념하는 잔치에서 고트 족의 여왕 타모라는 그녀의 두 아들의 머리를 바친다.[305]

끔찍한 식사에 대한 이야기는 맛 감각의 미학적 성격에 대해 다시 물음을 제기한다. 우리가 2장에서 다룬 내용으로 돌아가 보자. 에드먼드 버크(Edmund Burke)는 미각이나 후각은 숭고를 전혀 경험할 수 없을 것이라고 생각했다. 그런 감각들의 극단은 혐오나 구역질이다. 그래서 그런 감각들은 거리 감각과 동등한 경외감을 만들어 낼 수 없다. 5장에서는 혐오를 숭고의 반대편에 있는 것으로 일반화시켜 보려고 했다. 혐오감은 식품에 대한 예술적 표현이 그려낼 수 있는 것이다.

그런데 버크는 악취가 나고 해롭고 독이 든 음식이 시적인(poetic) 맥락 안에 들어오면, 숭고의 특징인 경외감을 일으킬 수 있다고 지적한다. 식사 경험에는 분명히 "두려움"의 범주가 작동할 수 있다. 두려움이 숭고의 뿌리라면, 두려운 식사 경험은 숭고에 매우 가깝다.

버크는 다음과 같이 지적하고 있다. "두려움을 주는 것이 무엇이든, 혹은 두려움과 유사하게 작동하는 것이 무엇이든, 고통과 위험의 관념을 자극하는 것은 숭고의 원천이 된다. 그것은 마음이 느낄 수 있는

---

304 Herodotus, *The Persian Wars*, 1:119.

305 Act V, Scene 3. Tamora eats the dreadful dish containing the heads of sons, now baked into pie, while witnessing Titus Andronicus kill his mutilated daughter.("Why, there they are both, baked in that pie;/ Wherefof their mother daintily hath fed,/ Eating the flesh that she herself hath bred")

**식사
이야기**

가장 강렬한 감정을 낳는다."[306]

금단의 물질을 먹는 것은 숭고의 특징인 초월성을 갖지 못하는 것 같다. 그러나 그것은 서사에서 활용될 수 있는 두려움이나 공포를 충분히 일으킬 수 있다. 하르파구스(Harpargus)의 끔찍한 식사가 숭고한 것일 수는 없지만, 공포, 잔인함, 그리고 철저한 위반 때문에 정말 두려운 것이 된다.

하르파구스는 그의 아들을 살해한 공포를 알지 못한다.(그의 아들의 머리와 손은 연회가 끝난 뒤 바구니에 넣어서 그에게 전달되었다.) 그는 속임을 당해서 아들의 몸을 파멸시키는 섬뜩한 사건의 대행자가 된다. 셰익스피어는 여왕 타모라(Queen Tamora)가 두 아들을 먹어 치웠다고 쓴 다음에는 아무것도 쓰지 않고 있다. 그것은 아마도 그런 형언할 수 없는 공포를 알기 때문일 것이다.

먹는 사람을 속여서 공범을 만들 수 있는 것은 먹는 주체가 갖는 특별한 능력이다. 그것은 맛의 대상이 감각 운동에 의해서 파괴되며, 오래 가지 못하기 때문이다. 식사의 대상을 파괴하는 것은 어떤 의미에서는 증거를 없애는 것이다. 그것은 먹는 사람이 그의 먹잇감, 희생물, 식사를 자기 자신에게 흡수시키기 때문이다. 친숙한 식품들은 우리에

---

306 Edmund Burke, *A Philosophical Enquiry into the Origin of Our Ideas of the Sublime and Beautiful*, ed. James T. Boulton (Notre Dame : University of Notre Dame Press, 1968), sec. 1, p.39

게 방해가 되지 않는다. 우리는 그것을 몸으로 흡수하는 버릇이 있다.

그러나 식사가 죽음을 구성한다는 사실은 중요하다. 우리가 먹는 것이 특이하고, 혐오스럽고, 금기된 것이라면, 우리는 공포에 떨게 될 것이다. 그리고 먹어서는 안되는 것을 씹고 삼켜서 우리 몸의 일부가 되게 한다면, 그 또한 공포스러울 것이다. 금기된 어떤 것을 "하는 것" 보다도, 그것을 "먹는 것"이 그 사람의 정체성을 바꾸어 놓기 때문이다.[307]

맛보는 것과 먹는 것은 미학적 경험의 다양성을 불러일으킬 수 있다. 그런 행동들의 미학적 가치는 일반적으로 알려진 것보다 더 심오할 수 있다. 음식 맛을 경험하는 것은 불쾌한 것으로부터 쾌락의 정점에 이르기까지 확장될 수 있다.

음식에 대한 시각적 탐구는 이미 그런 복잡한 그림을 갖고 있었다. 즉 음식에 대한 시각적 표현는 고상한 것으로부터 혐오스러운 것에 이르기까지 확대된다. 그와 비슷하게 공포스러운 식사의 현상 또한 미학적 범위의 확장을 가져온다. 그리고 공포스러운 식사와 세련되고 문명화된 식사 사이에는 거리가 있다.

---

307 Eating may signal that one has taken an irreversible step. It was after Persephone carelessly ate some pomegranate seeds in Hades that she was condemned to spend half the year in the underworld.

**식사
이야기**

이런 무서운 조작들은 식사하는 주관의 일반적인 경험에서는 잘 드러나지 않는다. 그런 조작들은 실제에서보다 상상 속에서 더 두드러지게 나타난다. 상상된 공포감은 실제로 발생하는 것보다 더 널리 퍼진다.[308] (사람의 고기를 먹는 야생 짐승은 사람의 몸에 있는 즙이 많은 고기를 끝없이 찾는다. 이것은 풍미에서 인간이 짐승보다 더 우월한지 아닌지에 따라서 인간중심주의가 될 수도 있고 안될 수도 있다는 것을 말한다. 그러나 그것이 공포스러운 식사를 의미한다는 것은 분명하다.)

그런데 그런 이야기들은 왜 식사의 사회적 기능을 조명하는 것으로 간주되는가? 식사는 사람들을 친밀하게 묶어 주고 상호 존중하는 사회적 관계를 강화시켜 준다. 그것은 공동체를 형성하거나 회복시켜 준다.

요정 이야기나 오래된 전설에 나오는 공포스럽고 이해할 수 없는 식사는 그 반대편에 있는 것이다. 그런데 문제는 후자의 가능성이 전자에 더 깊은 의미를 준다는 데 있다. 먹는 것은 위험한 것일 수 있다. 그것은 자양분을 제공하고 즐거움을 주는 것과 달리 공포스럽고 끔찍한 것일 수 있다. 그리고 그것은 속임수와 배신의 장소가 될 수도 있다.

식인주의(cannibalism)와 같은 비뚤어진 위반은 거의 드물다.[309] 그

---

308 *Totem and Taboo [1918]*, trans. James Strachey (New York: Norton, 1950) ; Bruno Bettelheim, *The Uses of Enchantment* (New York: Knopf, 1976).

것은 먹을 수 있는 것과 수용될 수 있는 행동에 대한 근본적인 교의를 위반하고 있다. 그래서 특별히 섬뜩함을 야기시킨다. 자신의 아들을 게걸스럽게 먹도록 함으로써, 하르파구스를 희생에 빠뜨리는 속임수는 특히 소름 끼친다.

음독은 먹는 것으로 어떤 사람의 희생을 유인하는 또 다른 방법이다. 그것은 훨씬 일반화되어 있다. 음식이나 음료로 다른 사람을 죽이는 것은 문학과 전설의 유서 깊은 주제다. 그리고 음독은 또한 복수와 배신의 상징이 되어 왔다. 그것은 부지불식 간에 이루어지는 파괴 행위라기보다 목표를 희생시키기 위한 시간을 만든다.

연인을 음독으로 죽이는 것은 낭만주의 문학에서 자주 등장하는 주제다. 그것은 특히 믿음과 사랑을 배신하기 때문에 더욱 드라마틱하다. 란달 경(Lord Randal)의 전설적인 죽음은 쉽게 찾아왔다. 그는 그의 적이 아니라 연인을 만났고, 방심하는 사이에 죽음을 맞이하게 된다. 경악한 어머니와 아들이 나눈 대화를 서사시에서 다음과 같이 표현하고 있다.

저녁 식사는 어디서 했니, 란달 내 아들아?
저녁 식사는 어디서 한거니, 나의 멋진 아들아?

---

309 Lawrence Osborne, "Does Man Eat Man?" *Lingua Franca* 7.4 (April/May 1997):28-38

나의 소중한 연인과 함께 했답니다. 어머니, 잠자리를 보아 주세요,
사냥 때문에 몹시 지쳐, 어서 눕고만 싶어요.
……
오오, 독을 먹었는지 걱정이 되는구나, 란달 내 아들아!
독을 먹었는지 걱정이 되는구나 나의 멋진 아들아!
아아, 독을 먹은 것 같아요 어머니 잠자리를 보아 주세요,
심장이 너무 아파서 어서 눕고만 싶어요.[310]

음식을 준비하고 먹는 것은 끔찍한 일이 될 수 있다. 그래서 우정과
공동체를 위한 식사는 전혀 문제가 되지 않는다. 맛을 보고 먹는 것은
한 사람의 몸을 변화시킨다. 그래서 그런 행동에는 신뢰가 요구된다.
먹는 것은 매일 일어나는 사건이고 일상적인 것이기 때문에, 가족이
나 비즈니스 관계에서 지루한 의무가 될 수도 있다.

그러나 어쨌든 음식을 먹는 것은 깊은 신뢰의 토대를 세우는 것이
다. 그런 신뢰를 저버릴 때 공포스럽고 치명적인 결과가 나타날 수 있
다. 모든 사람이 이미 친구가 되었다면 우정을 쌓는 일은 필요가 없을
것이다. 그런 친밀한 관계를 형성하기가 어렵기 때문에 제대로 기능하
는 공동체가 매우 소중한 것이다. 공동 식사에 대한 서사를 고찰하는
과정에서 우리는 다음과 같은 것을 기억해야 한다. 즉 공동 식사는 우

---

310 "Lord Randal," no. 66 in *The Oxford Book of Ballads,* ed. Arthur Quiller-Couch
(Oxford: Clarendon, 1924), p.292 ; (m.blog.naver.com/soyihj)

화나 오래된 전쟁 이야기에 감추어진 것과는 반대로 신뢰를 전제한다는 것이다.

식사의 역설

복수, 배신, 음독, 그리고 우정, 평화, 사회적 조화의 양극단에는 중간 항목이 있다. 그것은 식사 그 자체가 갖는 독특한 현상이다. 복수심에 사무쳐서 요리를 하는 사람은 같은 빵을 공유하는 것이 아니라 서로에게 자양분을 주는 음식을 함께 먹는다는 사실을 이용한다. 그들은 피차 같은 것을 먹지 않는다.(독살범은 모두를 살해하거나 모두 자살하는 것을 생각하지 않는 한, 독을 공유하는 것을 꺼린다.) 그것은 식사가 본성상 파괴적이고 위험한 것일 수 있기 때문에 이런 통제가 필요한 것이다.

헤겔은 식사가 맛의 대상을 파괴한다고 말한다. 따라서 식사는 모순을 내포하고 있으며, 음식의 맛을 즐기는 것은 그런 모순에 참여하는 것이다. 즉 삶을 위해서 삶을 파괴하는 것이 필요하다. 우리는 소금과 같은 무기물을 먹기도 하지만 살아 있는 것을 먹기도 한다. 또한 살아 있는 것들이라고 해서 모두 지각을 갖는 것은 아니다.(채식주의자들의 도덕적 근거들 중 하나는 지각을 가진 다른 생명을 취하지 않는 것이다.)

우리가 즐기는 식사는 어떤 점에서는 살아 있는 생명을 취하고 그것을 그릇에 내놓는 폭력 행위가 요구된다. 레온 카스(Leon Kass)는 식사의 커다란 모순에 대해 "생명과 그 형태를 보존하기 위해서는 반드시 다른 생명과 그 형태를 파괴해야 한다."[311]고 말한다.

그러나 마가렛 비셔(Margaret Visser)는 어떤 측면에서 먹을 것을 제공하는 것은 문명화된 행위가 될 수 있다고 말한다. 또한 예절을 함양하는 것은 식사의 위험성을 전제로 한 진지한 진화의 결과다. 그러나 배고픔의 끊임 없는 순환과 늘 존재하는 파괴는 삶을 지속하기 위해 반드시 필요하다.

우리 마음 한구석 어딘가에는 식인주의(食人主義 ; cannibalism)에 대한 생각이 있다. 그것은 일반적인 담론과는 거리가 멀다. 인간도 음식이 될 수 있으며, 서로를 잡아 먹을 수 있다. 어떤 유기체가 다른 것을 섭취하기 위해서는 반드시 폭력이 필요하다. 음식을 제공하기 위해서 동물은 살해되어야 한다. 식물은 찢어지고, 껍질이 벗겨지고, 씹혀진다.

우리는 우리가 먹는 대부분의 것들을 불로 끓이거나 굽거나 한다. 우리가 씹어 먹을 수 있는 것들은 무자비하게 살해되고 요리되도록 설계된 것이다. 식탁 예절의 모든 규칙의 배후에는 식당에 들어온 사

---

311 Leon R. Kass, *The Hungry Soul: Eating and the Perfecting Our Nature* (New York: free Press, 1994),p.13

람들의 결의가 숨어 있다. 식탁 예절의 중요한 역할 중 하나는 폭력을 막는 데 있다.[312]

가장 세련되고 맛 좋은 음식조차도 폭력적 배경을 전제하고 있다. 롤랑 바르트(Roland Barthes)는 "만약 일본 요리가 항상 마지막 식사(요리의 근본으로)로 장식된다면, 그것은 아마도 명예로운 죽음을 봉헌하기 때문일 것"[313]이라고 말한다.

몇천 년을 거치면서 많은 사회에서는, 음식을 준비하고 먹는 것이 정교화되고 품격있는 것이 되었다. 문명의 정점이자 상징이 되었다. 그러나 이런 결과에 도달하게 된 방식을 분명하고 단호하게 설명하기는 어렵다. 그것을 허먼 멜빌(Herman Melville)의 명상적인 서사시 모비딕(Moby Dick)에서 탐색해 보고자 한다.

(모비 딕은 소설 속의 고래 이름. 이 소설은 작가가 원양 포경선에서 일한 경험을 바탕으로 쓰여졌다. 거대하고 흰 향유고래 모비 딕과 에이허브 선장의 싸움을 그리고 있다.)

---

312 Margaret Visser, *The Rituals of Dinner: The Origins, Evolution, Eccentricities, and Meaning of Table Manners* (New York: Penguin, 1991), pp.3-4

313 Roland Barthes, *The Empire of Signs,* trans. Richard howard(1970) (New York: Hill&Wang, 1982), p.20

**식사
이야기**

멜빌의 명상적 서사시 《모비딕》_ 스터브의 저녁식사

그 유명한 소설은 흰 고래(White Whale)를 뒤쫓는 에이허브 선장을 그린 것이다. 그것은 먹고 먹히는 것에 관한 이야기다. 그것은 3일 동안 고래 배 속에 있었던 요나(Jonah)에 대한 성경 이야기를 상징하고 있다. 그리고 멜빌은 우리에게 사람과 짐승이 갖는 끔찍한 연대감에 대해 생각해 보게 한다.

피쿼드 호(Pequod; 모비딕의 포경선)의 선원들은 지구 전체를 대표한다. 미국 북부지방 사람인 선장과 그 동료들, 폴리네시아(태평양 중남부에 펼쳐져 있는 하와이제도, 뉴질랜드 등 여러 섬)의 원주민, 아프리카 사람, 그리고 인디언 작살잡이가 그들이다. 그리고 나머지 선원들도 지구 곳곳에서 온 사람들이다.[314]

특히 선원들 중 퀴퀘그(Queequeg)라는 폴리네시아 사람은 식인종이다. 하지만 다른 사람들로부터 특별히 떼어놓지 않았다. 또한 사람을 잡아 먹는 것이 다른 것을 먹는 것과 특별히 다르게 묘사되지 않는다. 그것은 멜빌이 같은 종을 잡아먹는 것의 부도덕성을 이해하지 못한 때문이 아니다. 그것은 어떤 것도 먹는 것에 동반되는 삶과 죽음의 순환에서 벗어날 수 없기 때문이다.

---

314 Herman Melville, *Moby Dick*(1851) (New York: Penguin, 1978). Chap. 40, "Midnight, Forecastle," details the nationalities represented on the Pequod.

멜빌이 말하고자 하는 의미를 좀 더 확대해 보면, 식인주의는 식인 풍습에만 국한되어 있는 것은 아니다. 그것은 삶에 대한 불가피한 파괴가 그들의 삶을 영구화한다는 것을 말한다. 그 소설에서 멜빌은 유명한 수사적 질문을 던지고 있다. "인육을 먹는 사람? 누가 인육을 먹는 사람이 아니란 말인가?"[315]

그 소설에서 화자(話者, narrator)인 이스마엘(Ishmael)은 피지 원주민 식인종 퀴퀘그를 만난다. 있을 것 같지는 않지만, 그들은 서로 관계를 트고 신뢰를 쌓으며 우정을 나눈다. 이런 유대의 표시는 트라이 포트 여관(Try Pots Inn)에서의 재미있는 식사 장면으로 연출된다. 그들은 그 여관의 안주인에게 여러 그릇의 차우더(chowder; 생선, 조개류와 야채로 만든 걸쭉한 스프)를 요구한다. 그것은 김이 모락모락 나고 맛이 좋으며, 그들이 곧 항해할 바다의 풍부함으로 가득 차 있었다.

트라이 포트는 그 이름에 걸맞게 생선 냄새로 찌든 곳이었다. 언제나 차우더를 끓이는 냄비가 있었기 때문이다. 아침에도 차우더, 점심에도 차우더, 저녁에도 차우더를 먹었다. 당신이 옷에 매달린 생선 뼈를 보게 될 때까지.... 나는 전혀 설명할 수 없었지만 우유에서도 생선 맛을 느낄 수 있었다. 어느 날 아침 어부들의 배가 있는 해변을 산책하는 일이 일어날 때까지... 나는 생선의 잔해를 먹는 호세(Hosea)의 얼룩소를 보았고, 대구(생선의 일종)의 대가리를 발에 매달고 해변의

---

315 Ibid, p.406.

모래 밭을 행진하는 것을 보았다.[316]

그들은 배를 타고 바다의 물고기들 가운데로 항해하였다. 선원들이 먹은 것보다 더 많은 물고기를 잡을 기회를 얻었다. 또한 그들은 거대한 포식자(모비 딕)의 세계 위를 항해하고 있었다.

선장 에이허브와 동료들은 매일 같이 공식적이고 엄격한 방식으로 식사를 했다.[317] 그들은 선실에서 부르는 계급에 따라 한 사람씩 먹었다. 선장 에이허브, 일등 항해사 스타벅, 이등 항해사 스터브, 삼등 항해사 플래스크의 순이었다. 그러나 그것은 즐거운 만찬의 경험은 아니었다. 에이허브는 식사를 하면서 조용하지만 시무룩한 모습을 보였다.

그들의 식사에는 제약이 있었다. 그들은 가끔 극심한 배고픔을 느꼈지만 음식을 제대로 먹지 못했다. 식탁으로 가기 전에 부름을 받으면 식사를 포기해야만 했다. 그들은 그들에게 제공되는 음식이 선장과 매우 큰 차이가 있다는 것을 목격하게 되었다. 피쿼드 호에 승선한 사람들의 식사 절차는 소설의 앞부분에서 상세하게 소개되고 있다. 그것은 스터브의 섬뜩한 잔치(30장)를 위한 배경이 되기도 한다. 여기에서 우리는 인간의 식욕과 그 짐승같이 달려가는 힘에 대한 멜빌의 숙고를 발견하게 된다.

---

316 Ibid, p.162.

317 Ibid, chap.34, "The Cabin Table"

이등 항해사 스터브는 우리에게 용기 있고 발랄한 뱃사람으로 소개되고 있다. 그는 일등 항해사 스타벅이 가지고 있는 도덕적 강직함과 종교적 비젼이 부족할 수도 있다. 그렇다고 해서 그가 바다의 공동체에 참여하기에 적합하지 못한 사람이라고 할 수는 없다.

선원들 중 어느 누구도 평범한 시민으로 묘사되고 있지 않다. 이스마엘을 "고립된 사람"이라고 부른다. 그들은 모두 오랜 항해에서 형성된 성향 때문에 도시와 마을의 속박된 삶에서 자유로웠다. 고립을 좋아하는 그들의 취향은 남성적인 세계로 각색되고 있다. 그것은 그 배에 거주하는 사람들이 모두 남성들이기 때문이다.

물론 19세기 고래잡이에는 여성들이 전혀 없었다. 소설의 중간 부분에서 가정의 부재(不在)가 효과적으로 강조되고 있다. 특히 식사 장면에서 극적으로 강조하고 있다. 그것은 불편하고 어색한 선장의 식탁과 스터브가 자행한 야만적인 잔치가 잘 말해주고 있다. 소설 속에 그려진 남성성의 세계와 혼자 있기를 좋아하는 선원들의 성향은 뚜렷한 개성을 갖는 배경이 된다.

이런 엄격한 구조 속에서도 스터브는 쾌활하고 태평한 사회적 성향을 가지고 있었다. "그는 낙천적이다. 비겁하지도 용감하지도 않다. 그는 그저 그런 태도를 가질 위험성이 있지만....유머 감각이 있고, 손쉽고 부주의하게, 고래잡이 배를 주재하고 있었다. 마치 선원들이 모두 초대된 저녁 식사에서 가장 치명적인 만남이 이루어진 것과 같이..."318

**식사
이야기**

이 유쾌한 은유는 "스터브의 저녁식사"라는 장의 이야기와는 전혀 다른 식사를 암시한다. 어느 날 저녁, 성공적인 고래잡이를 마친 뒤, 스터브는 고래 스테이크에 식욕을 느꼈다. 그는 아프리카 작살잡이 다구(Daggoo)를 배 옆구리에 묶어 놓은 죽은 고래에 내려보냈다. 꼬리 부분의 즙이 많은 곳에서 고래 고기 한점을 잘라 오도록 했다.

그는 늙은 요리사 플리스(Fleece)에게 즉시 고래 고기 스테이크로 저녁을 준비할 것을 명했다. 스터브는 선실의 식탁으로 내려가지도 않았고, 다른 사람들을 초대하지도 않았다. 그는 갑판의 캡스턴(capstan; 배에서 닻 등 무거운 것을 들어 올리는 밧줄을 감는 실린더)에 기대서, 향유고래 기름 램프의 불로 구워진 고래 고기 스테이크를 게걸스럽게 먹었다.

그러나 스터브가 그 스테이크를 먹었다는 것은 어떤 타락한 모습을 보여준다. 그것은 고래 기름이 고래 자신의 살을 스스로 태우도록 한 것이기 때문이다. 이런 비뚤어진 강요와 공모관계는 다음과 같은 성경의 금기를 상기시킨다. "숫염소 새끼를 제 어미의 젖으로 삶으면 안된다."(출애굽기, 34:26) 그것은 사실상 스스로 명백한 위반이다.

스터브의 위반은 고래 고기 스테이크를 즐긴 것으로 끝나지 않았다. 상어 떼가 약탈 대상을 찾아 돌아다니고 있었다. 그들은 배 옆구

---

318 Ibid, pp.212-13

리에 묶어 놓은 죽은 고래 주위를 무리 지어 다녔다. 그들은 엄청난 식욕을 과시하면서 스터브와 경쟁하고 있었다. 스터브와 상어떼는 거울에 비친 모습처럼 서로 대치돼 보였다.

그날 밤, 스터브는 더 이상 고래 고기 잔치에 초대된 유일한 손님이 될 수 없었다. 수천 마리의 상어 떼가 거대한 고래를 둘러싸고 쩝쩝거리며 먹고 있었기 때문이다.[319] 상어는 보통의 바다 생물이 아니었다. 그리고 스터브와 함께 먹고 있는 상어들은 그 바다에서 가장 무서운 동물이었다.

피쿼드호의 주된 희생자는 거대한 향유고래였다. 특히 거기에는 무시무시한 모비 딕이 있었다. 이 소설에서 고래는 맛이 좋은 것으로 표현되고 있다. 그러나 고래 또한 게걸스럽게 먹는 짐승이고, 자연의 파괴적인 힘을 상징한다. 하지만 그들도 나이 먹고 병들면 동정심을 유발하기도 하고, 두려워하며 고통을 겪기도 한다. 그들은 영리하고 지적인 면도 있다.

선원들에 의해서 죽임을 당한 바닷속 괴물은 불쌍하고, 눈이 멀고, 쇠약한 고래였다. 그 고래는 선원들에 의해서 무자비하게 도살되었다. 그런데 그 선원들은 바다 속의 풍요를 거둬들인 의기양양한 사업가의 모습이 아니었다. 그들은 짐승 떼를 무분별하고 잔인하게 죽이는 비

---

319 Ibid, p.398.

식사
이야기

정한 킬러의 모습이었다.

그 웅장한 함대(피쿼드호)에서 벌어지는 장면들 중에서 눈에 띠는 것이 있었다. 작은 고래잡이 배 중 하나에 탄 선원들이 어쩌다 보니 고래의 보육센터를 맡게 된 것이다. 그들은 어머니의 마음으로 고래 새끼들과 어우러지게 되었다. 그 고래 새끼들은 보트 옆에서 마치 거대한 강아지와 같이 코를 킁킁거리고 있었다. 그 고래잡이들은 작살을 내려놓고, 고래를 만지려고 손을 내밀었다. 그 순간 뭍의 생물과 바다 생물 사이에는 다리가 놓이게 되었다. 그들은 포식자와 희생자라는 사실조차 잊어버렸다.

그런 만남은 상어들에게는 상상도 할 수 없는 것이었다. 그 상어들은 피쿼드호를 둘러싸고 그 포획물을 먹었다. 그 상어들은 개나 식인종, 그리고 악마와 비교된다. 그러나 그들 또한 인간과 연관되어 있다.

해전(海戰)의 공포와 마법을 모두 이겨냈음에도 불구하고, 상어들은 배의 갑판 쪽을 동경하는 것처럼 보였다. 그들은 마치 붉은 고기가 저며지고 있는 식탁을 에워싼 굶주린 개와 같았다. 그들 앞에 던져지는 사체들을 모두 먹어 치울 태세였다.

한편, 갑판 위에 있는 용감한 도살자는 도금을 하고 술을 달아 장식한 칼로 살아 있는 고기를 잔인하게 저미고 있었다. 갑판 아래에 있는 상어들 또한 보석을 박은 것 같은 입으로 싸움을 하듯 죽은 고기를 저미고 있었다. 그리고 이 모든 것들이 완전히 거꾸로 뒤집어진다 할지라도, 그것은 거의 똑같은 것이 될 것이다.

상어들이 하는 일은 모두에게 충격을 주기에 충분한 것이었다. 상어들은 마치 대서양을 가로지르는 모든 노예선의 경호원처럼 보였다. 그 노예선은 어디로든 데려갈 수 있는 편리한 소포 꾸러미에 불과한 것이었다. 죽은 노예들은 품위 있는 장례식에 초대될 것이다. 그리고 상어들은 가장 명랑하고 유쾌하게 향연을 즐길 것이다.

하지만 바다에 정박된 고래잡이 배에는 죽은 향유고래가 묶여 있다. 그것을 둘러싸고 수없이 많은 상어들이 몰려올 것이다. 그렇게 되면 어떤 일이 벌어질지 전혀 상상할 수 없게 될 것이다.[320]

스터브와 상어, 그 탐욕스런 인간과 물고기는 서로 공포스러운 이미지를 비치는 거울이다. 놀라운 것은 인간의 식탁 위 잡동사니들(상어들이 기다리는 것으로 묘사되는)은 은유적으로 인간의 살과 비교된다. 똑같은 구절에서 인간의 살은 물속에 버려진 죽은 노예의 몸을 기다리는 상어들을 위한 것이었다. 그러나 이 문자 그대로의 살은 나중에는 테이블에서 저며지는 평범한 고기가 된다. 그래서 결국 어떤 것이든 살을 먹는 모든 사람들은 식인 풍습으로 연결된다.

---

320 Ibid, p.399.

**식사
이야기**

사실 소설의 이 부분에서 암시된 사건들은 엄청난 혼돈을 가져온다. 어떤 구절에서는 상어가 잘 길들여진 것으로 표현되는가 하면, 다른 구절에서는 악마로 표현되고 있다. 때로는 필요한 동반자로, 식사를 함께하는 동료로, 때로는 악마로, 인간을 포함한 어떤 종류의 동물로 비유되고 있다.

야만적인 자연 세계는 내면의 짐승을 진압할 수 있는 어떤 도덕 규칙도 갖고 있지 않다. 하지만 스터브의 저녁식사는 그런 광포한 식욕을 드러내지 않는다. 그는 굶주린 짐승같이 게걸스럽게 먹지 않았다. 그는 단지 굶주림을 채우기 위해 먹는 것은 아니었다. 스터브의 저녁식사는 매너가 전혀 없는 것이 아니었다.

상어들이 떠들썩하게 식사하는 것을 보고 스터브는 요리사 플리스(Fleece)에게 그 물고기들을 향해 설교를 하라고 명했다. 그는 짜증을 부리면서 상어들에게 식욕을 자제하고 식사 매너를 지키라고 재촉했다. 우리는 플리스의 우스꽝스런 말투를 통해서 짐승의 본성과 인간 행동 사이의 연속성을 또 다시 발견한다.

"게걸스러운 식성을 가진 야생의 동료, 나는 너를 그렇게 비난할 생각은 없다. 그것은 자연의 본성이며 어쩔 수 없는 것이기 때문이다. 그러나 너는 그 악한 본성을 다스려야만 한다. 너는 상어다. 만약 네가네 안에 있는 사악한 본성을 다스리면 너는 천사가 될 것이다. 천사란 그 사악한 본성을 잘 다스린 것에 불과하다. 자, 형제여 여기를 보게,

예의를 갖추려고 노력하면, 고래의 도움을 받을 수 있을걸세."[321]

플리스는 상어가 바닥이 안 보일 정도로 배가 불룩해져도 그의 말을 듣지 않는다고 불평한다. 그래서 스터브는 그가 막 요리를 한 고래 스테이크가 어떤 상태인지 눈을 돌려 보았다. 그 스테이크는 아직 붉은빛을 띠고 있었다. 스터브의 입맛에 맞게 아주 잘 만들어진 것 같았다.

스터브는 플리스에게 다음과 같이 충고했다. "한 손으로는 스테이크를 잡고, 다른 한 손으로는 살아 있는 불씨를 그것에 갖다 대게. 다 됐으면 그것을 나눠주게." 그 늙은 요리사는 그의 침대로 돌아가서 불평하며 말했다. "꺼져버려! 고래를 먹는 대신에 고래가 그놈을 먹어버려라. 그가 마사 상어(Massa Shark)가 아니라면……"[322]

이 맥락에서 이 말은 정신이 번쩍 들게 한다. 그리고 퀴퀘그와 다른 선원들이 상어를 쫓기 위해 배 옆구리에 고래잡이 삽을 떨어뜨리자 섬뜩한 암시를 받게 되었다. 죽은 고기를 멀리하는 상어들은 그들 자신의 몸에서 피가 흐르면 다른 상어 떼를 자극하게 된다. 그들은 이런 게걸스러운 섬망 속에서 정신을 잃어버리게 될 것이다. 상어는 바로 그 자신을 잡아먹도록 강요될 것이다.

---

321 Ibid, p.401.
322 Ibid, p.404.

식사
이야기

"그러나 이렇게 뒤섞이고 싸우는 혼란 속에서 사수(射手)들은 매번 그들의 목표를 놓치고 말았다. 그리고 그들은 적의 믿을 수 없는 흉포함을 보게 되었다. 그들은 서로 잔인하게 배를 갈라서 내장을 꺼내고, 휘어지는 활같이 구부러뜨리고, 그들 자신을 이빨로 물어뜯었다. 입에서 창자가 삼켜지고 또 삼켜질 때, 크게 갈라진 상처로 틈이 벌어졌다.[323]

다른 상어뿐만 아니라 그 자신의 내장까지 걸신들린 듯 먹는 상어의 이미지는 우로보로스(ouroboros)의 모습을 반영한다. 그것은 자신의 꼬리를 먹는 뱀의 모습으로 끊임없는 순환을 상징한다. 상어들은 실제로 그들 자신을 먹음으로써 끔찍한 순환의 이미지를 보여주고 있다.(바크틴은 삼키는 것은 죽음과 파괴의 가장 오래된 상징이라고 주장한다)[324] 끊임없이 걸신들린 듯 먹는 문학적 주제는 깊은 바다의 피조물에만 국한되는 것은 아니다. 그것은 우리 자신, 그리고 육지 생물들의 모습을 반영한다.

바다의 신비로움을 생각해 보라. 가장 무서운 생명체들이 어떻게 물속에서 미끄러지듯 움직이는지. 거의 눈에 보이지 않고 자연의 가장 사랑스런 빛 아래에 숨어 있는지. 가장 무자비한 종족의 사악한 광채와 아름다움을 생각해 보라. 그것은 수많은 상어들을 앙징맞게

---

323 Ibid, p.408.

324 Bakhtin, *Rabelais and His World*, p.325.

장식하고 있다. 바다에 널리 퍼져 있는 식인주의를 한번 생각해 보라. 그 모든 생명체들은 서로에게 먹잇감이 되고, 세상이 시작된 이래 전쟁은 끝없이 계속되고 있다.

　　푸르고 조용하며, 그리고 가장 온순한 지구에 의지해 있는 이 모든 것들을 생각해 보라. 바다와 육지에 있는 것들을 모두 생각해 보라. 당신은 당신 자신에게 있는 어떤 것과 이상하게 닮은 것을 발견하지 못하겠는가? 이 끔찍한 대양이 푸른 대지를 둘러싸고 있는 것처럼, 사람의 영혼 안에 누워있는 타히티 섬은 평화와 즐거움으로 가득 차 있다. 하지만 반쪽만 알려진 삶에 대한 공포감이 어우러져 있다. 신이여 지켜 주소서! 당신이 결코 돌아올 수 없는 섬에서 떠나지 마소서![325]

　　고래잡이 배에 승선한 사람들은 힘들었다. 그리고 무자비한 대양의 파도 위에 던져진 작은 배에서의 식사는 육지에서보다 더 잔혹한 것이었다. 분명한 것은 우리가 사냥감 그림을 걸어놓은 문명화된 식당에 있지 않다는 사실이다. 그들이 피쿼드 호를 방문했을 때와는 다르지만, 삶의 절반만 아는 것에 대한 공포는 여전히 먹는다는 사실 속에 숨어 있었다.

---

325 Melville, *Moby Dick*, pp.380-81.

367

**식사
이야기**

누구와 함께 무엇을 먹는가 _ 음식과 공동체의 형성

《베니스의 상인》1막 3장에서 샤일록(Shylock)은 바싸니오(Bassanio)에게 다음과 같은 말을 하고 있다. "나는 당신과 함께 사고, 당신과 함께 팔고, 당신과 함께 말하고, 당신과 함께 걷고······ 할 것이다. 그러나 나는 당신과 함께 먹거나 마시지 않을 것이며, 기도도 하지 않을 것이다."

그의 선언은 식사의 가장 중요한 사회적 양상을 생각하게 한다. 식사의 기능은 공동체를 규정하는 데 있다. 함께 먹는 사람들은 어느 정도 똑같거나 비슷한 일족이다. 가끔은 유대교도이면서 기독교인에 대해 말을 거는 샤일록과 같이, 코오세르(Kosher, 유대교 율법에 따라 만든 식품)냐 아니냐, 즉 무엇을 먹느냐에 따라 음식이 규정된다. 음식의 준비와 식사의 조건에 대한 상호 인식이 하나의 그룹을 다른 것과 구분 짓고 그 경계를 정하게 한다.[326]

식사를 함께하기로 한 사람들은 암묵적으로 그 동료들을 매우 동등하게 생각한다. 이런 관행은 라틴어의 "동반자"(companion)라는 말의 의미에 그 뿌리를 두고 있다. 그것은 "한 사람이 다른 사람과 하나의 빵을 나누어 먹는다"라는 의미를 갖는다.

---

326 The essay in Mary Douglas, ed., *Food in the Social Order: Studies of Food and Festivities in Three American Communities* (New York: Russell Sage Foundation, 1984)

그것이 격식을 갖춘 것이든 아니든 간에, 함께 하는 식사는 어떤 공통 관심사를 갖게 한다. 그래서 그 공동체의 유대감을 강화시키고 새롭게 할 수 있다. 매우 드물게, 단지 함께 먹는 행위에 의해서만 사회적 결속이 이루어지는 경우가 있다. 그런 경우에는 음식 그 자체가 중요한 것이 될 수 있다.

친밀한 사람들이건 낯선 사람들이건 간에 사회적 행위는 음식과 음료를 제공하는 "환대"라는 이름으로 수행된다. 그런 환대는 성 바울 (St. Paul)의 유명한 종교적 계율과 관련된다. "나그네 대접하기를 소홀히 하지 마십시오. 나그네를 대접하다가 자기도 모르는 사이에 천사를 대접한 사람도 있습니다"(히브리서, 13:2). 사실, 성서는 함께 먹는 것이 공동체를 표시한다는 구절들로 가득 차 있다.[327]

음식의 힘은 매우 심오한 의미를 갖는다. 함께 먹는 것은 공동체를 기념하는 것뿐만 아니라, 연대감이나 의무감으로 한데 묶는다. 똑같은 음식을 먹는 행위는 적이라 할지라도 서로 친밀감을 갖도록 결속한다. 음식이 적과 관계를 맺게 한다는 것은 모험담에서나 볼 수 있는 것이다. 그런 것은 20세기 초 하퍼(Theodore Acland Harper)가 쓴 대중 소설 "시베리아의 금"(Siberian Gold)에서 발견된다.[328]

---

327 Abraham is the prototype for hospitality to angels:Gen.18:8, and see Mark 14:22-25; Matt.26:26-29; Luke 22:14-20 / 24:13-35:1; Cor. 11:20-33; Act 2:42/ 11:1-18; Gal. 2:11-14.; Mark 2:15-17; Matt.9:10-13, Jesus eats with "tax collectors and sinners," an indication that they are accepted by God.

328 Theodore Acland Harper, *Siberian Gold* (New York: Doubleday, Doran, 1928)

주인공 스테판 와일드(Stephen Wyld)는 미국의 광산 기술자다. 그의 회사는 그를 금을 찾으라고 시베리아 오지로 보냈다. 스테판은 소작 농들에게서 환심을 얻었다. 범법자이자 말도둑인 큐브릭(Kubrik)이라는 사람의 이야기를 듣게 되었다. 큐브릭은 위험한 사람이었다. 그는 그 지역의 정보를 캐고 다니는 스테판을 포로로 붙잡게 되었고 그를 죽여야 한다고 생각했다.

스테판은 큐브릭의 오두막에서 늙은 베두인 족장의 그림을 발견하게 되었다. 그는 그의 납치범의 배경을 추측해 보았다. 그래서 그에게 먹을 것을 달라고 하는 모험을 감행한다. 큐브릭은 은혜를 베풀었다. 그는 배가 고팠고 무언가를 먹어야 할 것 같았다. 그래서 그들은 간단한 식사를 함께 나누었다. 이렇게 해서 스테판은 그의 목숨을 겨우 건질 수 있었다. 베두인 족은 다른 사람과 함께 소금을 나누어 먹는 사람은 나중에 환대를 받는다는 관습이 있었다.[329]

이 이야기에서 식사는 사람들을 의무감으로 묶는 결과를 가져온다. 큐브릭과 스테판 와일드는 전혀 다른 세계에서 살았다. 한쪽은 범법자이자 무슬림이고 러시아의 타타르족이다. 다른 쪽은 교육받은 기술자이며 기독교인이고 미국인이다. 베두인족의 관습에 따라서 단지 소금을 나누어 먹는 행위가 그들 사이의 유대를 끈끈하게 만들었다.

---

329 Margaret Visser, *Much Depends on Dinner* (Toronto: HarperCollins, 1986), chap.2.

스테판은 비록 속임수이기는 하지만 식사가 친밀감을 만들어 준 덕분에 구출된 것이다. 결국 큐브릭은 스테판의 충실한 협력자가 되었고 친구가 되었다. 이 이야기는 분명히 친밀감의 관행을 이용하고 있다고 말할 수 있다.

인류학자인 잭 구디(Jack Goody)는 서아프리카에서 현장탐사를 했다. 그때 그는 다음과 같은 충고를 받았다. 만약 그를 둘러싼 사람들로부터 위협을 받게 되면, 반드시 입안에 그 마을의 흙을 조금 넣어두어야 한다. 그래야 거기에 살고 있는 사람들에게서 보호를 받을 수 있다.[330] 이 행동은 결국 신뢰할 수 있는 손님과 함께 식사를 나누는 것을 의미한다.

더 나아가서 식사를 함께하는 것은 혼자 식사하는 것을 이해할 수 있는 맥락을 제공한다. 혼자 식사를 한다는 것은 외로움과 고립을 의미한다. 그것은 함께 식사하는 행복한 공동체와는 무관한 것이 될 것이다.(먹는 것이 온전히 혼자 하는 기능으로 여겨지는 사회도 있다. 거기에는 사회적으로 함께하는 시간이 전혀 없다. -예를 들면, 현대사회의 혼밥이나 혼술이 거기에 해당될 것이다-역자 주)

그런데 식사의 사회적 친밀감에 깃들인 강한 유대 때문에, 오히려

---

330 Jack Goody, *Cooking, Cuisine and Class* (Cambridge: Cambridge University Press, 1982), p.75

식사
이야기

혼자 하는 식사는 특별한 의미를 갖게 된다. 그것은 반사회적 성향이나 거절, 또는 의존적 관계의 중단을 의미한다. 예를 들어, 콜레트(Colette; 1873~1954년 ; 프랑스의 여류 소설가)의 "다른 아내"(The Other Wife)라는 소설에 나오는 외로운 여인을 보자. 그녀는 혼자서 식사를 하고, 호텔 리조트에서 혼자 여가를 보낸다.

하지만 그것은 거절이나 불완전함이라기보다 오히려 독립성과 자신감을 의미한다. 이렇게 혼자 식사하는 사람이 느끼는 자족감은 그녀의 자율성을 선언하는 것을 의미한다. 그러나 이 여인 또한 혼자 식사를 하는 것을 행복해하지 않는다는 것은 분명하다. 또한 식탁에서 남편에게 시달리는 다른 부인들 쪽에서 보면 불편한 존경심을 불러일으키게 한다.

함께 먹는다는 것은 습관적인 것이다. 그런데 단지 그런 습관만으로는 공동체의 존재가 모호해질 수 있다. 주목할 만한 서사에서는 집단적 식사가 거의 눈에 띄지 않는다. 다만 그런 이야기에 나오는 사실적인 메모에서나 보일 뿐이다.[331]

찰스 디킨스(Charles Dickens)의 소설 《피크윅 클럽의 유문록(遺文錄)》(Pickwick Papers; 1837)에 나오는 친절하고 따뜻한 성격의 주인공

---

[331] For a discussion of food and realism in the novel form, see Gian-Paolo Biasin, *The Flavors of Modernity* (Prinston: Prinston University Press, 1993), Introduction.

은 주막이나 선술집에 자주 간다. 그 삽화 이야기에서 여행객들에게는 음식이 반복적으로 제공되고 있다.

그런데 제인 오스틴(Jane Austen ; 대표작 《오만과 편견》, 1813)의 소설에서 그런 식사는 "사회적 수용"을 의미한다.[332] 식사가 사람들을 결속시키는 이유는 입이 하는 다른 역할인 말하기와 관련이 있기 때문이다.[333] 식사하는 사람들은 앉거나 비스듬히 누워있게 되며, 요리를 하는 등 다른 실천적인 노력으로부터 분리된다. 다른 사람들과의 관계는 먹거나 말하기 등과 같이 입으로 이루어진다.

그런데 그런 두 가지 행동들은 몸과 마음에 모두 관계한다.(플라톤은 그의 《향연》, Symposium에서 그것은 오로지 마음에만 관계된다고 말하고 있기는 하지만……) 식사는 함께 있는 사람들이 누구인지, 서로 나누는 것이 무엇인지를 알게 한다.

나는 두 가지 유명한 소설에 나오는 저녁 파티에 관심을 갖고 있다. 거기에서 음식은 동료들을 하나로 묶는 역할을 한다. 이 소설에 나오는 사건의 장면들은 맛과 그 즐거움, 먹는 경험의 덧없음을 생각하게 한다. 그리고 아주 먼 과거의 기억을 간직할 수 있게 한다.

---

332 Though food is an important social ritual for Austen, appetite often indicates moral laxity, as Maggie Lane argues in *Jane Austen and Food* (London: Hambleton Press, 1995).

333 This is a major theme of Marin, *Food for Thought*.

식사
이야기

바베트의 만찬

이자크 디네센(Isak Dinesen : 1885~1962년, 덴마크의 여류작가)의 짧은 소설, "바베트의 만찬"은 모비딕과 뚜렷한 대조를 보인다. 그 이야기는 정중하고 도덕적이기는 하지만 범위가 좁은 삶으로 인도한다. 그들의 세계는 작고 국한되어 있으며, 가정적이고 여성적이다. 여성적인 가정을 형성하는 것이 그들의 중요한 특성이다.[334]

그들의 세상 경험은 지역 공동체 안에 국한되어 있다. 그들은 금욕적인 프로테스탄트 파의 독실한 크리스천이다. "동물적인" 것으로 간주되는 것은 가능한 한 거부한다. 하지만 그들도 먹어야만 산다. 어떤 사람에게는 스터브(Stubb)와 같이 걸신들린 듯 먹는 세계의 그림자가 여전히 남아 있었다.

디네센의 소설은 신체감각을 폄하하고 감각 위계를 금욕적으로 변형시킨 극단적인 버전이라고 생각된다.[335] 그 소설에 등장하는 사람들은 대부분 경건한 루터파의 일원이었다. 그들은 노르웨이의 작은

---

334 Several novels by female authors mix domestic plots with actual recipes, thus blending two literary genres: the novel and the cookbook or book of household management. See, e.g., Ntozake Shange, *Sassafrass, Cypress, and Indigo*(New York: St. Martine's Press, 1982); Laura Esquivel, *Like Water for Chocolate,* trans. Carol Christensen and Thomas Christensen (New York: Doubleday, 1992)

335 Dinesen first wrote "Babett's Feast" in English: it was published in the *Ladies' Home Journal* in 1950 and later collected in *Anecdotes of Destiny*(1958). In 1987 it was rendered in an award-winning Danish film directed by Gabriel Axel.

마을에서 비교적 고립된 채 살아가고 있었다.[336] 디네센은 이 이야기의 클라이맥스에서 음식과 식사를 묘사하고 있다. 그런데 그것은 신체적 쾌락에 대한 자기 부정과 경멸의 배경이 된다.

캐릭터들 중에서 중요한 두 사람은 그 종파의 공동체를 설립한 사람의 딸들이다. 그들 종교의 계율 중 하나는 식탁에서의 즐거움과 같은 육체적 쾌락을 거부하는 것이다. "그 구성원들은 이 세상의 쾌락을 포기했다. 이 세상에 있는 모든 것들은 단지 환상에 불과한 것이다. 참된 세상은 그들이 동경하는 새로운 예루살렘에 있기 때문이다."

그러나 그 이야기는 감각적 쾌락을 거부하는 것만은 아니다. 그것이 단지 가벼운 코미디로 그려지고 있을 뿐이다. 또한 그것은 등장 인물들에 대한 동정심을 자아내기도 한다. 그 이야기를 동화의 형식에 비추어보자.

그 두 딸은 매우 아름다웠으며, 그 마을의 젊은 남자들에게 인기가 있었다. 그러나 아버지인 주임 사제(영국 성공회 대성당의)는 그 딸들이 결혼하는 것을 막았다. 의무적으로, -그리고 행복하게- 그의 곁에 머물도록 했다. 그런데도 두 젊은 남자가 그녀들의 삶에 들어오게 되었다. 그들은 애정적인 접촉을 하게 되었다.

---

336 In Axel's film, the setting of the story is moved to Jutland.

**식사
이야기**

객원 군인이었던 로렌스 뢰벤힐름(Lorens Loewenhielem)은 그 지역 상류층 멤버의 조카였다. 그는 그의 숙모와 함께 시간을 보내러 오곤 했다. 그는 그에게 빚을 지게 하고 평판을 위태롭게 하는 방탕한 습관을 반성하고 있었다. 그는 자매의 언니인 마르틴(Martine)을 만나자 마음이 사로잡히게 되었다. 비록 그녀의 아버지의 금욕적인 가정생활이 그의 바람둥이 습성을 억압할 것을 알고는 있었지만……

그는 자신이 마르틴에게 어울리지 않는다는 것을 알게 되었다. 용서를 구하고, 그의 직업 생활에만 전념할 것을 맹세하며 부대로 돌아갔다. 떠나기 전에 그는 마르틴의 손에 열정적인 키스를 하고 애정의 체념을 선언한다. "나는 결코, 결코 다시는 당신을 만나지 않을 것입니다! 나는 운명의 야속함을 배웠습니다. 그리고 이 세상에 불가능한 것이 있다는 것을 알게 됐습니다."[337]

일년이 지난 뒤, 사랑의 기운이 어린 자매인 필리파(Philippa)의 삶을 어루만졌다. 아킬레 파핀(Achille Papin)이라는 프랑스 가수가 외롭게 휴가를 보내고 있었다. 그는 작은 피요르드 마을에 머물고 있었는데, 교회의 예배 시간에 찬송가를 부르는 필리파의 천사 같은 목소리를 듣게 되었다.

---

337 Isak Dinesen, "Babette's Feast," in *Anecdotes of Destiny* (New York: Viking Penguin, 1986), pp.23, 27

그는 그녀의 노래를 코치해 주겠노라고 말했다. 그것은 공식적으로는 신의 위대한 영광을 찬양하기 위한 것이었고, 사사롭게는 그녀를 파리의 무대에 데뷔시키고 싶었기 때문이었다. 그는 그녀가 모차르트의 돈 지오바니(Don Giovanni)를 부르도록 가르쳤다. 그들은 그 유명한 "유혹의 듀엣"을 함께 부른 뒤 서로에게 사로잡혔다. 하지만 뜻밖에도 그는 필리파에게 키스를 하고 떠나 버렸다. 그의 황홀감은 필리파가 그 키스로 인해서 혼란에 빠졌을 때 끝나 버렸다.

그녀는 자신이 더 이상 노래 연습을 할 생각이 없다고 파팽에게 말해줄 것을 아버지에게 요구했다. 필리파에게는 쾌락이 교차하는 예술과 인생의 경계에 대해 아는 것이 너무나 필요했다. (실망한 파팽은, "돈 지오바니는 제를리나에게 키스를 했고, 아킬레 파팽은 그 빚을 갚았다! 그것이 예술가의 운명이다!" 라고 말했다)[338] 파팽은 파리로 돌아갔고, 그 자매들은 궁핍하지만 조용하고 경건한 삶을 이어갔다. 그들의 아버지가 죽은 뒤 그 공동체의 예배를 주관했다. 불행하게도, 그 공동체는 시간이 지남에 따라 점점 줄어들었다. 그 멤버들은 하찮은 일로 다투고 자주 악감정에 빠져들었다.

몇 년이 지난 뒤 폭풍우가 몰아치던 어느 날 밤이었다. 그 자매들은 문을 두드리는 노크 소리를 듣고 나와 보니, 어느 낯선 여인이 주저앉아 있었다. 그녀는 파팽이 보내온 편지를 가지고 있었다. 그 편지는 자

---

338 Ibid.,p.32

**식사
이야기**

신을 바베트 허슨트(Babette Hersant) 부인에게 추천하는 내용을 담고 있었다. 바베트 부인은 프랑스에서 가까스로 탈출한 것이었다. 그러나 그녀의 남편과 아들은 파리 코뮌(Paris Commune)의 진압 과정에서 살해되었다고 했다.

그 편지에서 파핀은 필리파가 거절했던 자신의 음악 경력을 상기시켰다. 다시금 그녀의 아름다운 목소리를 칭찬했다. 그는 그 편지의 추신에, 돈지오바니와 제를리나의 듀엣을 오프닝 바(개막)로 한다는 메모를 남겼다. 그리고 그는 뒤늦게 생각이 난 듯 "바베트는 요리를 할 수 있어요"라고 썼다.

바베트는 두 자매를 불쌍히 여겼다. 그들의 빈한한 가정에서 요리를 하고 상을 차리면서 그들과 함께 살기로 했다. 그런데 그들은 프랑스 요리의 특이한 맛을 잘 알고 있었다. 그래서 바베트에게 대구(大口魚)와 에일 빵으로 프로테스탄트 음식을 차리도록 주문했다. 그리고 "요리를 하는 동안에 프랑스 부인들은 전혀 표정이 없다"라고도 말했다.

어쨌든 바베트는 요리를 할 수 있게 되었고 그 자매들의 병색은 점점 좋아졌다. 바베트는 훌륭한 프랑스식 요리 솜씨로 소금에 절인 대구와 질척한 빵으로 만든 국물 맛을 냈다. 그녀는 매일 분주하게 마을 사람들과 함께하는 활동에 참여했다. 하지만 그녀는 자신의 과거를 거의 이야기하지 않았다. 그녀는 가톨릭 교도였으며, 순전한 개신교도들과는 이질적인 사람이었다. 사실 그녀의 신비로움은 메카의 검

은 돌, 카바 신전(메카에 있는 중앙 신전)과 연결되어 있었다.[339]

그 후 몇 년이 지난 뒤, 바베트는 예상치 않게 복권에 당첨됐다. 그녀는 갑자기 10,000 프랑을 받게 됐다. 그 공동체는 그녀가 곧 프랑스로 떠나게 될 것을 슬퍼했다. 그녀는 작별 인사로 공동체를 위해 만찬을 준비하도록 허락해 달라고 간청했다. 그리고 그때는 두 자매의 아버지의 100주년 생일 기념일이기도 했다. 그녀의 요리는 "프랑스식 만찬"이 될 것이었다.

그러나 그들의 마음에 이 프랑스식 만찬은 사악해 보이기 시작했다. 바베트는 음식재료를 구하기 위해 프랑스를 여행하고 돌아왔다. 그리고 그 재료들이 배달되었을 때 그들은 공포감을 느꼈다. 쩍쩍거리는 새들을 담은 새장, 이름 모를 식품을 담은 상자, 수많은 포도주 병들, 그리고 무엇보다도 가장 공포스러웠던 것은 "쉿쉿" 소리를 내는 바다거북이었다. 그 뱀 모양을 한 머리는 마치 악마의 노리개처럼 보였다. 그런데 그것이 부엌의 조리대 밑에 떨어져 있었다.

그날 밤 큰 딸 마르틴은, 바베트가 그들을 마녀들의 안식일에 초대하는 꿈을 꾸었다. 마르틴은 그 잔치에 초대된 경건한 공동체에게 그들이 무엇을 먹게 될지 두렵다고 고백했다. 그래서 그 공동체는 단결하여 "먹기는 하되 맛은 보지 말자"고 합의했다.

---

339 Ibid.,pp.36,37

그들은 공동체를 설립한 주임 사제(두 딸의 아버지)에게 영광을 돌리는 기념행사에 참석했다. 그러나 그들은 그 식탁이 제공하는 위험한 것들로부터 영혼을 안전하게 지켰다. 그들은 한 입도 먹지 않았고, 그들 앞에 놓인 음식에 대해 어떤 말도 하지 않았다. "그날 우리는 우리의 혀를 씻어내고 모든 맛을 없앨 것이다. 감각의 모든 쾌락이나 역겨움을 정화할 것이다. 주님을 찬미하고 감사하는 더 높은 일을 위해 우리의 혀를 보존하고 지킬 것이다."[340]

그런데 그 축제에 예상치 못한 손님이 찾아왔다. 지금은 장군이 된 로렌스 뢰벤힐름이 바베트를 방문한 것이다. 그는 그 모임에 자기를 참여시켜달라고 요청하는 편지를 썼다. "이제 그 식탁은 12이라는 상서로운 수를 위해 차려졌다. 그리고 응접실에 모인 손님들은 식사를 하기 전에 주임신부가 작곡한 찬송가를 불렀다. 그 찬송가는 공동체가 매우 좋아하는 것으로 다음과 같은 구절을 담고 있다. "먹을 것이나 입을 것을 생각하지 말라, 마음을 쓰지도 말고, 걱정하지도 말라……."[341]

그들은 영적으로 고양되었다. 린넨 천, 수정, 도자기 그리고 그들이 전혀 본적 없는 은으로 장식된 어떤 방으로 들어갔다. 그것들은 모두 바베트가 그 행사를 위해 프랑스에서 가져온 것이었다.

---

340 Ibid.,p.47
341 Ibid.,p.50

검소한 노르웨이식 메뉴를 기대했던 뢰벤힐름은 최고급 아몬틸라도 와인을 한 모금 마시고 깜짝 놀랐다. 그리고 바다거북 수프의 미묘한 맛을 보고 넋을 잃고 말았다. 그 음식의 코스들은 그를 즐겁게 했다. 그런데 그는 식사하는 사람들이 음식을 낭비하는 무신경함을 보고 당황하였다. 게다가 그는 음식에 대해 어떤 설명도 할 수 없었고, 포도주에 대해 아무런 칭찬도 할 수 없었다.

어쨌든 그 음식의 맛과 질은 손님들의 혀에 감칠맛을 주었다. 하지만 그들은 음식에 대해 서로 이야기를 나누는 것보다, 우정어린 관계를 맺는 데 더 열중했다. 자신의 과거, 개종한 경험, 목사와 가졌던 즐거운 기억들로 행복한 대화를 나눴다. 그들은 서서히 오랜 우정을 되살리고, 상처를 치료했으며, 화를 가라앉히고, 잘못된 일들을 용서하게 되었다.

그런데 주요 코스는 믿을 수 없을 정도로 눈에 띠지 않은 채 남아 있었다. 뢰벤힐름 장군은 메추라기 석관(cailles en sarcophage)를 알아보았다. 그것은 파리의 유명한 카페 앙글레이스(Café Anglais)의 천재 요리사만 만들 수 있는 것이었다. 그는 예전에 그 요리를 어떤 기념 만찬에서 먹어본 적이 있었고, 그 요리사를 칭찬했던 기억을 가지고 있었다. –특히 그 요리사는 여성이었다.–

그녀의 주인인 갈리페(Galliffet) 대령은 다음과 같은 칭찬을 늘어놓고 다녔다. "사실, 이 여인은 앙글레이스 카페에서 만드는 만찬을 로

맨스가 되게 한다. -고귀하고 낭만적인 사랑이 되게 한다. 그리고 그 사랑은 더 이상 육체적이거나 정신적인 욕구와 만족감을 구별하지 않는다! 나는 지금까지 이 아름다운 여인을 위해서 싸워왔다. 파리에 있는 어떤 여인도 나에게 기꺼이 피를 흘리게 하지 않는다!"[342]

뢰벤힐름은 예전에 그녀가 파리에서 차려냈던 아주 멋진 만찬을 떠올리게 되었다. 그러나 그 여성 요리사가 저속한 노르웨이식 부엌의 솥과 냄비로 요리했다는 사실은 깨닫지 못했다. 뢰벤힐름은 인간의 선택과 신의 은총에 대해 이야기 했다. 그것은 전에 주임 사제의 설교 내용이기도 했다. 거기에 참석한 손님들은 서로 다른 사람들을 사랑하게 되었고, 바베트의 연금술은 그 설교가 끝나기 전에 요리를 차려내게 됐다.

그 공동체는 관계를 개선하게 되었고 신의 임재하심을 느끼게 됐다. 이제 더 이상 두려워 할 것은 없었고, 그런 노력을 스스로 거부할 수가 없었다. 그들은 매우 즐겁게 음식을 먹고 포도주를 마셨으며, 그들을 억압하고 있던 이기심에서 벗어났다. 자연스럽게 어린 아이들에 대한 사랑이 넘쳐나게 되었다. 사실 그들은 도취와 사랑의 미묘한 혼동 속에서 신비에 가까운 경험을 하게 되었다.

그들은 그 방이 천국의 빛으로 가득 차 있다는 것을 알게 되었다.

---

342 Ibid.,p.58

그것은 마치 수많은 작은 후광들이 하나의 영광스러운 광채로 둘러 쌓인 것 같았다. 뢰벤힐름은 떠나면서 마르틴(Martine)의 손에 다시 한번 키스를 했다. 그러나 그때, 그는 매우 오래전에 했던 맹세를 뒤집게 된다. "나는 나에게 남아 있는 모든 날 동안 당신과 함께 할 것입니다. 마치 오늘과 같이 나는 매일 저녁 당신과 함께 식사를 할 것입니다. 몸이 아니라면 온전한 정신 안에서... 사랑하는 자매여! 나는 이 세상에는 모든 것이 가능하다는 것을 배웠습니다."[343]

그 자매들은 늦게서야 바베트를 기억하게 되었다. 그들은 미소를 지으면서 부엌으로 들어갔고, 좋은 저녁 식사에 감사했다. 그들은 바베트가 곧 떠날 것이라고 생각했다. 그러나 그녀는 거처할 곳도 없고, 돈도 없다고 말했다. 그 기념행사의 만찬을 위해 그녀의 복권 당첨금을 몽땅 다 써버렸다는 사실을 알고 충격을 받았다.

그들은 이렇게 낭비한 이유를 거의 이해할 수 없었다. 그러나 그 이유는 바로 예술과 관련이 있었다. 바베트는 바로 예술가였다. 그녀는 그들과 자신을 위해 애정을 갖고 마지막 만찬을 만들어 냈다. 어떤 예술가도 그녀의 최상의 것을 만들어 낼 수는 없을 것이다. 여동생 필리파(Philippa)는 그것을 알아차렸다. 그녀는 바베트를 껴안으면서 파핀(Papin)이 자신에게 했던 말을 되뇌었다. "낙원에서 바베트는 그녀의 마법을 계속할 것이고, 천사들의 넋을 잃게 만들 것이다!"

---

343 Ibid.,pp.61.62

이 이야기는 음식과 식사에 대한 몇 가지 주제들을 다루고 있다. 즉 육체적 경험과 정신적 이해력 사이의 관계, 요리의 예술적 경지, 그리고 요리가 만들어내는 성질의 변형 등이 그것이다. 이 이야기에서 기독교는 특히 가혹한 금욕주의로 묘사되고 있다. 모든 쾌락은 악마의 유혹으로, 육체는 경건한 영혼의 삶에 대해 위험한 것으로 간주되고 있다. 그런데 그런 엄격한 금욕은 점잖은 코미디로 완화되고 있다. 그리고 선하고 도덕적인 사람들의 특성에 대한 묘사로 전환되었다.

하지만, 그 공동체에 친숙한 음식과 바베트가 제공한 음식 사이의 대조는 이 경건한 사람들이 가진 습성을 잘 나타내고 있다. 바베트가 만찬을 위해 준비한 재료들은 이질적이고 낯선 것이었으며 거의 금기시된 것들이었다. 그러나 "바베트는 동화 속 요술램프에 있는 악령처럼, 그 하녀가 그녀 앞에서 작게 느껴졌던 것들을 점점 자라나게 했다. 이제 그들은 프랑스식 만찬의 헤아릴 수 없는 특성과 다양함을 맛볼 수 있게 되었다."[344]

그녀의 요리는 마치 마녀가 가마솥에서 어떤 모습을 드러내는 것처럼 신비로웠다.[345] 그녀가 고용한 요리사 조수들은 그 요리가 "친숙하다"고 말했다. 그런데 그 자매들은 그 요리에 애착이 있었지만, 두려움을 가지고 음식을 접했다. 이것은 단순히 세련된 프랑스식 요리와

---

344 Ibid.,p.45

345 See also Sara Stambough, *The Witch and the Goddess in the Stories of Isak Dinesen* (Ann Arbor; UMI Research Press, 1988)

소박한 노르웨이식 요리의 대결을 의미하는 것은 아니다.

그것은 가치 체계들의 충돌이었다. 쾌락에 대한 금욕주의적 거부가 음식과 음료가 가진 심오한 목적과 대립하고 있었다. 그녀의 요리는 쾌락을 가장 세련되게 이끌어 내고, 신체의 감각 운동을 격식 있게 하도록 설계되어 있었다.

그 이야기 속에 금욕주의와 쾌락주의의 대립이 있다고 하면, 분명히 바베트의 감각적 유혹이 승리를 거둘 것이다. 거기에 참석한 사람들은 바베트가 제공하는 쾌락에 압도되어 있었다. 오묘한 맛과 풍미가 그들 앞에 펼쳐지자, 맛의 쾌락을 거절하기로 했던 그들의 맹세는 힘을 잃었다. 시험 삼아 한 모금 마셔본 포도주의 맛 앞에서 그 맹세는 주춤거렸다.

그러나 바베트는 손님들을 어릿광대로 만들도록, 또 술에 취하도록 음식을 준비하지 않았다. 그녀는 각 사람에게 포도주를 한 잔씩만 돌리도록 조수들에게 지시했다. (거기에서 예외로 남는 사람은 뢰벤힐름 뿐이었다. 그는 자신이 마시는 술잔의 수를 끝까지 셀 수 있는 사람으로 인정 받았다.) 그래서 어느 누구도 과식하거나 술에 취하지 않았으며 식사를 최대한 즐길 수 있었다. 그 식사는 고급 요리였고, 오직 숙련된 요리사만이 제공할 수 있는 것이었다. 그래서 그것은 입을 즐겁게 하고 마음으로 받아들이게 되었다.

하지만 참석한 사람들은 대부분 식사 자체가 마음을 열게 하고 싸움을 멈추게 하는 것이라는 사실을 알아차리지 못했다. 그들은 음식을 삼가도록 한 맹세에 압도당했다. 사실상 바베트의 식사는 감사 기도로 가득 채워졌다.

> 바라건대, 나의 음식이 나의 몸을 유지할 수 있게 되기를,
>
> 나의 몸은 나의 영혼을 지탱해 줄 수 있게 되기를,
>
> 나의 영혼은 실로 주님께 모든 것을 감사하는 말로 채워지기를……[346]

그들은 선을 위해, 그리고 영적 변화를 위해 전 생애를 바쳐 노력하는 사람들이 많았다. 그런 노력은 매우 독실한 기독교 신자들 사이에서 자주 나타난다. 그들의 신체적 쾌락에 대한 거부는 입으로 들어가는 것은 무엇이든 맛조차 보지 말라는 맹세를 생각하게 했다.

두려움은 관계를 긴장시키고 일그러뜨린다. 노부부들은 한 세대 전에는 젊은 연인이었으나 그들의 잘못을 계속 질책하며 살아간다. 그리고 그들은 영원한 처벌에 대한 두려움을 갖고 살아간다. 그러나 바베트의 훌륭한 만찬은 그들의 두려움을 변화시킬 수 있었다. 오랫동안 가꾸어 온 사랑과 너그러운 영혼을 되찾게 해주었다.(그 늙은 연인들은 갑자기 가까워졌음을 알게 됐고 오랫동안 키스를 했다. 젊은 시절의 사랑이 남아 있지는 않았지만…)[347]

---

346 Dinesen, "Babette's Feast" p.55

347 Ibid.,p.62

그 경건한 공동체의 멤버들이 삶에서 감각적 쾌락을 발견하게 되었다면, 뢰벤힐름 장군은 세속적인 성공에서는 찾을 수 없는 영적 신비로움과 의미를 발견하게 되었다. 그는 마치 신의 자비를 체험한 것처럼, 몸도 영혼도 약간 술에 취한 상태에서 연설을 했다.

"신의 가호가 있기를, 나의 친구여! 확신을 가지고 기다리며, 감사함을 아는 것 외에는 어떤 것도 요구할 수 없구나. 신의 가호가 있기를, 나의 형제여! 우리들 중 특별히 누구를 뽑아내야 할 아무런 조건도 없구나. 신의 은총은 모든 것을 그의 품으로 받아들이고, 모든 죄의 용서를 선포한다. 보아라! 우리 모두가 선택 받았다는 것을…… 또 우리 모두가 거부당했다는 것을…… 그리고 동시에 우리 모두를 인정하는 것을…… 아아! 우리가 거부당했다는 것은 우리에게 오붓이 복수를 퍼붓는 것이다. 자비와 진리가 함께 만나고, 정의와 지복(至福)이 서로 입맞춤하고 있구나"[348]

그는 더 유창하게 설교를 할 수 없었다. 그의 이야기는 독실한 기독교인의 금욕주의를 완곡하게 부인하는 것이었다.

바베트의 만찬을 그린 영화는 이 메시지에 주목하고 있다. 뢰벤힐름은 맛의 감각에 침묵을 지키고 억제하도록 하는 그들의 맹세를 보게 되었다. 그러나 그것은 가나의 혼인 잔치와 같이 음식과 음료는 문

348 Ibid.,pp.60-61

식사
이야기

제가 되지 않는 것이었다.(디네센이 젊은 시절 덴마크에서 경건한 부르조아 기독교를 싫어했다는 것은 잘 알려져 있다.)

바베트의 승리는 그들의 쾌락과 함께 감각이 존중되는 삶을 선택하도록 했다. 만찬에서 느낄 수 있었던 감각 경험의 강렬함은 단순히 신체적 탐닉으로만 설명되기는 어렵다. 그것은 아마도 인생의 무상함과 영광스러움에 대한 정신적이면서도 신비로운 진리가 있다는 것을 의미할 것이다.

두 자매가 바베트의 훌륭한 만찬을 칭찬하기 위해 부엌에 들어왔다. 그들은 솥과 냄비의 잔해들 가운데 기진맥진해서 앉아 있는 그녀를 발견했다. 그 자매들은, 바베트가 한 때 카페 앙글레이스(Café Anglais)의 요리사였고, 훌륭한 예술가였음을 알게 됐다.

하지만 이 위대한 만찬이 그녀의 마지막 승리가 되었다. 그녀는 이 분열된 공동체에 평화와 행복을 가져다주었다. 그러나 누구를 위해서 식사를 차려내느냐는 그렇게 중요한 것이 아니었다. 그녀에게는 식사를 만들어 내는 그 자체가 목적이었기 때문이다.

그녀는 전에 파리에서 카페 앙글레이스를 애용한 사람들의 훌륭한 모습을 떠올렸다. 거기에는 공작, 왕자, 그리고 갈리페 대령이 포함되어 있었다. 특히 갈리페 대령은 뢰벤힐름에게 바베트를 칭찬한 사람이었다. 그러나 그는 파리코뮌 지지자들과 격렬하게 싸운 사람이고,

바베트의 남편과 아들의 죽음에 책임이 있는 사람이었다. 그들은 악마였으며 잔혹한 사람들이었다.

그러나 바베트는 내키지는 않지만 그들이 그녀의 가족임을 인정했다. 그리고 그녀의 위대한 예술가로서의 진가를 알아보도록 그들을 가르쳤다. 바베트는 그녀가 가진 마지막 돈을 그 기념비적인 식사에 쏟아부었다. 바베트는 두 자매의 아버지인 주임 신부의 기일을 추모하기 위해, 그리고 그녀의 예술작품의 진귀한 맛을 알아보던 귀족들을 기념하기 위해 요리를 했다.

그들은 그녀의 가족을 처형했던 사람들일 수 있음에도 불구하고…… 실로 이것은 매우 로맨틱한 예술의 관점이다. 예술과 창조적 천재성은 일상적인 삶과 그 고통을 넘어서 더욱 숭고한 차원 안에 존재한다.

디네센의 결말은 교훈적인 것이다. 그것은 만찬의 아름다움과 계몽적인 결말을 이야기하고 있다. 뿐만 아니라, 실제로 좋은 식사가 갖는 효과도 말하고 있다. 그러나 만찬에 대한 찬사를 이야기의 세계에만 국한시킬 필요는 없다. 음식은 식탁에서 함께 먹고, 함께 즐기며 대화를 하는 기능을 갖는다. 또한 자유롭게 우정을 나누게 하고, 별 것 아닌 두려움에서 벗어나게 해준다.

"바베트의 만찬"에서 "스터브의 저녁식사"가 상기되는 것은 미묘한 일이다. 기념 만찬을 위해 음식 재료를 모으고 식탁을 차리는 것은 엄청난 일이었다. 거기에는 메추라기 새장과 머리를 흔드는 거대한 바다거북도 있었다. 바다거북은 마르틴의 꿈에 나타난 악마와 같이 흉물스런 외계 짐승 같았다. 음식이 테이블에 배달될 때 바다거북은 알 수 없는 모습으로 변형되어 있었다. 누가 우아한 풍미를 내는 수프 안에서 그 무거운 껍데기를 지닌 괴물을 볼 수 있단 말인가?

바베트는 작은 새의 희생물들을 전시하고 있었다. 그녀는 페이스트리 반죽으로 만든 "석관"(sarcophagus)의 모서리에 좀처럼 잘 구워지지 않는 대가리를 올려놓았다.[349] 뢰벤힐름 장군은 그 새의 작은 대가리를 아작아작 씹고, 그 골을 빨아 먹었다. 그러고는 눈을 감고 황홀경에 빠졌다.

살아 있는 생물들에게는 아주 복잡한 준비가 필요하다. 그것들은 도살되어야 하고, 음식의 형태를 띠게 된다. 또한 테이블에 세팅되고, 만찬에 참석한 손님들에게 전시된다. 그것들은 굽고, 빨고, 양념을 하고, 채워지고, 튀겨진 반찬의 형태로 준비된다.

그 공동체를 세운 설립자의 생일을 축하하는 경건한 기념행사를 치루면서, 참석자들은 그들의 종교의식에 전시된 신성한 희생물들을

---

349 In Molly O'Neill's pictured version of *cailles en sarcophage in New York Times tribute to movie meals*(Nov.16, 1977)

아는 것처럼 보였다. 그 준비과정에서 보여준 불가피한 잔인성이 그들을 신비로운 성찬식으로 인도했다. 스터브의 저녁식사로부터 바베트의 만찬으로 가는 길은 너무 멀었다. 그러나 그들 사이로 난 두 갈래 길은 같은 곳에서 시작된 것이었다.

버지니아 울프의 《등대로》

버지니아 울프(Virginia Woolf)의 소설 《등대로》(To the Lighthouse, 1927)의 중심에는 또 다른 저녁 파티가 있다. 14명의 사람들-램지 씨와 램지 부인, 그들의 나이든 자식들과 여섯 명의 손님들-은 헤브리디스 섬(Hebrides, 스코틀랜드 서쪽 열도(列島))에 있는 여름 별장에서 저녁을 먹으려고 앉았다.

비록 불안하기는 하지만, 그 식사는 싸움질하기 좋아하는 패거리들을 하나로 만드는데 기여한다. 그리고 감각의 위계가 식사의 의미를 설명해 주는 배경이 된다. 이 장면에서는 장식을 입힌 접시, 소고기 찜 등이 식사의 즐거움을 더하고 있다. 또 좋은 느낌을 주고 대화를 여는 촉매 역할을 하고 있다. 그런데 이 이야기는 감각적 쾌락과 정신적 기쁨을 아우르는 그 이상의 의미를 담고 있다.

그 식사는, 울프의 커다란 관심사였던 시간과 그 흐름, 그것이 가져오는 변화, 기억과 망각, 실재를 바라보는 관점의 대립 등을 보여준다.

그 식사 경험은 시간을 몸으로 포착하는 순간을 의미하며, 마음은 매 순간 그것을 알고 있다. 시간은 매 순간 살아 있는 모든 것들을 찾아다닌다.

사실 이 소설은 식사를 통한 공동체의 형성을 보여주고 있다. 또한 맛을 보는 것과 먹는 것의 또 다른 특징을 보여주고 있다. 즉, 맛의 덧없음, 음식의 일시성, 그리고 반드시 먹어야만 하는 필연성, 맛 감각의 독특한 특성 등에 관한 것이다.

안주인인 램지 부인은 자신의 파티에 손님들이 참석하도록 설득했다. 그들 중 몇몇은 사교적 모임이나 미각적 즐거움에 무관심한 사람들이 있었다. 그녀는 그 이벤트의 중요성을 납득하도록 설득했다. 램지 부부는 서로 테이블을 마주 보고 앉아서 함께 사회를 보았다. 램지 씨는 학구적인 철학자이면서도 열정적인 마음의 소유자이자 별난 성격을 가진 사람이었다.

그는 어떤 사실에 대해 심하게 집착하는가 하면, 감상적인 성격의 소유자이기도 하고, 드라마틱하게 시(詩)를 낭송하여 손님들을 깜짝 놀라게 하기도 했다. 그 저녁 파티는 그의 아이디어는 아니었다. 그는 그렇게 정중하면서도 사교적인 식사를 강요하는 것을 싫어했다. 그래서 그는 식사가 시작되자 사회를 보는 일을 그의 아내에게 맡겨 버렸다.

램지 부인은 정원 가꾸기, 뜨개질하기 등의 가사 일, 그리고 가난한 사람들에게 물품을 나누어주는 일에 대해 놀랍고도 멋지게 설명하였다. 그녀는 어린 아이들을 사랑하였으며, 결혼을 재촉하는 등 다른 사람들의 삶에 대해서도 오지랖 넓게 간섭하였다. 그녀는 결혼을 하지 않은 여인은 최상의 삶을 잃어버린 것이라고 주장했다. 그녀는 그녀의 결혼 생활과 여덟 명의 아이들을 낳은 것에 대해서 가장 잘 설명했다. 램지 씨 부부는 '여성적인' 그리고 '남성적인' 태도에 대해서 분명히 구분하여 설명했다.[350]

그 손님들 중에는 찰스 탠슬리(Charles Tansley)가 있었다. 그는 젊은 철학자이자 램지 씨의 제자이다. 그는 자신의 옷이 너무 남루해서 거기에 잘 어울리지 않는다는 느낌을 갖고 있었다. 탠슬리는 짜증을 내면서 많은 음식을 먹었다. 그의 옆에는 화가인 릴리 브리스코(Lily Briscoe)가 앉았다. 그녀는 램지 부인의 결혼 중매 목표가 된 것을 못마땅하게 생각하고 있었다. 윌리엄 뱅크스(William Bankes)는 홀아비 식물학자이다. 아우구스투 카미카일(Augustus Carmichael)은 시인인데 가끔 마약 중독자이도 하다. 그리고 두 사람의 젊은 손님들, 민타 도일리(Minta Doyle)와 파울 레일리(Paul Rayley)가 있었고, 램지의 아이들 중 여섯이 그 파티에 참석했다.

그들은 여름에 가끔 시간을 함께 보내곤 했지만, 늘 함께 모여서 식

---

350 Suzanne Raitt, *Virginia Woolf's To the Lighthouse* (London: Harvester Wheatsheaf, 1990), p.36 ; Alex Zwerdling, Virginia Woolf and Real World (Berkeley and Los Angeles: University of California Press, 1986), chap. 7

식사
이야기

사를 하지는 않았다. 그래서 그 저녁 파티는 더욱 특별했다. 그 시작은 형편 없었다. 젊은 손님 몇 명이 늦게 참석했다. 민타와 파울은 램지 부인의 귀찮은 참석 요구에도 불구하고 해변에서 낭만을 즐기며 빈둥거리고 있었다. 게다가 세 사람은 민타가 할머니의 브로치를 잃어버려서 더욱 늦게 되었다. 그들은 깊은 밤이 되어서야 그것을 찾기를 중단했다.

그러나 음식은 이미 준비되어 있었다. 램지 부인은 모두가 그 식탁에 앉기 전에 이미 저녁 식사가 준비되었다고 말했다. 그것은 친근한 강제가 될 수도 있다. 음식은 그 자체의 스케줄을 요구하기 때문이다. 만약 그 손님들의 요구를 다 받아들이고 그들의 편의에 따른다면, 그 저녁 식사는 전혀 이루어질 수가 없을 것이다.[351] 모든 것은 그들이 준비된 시간에 정확하게 제공되었다. 소고기, 월계수 잎 그리고 포도주 –이 모든 것들은 정확한 시간에 맞춰 요리되어야만 했다. 그것을 지연시키는 것은 불가능한 일이다.

탠슬리는 짜증이 났고 어리둥절했다. 그리고 이 모임이 어떤 가치가 있는지 생각할 수 없었다. 릴리는 여성으로서 수다 떨기를 좋아하는 램지 부인을 보좌하게 되었다. 그렇지만 그녀는 램지 부인에게서 거리감을 느꼈고 그녀의 편협한 삶의 가치를 비판했다. 그녀는 자신이 그리고 있는 그림을 어떻게 고쳐야 하는지를 고민하고 있었다. 뱅크스

---

351 Su Reid discusses the coercion present in this enjoyment: the guests must come, must eat together, to please Mrs Ramsay: Su Reid, *To the Lighthouse* (Houndmills, Basingstoke: Macmillan, 1991), pp.82-83

는 램지 부인과 정중하게 이야기를 나누는 것을 좋아했다. 하지만 그는 혼자서 먹는 것을 더 좋아했다. 그는 그 파티에 마지못해서 참석했다고 말했다.

램지 씨는 습관적으로 짜증을 내고 기분이 상해 있었다. 카미카엘이 또 다른 수프를 달라고 했을 때에도, 램지 씨는 그의 기분을 유지할 수 있었다. 하지만 그가 음식을 다 먹는 것을 기다리는 일은 짜증스러운 것이었다. 램지 부인은 개인적인 느낌을 멀리하고 자신과 연관 짓지 않으려고 했다. 그녀는 엄청나게 긴 테이블과 접시들, 그리고 나이프들이 자기에게 남겨진 삶의 모든 것인가 하고 생각했다.[352] 그녀는 그날 저녁 식사가 안 좋게 출발하고 있다는 것을 깨달았다. 손님들과 좋은 대화를 나누기가 어렵다는 사실도 알았다.

"그 방은 허름했다. 거기에는 아름다운 것이라고는 아무것도 없었다. 어떤 것도 어우러지는 것이 없었다. 모든 것은 분리되고 조화롭지 못했다. 그러나 어우러지게 하고 제대로 흘러가도록 노력하는 것이 그녀에게 남겨진 모든 것이었다. 그녀는 다시금 남성에 대한 적대감과 무익한 느낌을 버리려고 노력했다. 다른 사람이 하지 않는 일은 그녀도 하지 않았다. 그래서 누군가 멈춰버린 시계를 준 것이 그녀에게 작은 동요를 주었다. 마치 시계가, 하나, 둘, 셋, 하나, 둘, 셋 하면서 째깍

---

352 Virginia Woolf, *To the Lighthouse* (New York: Harcourt, Brace & World, 1955), pp.121, 125

**식사
이야기**

거리기 시작하는 것처럼 그녀의 맥박은 오래되고 익숙한 리듬으로 뛰기 시작했다."[353]

　이런 불쾌한 저녁 식사의 시작이 그 장면의 거의 반, 약 20페이지를 차지한다. 우리는 여러 손님들이 어떻게 생각하는지를 알아보았다. 그들은 모두 그들 자신의 방식대로 생각하고 있었다. 그래서 함께 하는 모임을 유쾌하게 만들지 못했다. 뱅크스와 탠슬리는 어떻게 하면 그들 각자의 방에서 음식을 즐겁게 먹을 수 있을지를 고민하고 있었다. 그리고 책을 읽고 일을 하는 것에 관심을 돌렸다. 뱅크스는 다른 것-일하는 것 같은-과 비교하면 모든 것이 얼마나 재미없고 하찮은 것인지를 생각했다. 탠슬리는 자기 자신을 분노로 채찍질하고 있었다.("그들은 말하고, 말하고, 말하고, 먹고, 먹고, 먹는 것 외에는 아무것도 하지 않는다. 그것이 바로 여자들의 흠이다")[354]

　그런데 세 가지 일이 그 손님들을 한데 모이게 했다. 양초가 켜지고 손님들은 자리를 잡고 앉았으며, 주요리가 나왔다. 시각과 미각을 즐기면서 긴장을 풀었고 대화가 매우 순조롭게 이어졌다. 램지 부인은 뭔가 형태가 갖춰지기 시작한다는 느낌을 받았다. 파울과 민타가 도착했다. 그들은 말을 하진 않았지만, 사랑에 빠졌고 약혼을 할 기미를 보였다.

그러나 그들이 들어오기 바로 직전에 식탁에는 긴장감이 고조되어 있었다. 램지 부인은 남편에 대해서 울화통이 터질 것만 같았다. 그녀는 초에 불을 켜라고 명령했다. 그런데 그 불빛은 대화를 잠시 멈추게 했다. 창밖의 하늘이 어두움에 쌓일수록 그 불빛은 그들이 있는 방을 더욱 밝게 비추었다. 그래서 그들은 서로를 잘 볼 수 있게 되었다. 그 촛불은 식탁을 비추었으며 그 식탁에 관심을 집중시켰다. 거기에는 그녀의 딸 로즈가 정성스럽게 정돈한 과일을 담은 그릇이 놓여 있었다.

이제 여덟 개의 초가 식탁에 세워졌다. 그 촛불을 향해 허리를 숙이자 긴 탁자가 모두 시야에 들어왔다. 노란 빛과 자주 빛 과일 접시가 보였다. 램지 부인은 로즈가 정돈한 포도와 배, 분홍 줄무늬를 띤 조가비, 바나나를 보고 놀라움을 금치 못했다. 그것들은 그녀에게 바다 밑에서 건져 올린 트로피, 포세이돈의 연회, 바쿠스의 어깨 위에 어울리는 포도나무 다발을 연상케 했다.

그녀는 아우구스투스가 그 과일 접시에서 눈을 떼지 못하는 것을 보았다. 그는 정신없이 빠져들었다. 이제 모든 초에는 불이 켜졌고 식탁의 양쪽을 마주 보게 됐으며, 촛불들이 가깝게 놓이게 됐다. 그들은 마치 땅거미가 지지 않는 것처럼 식탁에 둘러앉아 파티를 계속했다.[355]

그것은 시각적 효과가 나도록 구성되었다. 예술 작품 같은 과일 그

---

355 Ibid.,p.146

**식사
이야기**

릇은 그들의 관심을 끌었다. 마치 무르익은 과일이 깨지는 순간을 그린 정물화 같았다. 촛불은 방 안의 테이블에 둘러앉은 사람들의 위치를 잘 알 수 있게 했다. 촛불의 빛은 마치 화가가 붓으로 그린 것처럼 그들을 하나의 장면으로 묶어 놓았다.

마침내 그 식탁에는 즐거움이 찾아왔다. 그날 저녁 주요리는 준비하는데만 3일이 걸렸다. 그 요리는 식사에 초대된 손님들을 즐겁게 했다. 무거운 도자기 그릇에 가득 담긴 소고기 찜(boeuf en daube)이 램지 부인 앞에 놓였다. 그 접시에는 신비롭고 이국적인 말이 쓰여 있었다. "커다란 갈색 접시에는 올리브 기름과 장미 주스가 강렬한 향기를 뿜어내고 있다."

램지 부인은 마치 동굴처럼 생긴 엄청나게 큰 도자기 냄비를 자세히 들여다보아야 했다. 거기에는 갈색, 노란색을 띤 맛있는 고기와 월계수 잎, 그리고 포도주가 뒤섞여 있었다.[356] 그 접시는 프랑스 산이었고, 레시피는 램지 부인의 할머니로부터 물려받은 것이었다. 그것은 그 저녁 파티에 모인 사람들의 대화를 부드럽게 해주고 긴장감을 풀어 주었다. 홀아비 식물학자인 뱅크스 씨는 거기에 초대된 사람들을 그 안주인의 친밀한 대화에 끌어들였다. 그는 특히 작고 부드러운 소고기에 대해서 "대성공"이라고 말하면서 감탄을 쏟아냈다.

---

356 Ibid.,pp.150-51

그야말로 대성공이었다. 비록 바베트의 만찬에 참석한 손님들과 같이 단합된 장면을 보여주지는 못했지만, 저녁 의식절차가 거행되었다. 거기 모인 사람들은 대부분 그 식사가 즐겁기를 바라는 램지 부인의 의견에 순수히 따랐다. 소고기 찜이 그녀의 막강한 사회적 힘을 말해주는 한, 그렇게 해야만 했다.[357]

손님들이 이 성공적인 요리를 즐기는 것을 보고 그녀는 기뻐했다. 하지만 램지 부인은 그런 준비가 시간이 많이 걸린다는 사실을 알고 있다. 그 요리를 준비하기 위해서는 모든 노력을 기울여야 하지만, 그것을 먹는 즐거움은 순간 지나가 버리게 된다. 그 아름다운 요리 세트는 파울과 민타의 마음 속에 램지 부인을 기억하게 했다. 램지 부인은 그들이 서로에게 마음이 끌리는 것 같다는 느낌을 받았다.

그 기념 축제는 그녀에게 궁금한 느낌을 갖게 했다. 동시에 그 축제에 기이하고 애정어린 마음을 갖게 했다. 그것은 마치 두 개의 감정이 한꺼번에 떠오르는 것 같았다. 그 중 하나는 남자가 여자를 사랑하는 것보다도 더 진지하고 심오했다. 죽음의 씨앗을 가슴에 품는 것과 같이 위엄있고 감명 깊은 것이었다. 다른 하나는 이 연인들이 눈을 반짝거리면서 환상 속 여행을 하고, 머리에 화환을 장식하고 엉터리 춤을 추어야만 했다.

---

357 Ibid.,p.151

식사
이야기

이런 생각들은 램지 부인의 마음을 깊이 사로잡았다. 그녀는 중매쟁이며 남녀를 맺어주는 일에 깊은 관심을 갖고 있었다. 하지만 그녀는 시간이 지나면 영원한 행복을 향한 희망이 사라져 버린다는 사실을 분명히 알고 있다. 어떤 순간이 기념될 수 있다는 것은 단지 한 순간 기억될 뿐이다. 그녀의 요리는 이런 생각에 대해 완벽한 징표가 된다.

그녀의 요리는 음식 맛에서나 사교 면에서 "대성공"이었다. 그러나 그것은 한순간에 사라져 버리게 된다. 그녀는 파티를 위한 가사 일이 성공적으로 마무리되었다는 것을 알게 되었다. "그녀의 어깨너머 시선으로 보면, 그녀는 이미 모든 것이 지나가 버렸다는 것을 알고 있었다" 램지 부인은 식탁에 앉아서 "내가 내 삶에서 한 일은 무엇인가?"[358] 라고 생각했다.

《등대로》의 장면은 바라이슨(Bryson)이 사용한 화법(畵法)과 반대되는 개념으로 분석된다. 그 차이는 지속적으로 펼쳐지는 드라마와 그 의미에 몰두하는 것 그리고 가정적이고 일상적으로 필요한 준비 즉 요리하고, 먹고, 설거지하는 것 등에 있다. 램지 씨와 그 부인의 관심은 다소 완벽하게 이 범주에 들어간다. 램지 씨는 그가 하는 일의 가치를 의심하는 것과 그가 오랫동안 노력하여 성취한 명성에 대해 우려하고 있다. 램지 부인은 사소한 가사 일로 여념이 없다.

---

358 Woolf, *To the Lighthouse*, p.168

요리하고 치우는 일은 변화와 리듬을 가지고 있다.(그녀는 몇몇 고용된 직원들을 감독하고 있었다. 그녀는 레시피를 만들지만 음식을 만들지는 않는다. 그녀의 요리는 고기를 준비하는 데만 3일이 걸린다.) 그녀는 그녀가 식탁에서 보내는 시간의 일시적인 성질을 잘 알고 있다. 그것은 사실 그녀 자신의 삶이었다.

식사가 끝나가고 있을 무렵, 손님들은 마지막 코스인 과일에 눈독을 들이고 있었다. 그때, 그녀는 우스꽝스러운 욕심을 갖게 된다. 그것은 그들이 식사를 마치고 마지막으로 아름다운 작품을 남기기를 바라는 것이었다.

"그녀의 눈은 과일의 곡선과 그림자 사이, 야생 포도의 짙은 보랏빛 사이를 안팎으로 오갔다. 조갯살의 육감적으로 돋아오른 부분-보랏빛이라기보다는 노란빛이고, 둥근 모양이기보다 곡선 모양을 띤-을 바라보았다. 그녀는 왠지 그 이유를 알 수 없지만, 갈수록 평온함을 느꼈다. 그런데 그들은 손을 뻗어, 배(梨)를 잡더니 그것을 망가뜨려버렸다. 오! 그들이 한 일이 얼마나 가엾은 일인가!"[359]

그것은 거의 죽음을 상징하는 정물화 같았다. 램지 부인의 평온함은 누군가가 그 배를 먹어버림으로써 깨지게 됐다. 손님들이 과일을 즐기는 동안, 램지 부인은 그것을 마치 그림을 보는 것처럼 음미하였

---

359 Ibid.,p.163

식사
이야기

을 것이다. 또한 그녀는 시간은 순간 지나가 버린다는 사실을 누구보다도 잘 알고 있었다. 그날 저녁의 결속과 우정 또한 더 이상 지속될 수 없다는 것도 잘 알고 있었다. 그래서 그녀는 모든 것이 지속되기를 원하는 유혹을 피할 수 없었다.

그것은 그녀가 음식을 통해서 알게 된 두 가지 대립된 감정을 생각하게 한다. 그것은 파울과 민타를 위한 축하의 의미이자, 동시에 그들의 약혼을 조롱거리로 만드는 것을 말한다. 사랑은 이 세상에서 가장 중요한 것이지만, 또한 그것은 믿을 수 없는 것이다. 그들은 계속 연애 감정 속에 있기를 기대하지만, 곧 현실과 타협해야 할 것이고 실망을 하게 될 것이다.

그녀는 잘 준비된 음식을 즐겼고 그것은 큰 기쁨을 주었다. 그 즐거움이 남아 있는 동안 대화를 하고, 음식을 나누는 것에서 안정감과 아름다움을 발견할 수 있었다. 저녁 파티가 계속되는 동안, 램지 부인은 그날 저녁 모인 손님들의 화합된 모습을 보고 매우 기뻐했다.(쇠고기찜은 완벽한 성공작이었다.)

물건들이 흩어져 있는 조용한 공간…… 사람들은 움직이거나 멈출 수도 있었다. 높은 하늘에서 갑자기 사라져 버리는 매와 같이 웃음소리가 들리기도 하고 멈추기도 했다. 그녀는 거기에서 모든 무거운 짐을 내려놓고 쉴 수 있었다. 테이블의 맞은편 끝에 앉아 있는 그녀의 남편은 1253의 제곱근에 대해 이야기하고 있었다. 그것은 그의 시계

음식
철학

에 있는 숫자같이 보였다.[360]

숫자는 추상적이고 영구적인 것이다. 그러나 음식은 아주 맛있는 것이지만 일시적인 것이다. 램지 씨가 그의 시계에 시선을 고정하고 있는 것은 수학적 관계에 관한 것임에 틀림없다. 반면에, 식사를 시작할 때 밋밋한 대화를 재미있게 만드는 것, 거기에서 램지 부인이 생각하는 시계의 모습은 끊임없이 똑딱거리며 움직이는 것이었다. 램지 씨는 그의 시계가 숫자 형태로 되어 있다고 생각했다. 그러나 램지 부인은 시계가 똑딱거리는 소리를 내는 것이라고 생각했다. 그 똑딱거리는 소리는 시간이 지나가는 단위이기도 하지만, 언젠가는 부득이하게 멈출 수 밖에 없게 될 것이다.

《등대로》의 첫 부분은 겨우 24시간 동안에 일어난 일이다. 그러나 그 소설의 중심 부분은 약 10년이 지나가고 있으며, 등장인물 중 세 사람이 갑자기 예상치 않게 죽게 된다. 등대 불빛은 여전히 그 집을 비추고 있었다. 나이 든 청소부인 맥납(McNab) 부인은 비와 해충으로 손상되고 모래가 가득한 방들과 곰팡이가 서려 있는 책들을 바라보고 있었다. 그런데 램지 씨의 딸들 중 하나가 예상치 않은 요구를 했다. 그녀는 여름에 찾아올 방문자들을 위해서 집을 깨끗이 정돈해야만 했다. 그녀는 쓸고 닦고 모든 것을 다시 제자리에 놓았다.

---

360 Ibid.,pp.158-59

**식사
이야기**

그 여름 저녁 파티는 그녀의 기억 속에 아주 좋은 것으로 기억되었다. 그들 중에는 동양에서 온 친구들, 신사들, 이브닝드레스를 입은 숙녀가 있었다. 그녀는 만찬장에 앉아 있는 그들을 식당 문을 통해서 바라보았다. 그들은 20명이나 되었고 모두 장신구를 걸치고 있었다. 그러나 그녀는 그들에게 설거지를 도와달라고 요청했고, 그것은 자정 너머까지 계속되었다.

그녀는 그들이 일시에 함께 먹는 패턴이 있다는 것을 알 수 있었다. 그런데 그것은 일시적인 것이고 곧 사라져 버린다는 인상을 받았다. 그녀는 "시간을 붙잡는다는 것"이 무엇인지 정확하게 알 수 없다는 것을 깨달았다.[361]

이런 느낌들은 경험의 분절을 의미한다. 그러나 그것은 순간을 항구적인 어떤 것으로 만들어 내는 형식이다.[362] 미술가인 릴리 브리스코는 그림을 그리면서 그와 비슷한 것을 시도했다. 그녀는 그림자를 그리고, 색을 칠하면서 램지 부인이 과일 바구니 안에 들어가 있는 것과 같은 선과 형태를 연출했다. 그림 그리기는 마지막까지 큰 힘을 가지고 있었다. 순간의 계기들이 결코 영원한 것이 될 수는 없지만, 그것은 어떤 형태를 갖게 되고 어떤 의미를 낳게 된다.

361 Ibid.,p.211

362 Woolf, *To the Lighthouse*, p.241

음식
철학

강한 깨달음은 기억 속에 어떤 계기로 남는다. 그것은 그냥 지나쳐 버리는 삶의 흐름 속에서 두드러진 어떤 것이 되게 한다. 저녁 파티를 하는 동안 램지 부인은 환상적인 아름다움에 매료되는 것과 그것이 환상이라는 사실을 깨닫는 것 사이에서 갈팡질팡하고 있었다.

모든 것이 가능한 것처럼 보였다. 모든 것이 제대로 된 것처럼 보였다. 이제 그녀는 안심하게 되었다. 그녀는 마치 하늘을 맴도는 매처럼 맴돌았다. 그녀의 몸의 모든 신경은 온전하고, 조용하고, 진지하게 가득 찬 즐거움이 마치 깃발처럼 펄럭였다. 그녀는 거기에서 먹는 모든 사람들 – 남편, 아이들, 친구들을 바라보면서 생각했다.[363]

이제 필요한 것은 아무것도 없었다. 아무 말도 할 수 없었다. 거기에는 한결같은 일관성과 안정성이 있었다. 그런 것들은 어떤 변화의 영향을 받지 않는 것이다. 그리고 그것은 마치 루비와 같이 빛났다. 오늘 저녁 그녀는 언젠가 느꼈던 평화로움과 안식을 다시 느끼기를 원했다. 그녀는 순간순간들이 사물을 지속하도록 만든다고 생각했다.

하지만 분석해 보건대, 이런 감정들의 결합은 결코 일관적이지 못한 것 같다. 경과와 지속의 계기, 즉 시간은 스쳐 지나가기도 하고 정지된 채 남아 있기도 한다. 그녀는 자신이 속았다는 것을 알았다. 램지 부인의 마음 속을 지나가는 생각들은 엄격하게 말해서 모순된 것들이다.

---

363 Ibid.,pp.157-58

비록 그녀가 그 느낌을 말할 수는 없었지만, 그녀가 받은 인상과 기억들은 계속 그녀의 마음을 짓눌렀다. 그리고 그녀가 받은 인상들 중 일부는 그날 손님들이 조화롭게 화합하여 저녁을 함께 먹는 모습이었다.

이날 저녁 파티의 궁극적인 효과는 바베트의 저녁 식사보다 평가하기가 더 어렵다. 특히 이 소설은 다양한 캐릭터들의 관점들을 포함하여 매우 복잡한 문학적 요소들을 가지고 있기도 하다. 그리고 울프의 철학적 관심은 실제에 대한 안정적이고 믿을만한 접근을 어렵게 하기도 한다. 그래서 《등대로》에 있는 이런 장면들은 《모비 딕》에 있는 '스터브의 저녁식사'보다도 논의를 더욱 어렵게 만든다.

하지만 우리가 관심을 갖는 사람들-주로 램지 부인, 릴리 브리스코, 뱅크스 씨, 맥납 부인-과 의 저녁 식사가 갖는 중요성을 생각해 볼 수 있다. 거기에서 우리는 어떤 특별한 의미를 갖는 사건들을 확인할 수 있다. 울프가 이 드라마를 고독하면서도 교감을 나누는 것으로 전개하는 구성 장치로서 "식사"를 선택했다는 사실이 무엇보다도 중요하다. 울프는 각 손님들의 개인적인 의식을 묘사하고 있는 저녁 식사를, 사회적 관습이라는 장점으로 이용하고 있다.

그 저녁 식사는 거의 실패할 뻔했으나 결국에는 큰 승리를 얻게 된다.- 적어도 램지 부인의 관점에서 보면 그렇다. 이 경우에는 분명히 약간의 강제가 있었을 것이다. 그래서 저녁 손님들이 다른 사람들과 화합했다는 사실에는 약간의 아이러니가 있다.

음식
철학

램지 부인과 릴리의 사교적인 노력은 그들을 고립에서 이끌어 낼 수 있었다. 그러나 그들이 온전히 화합할 수 없다는 것은 쉽게 생각할 수 있다. 특히 탠슬리는 불만을 토로하고 있는 것으로 그려지고 있다. 우리는 그의 마음이 음식에 사로잡혔다고는 생각하지 않는다. 그런데 그 식사의 짜임새와 절차가 화합의 효과를 가져올 수 있을까?

이 식사의 맛은 오직 암묵적인 것이었다. 주로 묘사되고 있는 것은 소고기 찜(boeuf en daube)이다. 그 귀한 음식 맛은 그날 저녁 식사 손님들 중 적어도 한 사람의 기억에는 생생하게 새겨지게 됐다. 그것은 그 사건이 지난지 한참 뒤에 그와 관련된 모든 것들이 순간적으로 고정될 것이다.

그렇게 기억된 맛은 릴리 브리스코의 의식 속에 남게 되었다. 10년이 지난 뒤, 그녀는 그림 그리기를 다시 시작했다. 그녀는 램지 씨네 여름 별장의 바람 부는 잔디밭에 다시 한번 서 있었다. 그녀는 지금은 텅 비어 있는 그 집에서 캔버스(canvas) 앞에 서 있었다.

램지 부인은 그녀의 아이들인 프루와 앤드루와 함께 죽었다. 램지 씨는 그의 작은 아이들인 캠과 제임스와 함께 등대로 난 길 위에 서 있었다. 그들이 타고 온 배는 바다 위로 사라져 가는 작은 점과 같이 보였다. 그리고 그 과거로부터 온 손님은 오직 한 사람이 있었다. 그는 아우구스투스 카미카엘이다. 수수께끼같이 근처의 풀밭에서 쉬고 있었다. 릴리 브리스코는 과거에 대한 사색에 잠겨 있었다. 그녀는 소고

기쁨의 맛과 냄새를 기억하게 되었다. 그 추억과 연관된 강렬한 감정이 생생하게 떠올랐다.

불현듯 하늘에서 슬며시 움직이는 별이, 그 발그레한 빛이 그녀의 마음속에서 빛났다. 그것은 파울 랠리를 대신하는 것이었다. 그 불빛은 어느 바닷가에 사는 미개인이 기념의 징표로 보내온 것 같았다. 바다는 수 마일에 걸쳐서 빨간빛과 금빛으로 물들었다. 포도주 냄새가 그것과 뒤섞였고 그녀를 취하게 했다. 그것은 그녀에게 무모한 욕망을 느끼게 했다. 그녀는 진주 브로치를 찾기 위해 절벽에서 뛰어내려 물속으로 들어가고 싶었다.

그녀는 발버둥 치며 그림을 그리고 색칠을 하고 있는 모습을 곰곰이 생각해 보았다. 그리고 그 여름날 오후 램지 부인과 그녀의 어린 아들이 그 집의 창가에 앉아 있는 모습을 떠올렸다.-바로 그 창문으로 그 저녁 파티 내내 촛불의 빛이 새어 나오고 있었다. 이제는 볼 수 없는 램지 부인을 그리워하며 그녀는 생각했다.

"순간의 절박함은 항상 그 흔적을 놓치게 된다. 낱말들은 옆길로 흩날려 버리고 그 대상을 제대로 말할 수 없게 된다. 그때 사람들은 그 흔적을 표현하는 일을 포기하게 된다. 그리고 생각은 다시 가라앉게 된다. 그들은 중늙은이들처럼 조심스러워지고, 엉큼해지고, 눈을 찡그리게 된다. 이런 몸의 감정들을 어떻게 말로 표현할 수 있을까? 아무것도 없는 텅빈 것을 말로 표현할 수 있을까?....그것은 몸의 느낌은 있으나 마음에는 없는 것이다."[364]

"몸으로는 느끼지만 마음으로는 알 수 없는 것", 이것은 릴리의 의식에 흐르고 그녀의 몸에 침범한 감정과 인상의 미숙한 조합을 잘 말해주고 있다. 바꾸어 말하면 이것은 명제적으로는 이해하기 어려운 감각 경험을 묘사하는 데 더 적합할 것이다.

단순한 감각은 어떻게 과거 경험의 강렬함을 포착하고 유지할 수 있는가? 그리고 어떻게 그 본래의 경험을 다시 생생하게 불러올 수 있는가? 아마도 마르셀 프루스트(Marcel Proust)의 《잃어버린 시간을 찾아서》(Remembrance of Things Past)의 1권에 있는 유명한 구절이 그것을 가장 잘 설명해 줄 수 있을 것이다.

프루스트는 마들렌 케이크(작은 카스테라의 일종)를 라임꽃 차에 살짝 담가서 맛을 보고, 그의 기억 속에 있는 강한 경험을 불러일으키곤 했다.[365] 그 기억은 그의 맛 감각을 통해서 직접 촉발되었다. 그것은 그의 마음이 그가 처음 맛본 것을 설명할 수 없었기 때문이다. 그는 이 작은 케이크를 맛보고 과거를 불러일으켰고, 처음 인상을 받았을 때처럼 생생한 경험을 상기시켰다.

---

364 Ibid.,pp.261,265.

365 Marcel Proust, *Swann's Way,* trans. C.K.Moncrieff (New York: Modern Library, 1956), pp.62-65

그러나 릴리의 경험은 이와 아주 유사한 것은 아니었다. 그녀의 기억은 과거에 맛본 것에서 촉발된 것이 아니다. 오히려 10년 전 저녁 식사와 관련된 기억과 감정이 그녀를 급습했던 것이다. 그것은 그녀에게 향수와 후회가 뒤섞인 감각적 기억을 가지고 있었다. 하지만 그 두 가지의 경우(마르셀 프루스트와 릴리)는 모두 직접적이고 생생한 추억이 사실상 몸의 경험으로 재현되고 있다. 그것은 "몸으로는 느끼지만 마음으로는 알 수 없는 것이었다."

그렇게 생생하게 되살아난 기억들은 대부분 감각에 의존한다. 그런 감각들은 대부분 주관적인 것으로 믿어진다. 그리고 앞에서 살펴본 바와 같이 함께 식사하기, 기념, 환대, 의례는 맛의 주관성과 연결되어 있다. 그런데 함께 먹는 사람들은 어떤 강렬한 경험을 통해서 결합된다. 거기에서 느끼는 즐거움은 결코 작은 것이 아니다. 그런 강렬한 경험은 기억 속에 깊은 의미를 남긴다. 그것은 곧 사라져 버리는 본래의 맛보다 훨씬 더 오래 기억에 남게 된다.

우리는 앞에서 논의한 "주관성"의 다양한 의미를 마음에 새겨볼 필요가 있다. 마르셀과 마찬가지로 릴리의 경험 또한 매우 개인적인 것이었다. 그것은 그녀의 기억과 감각, 그리고 특별한 향수와 슬픔의 결합을 통해서 나타났다. 또한 그것은 그녀가 독자적인 커리어를 향한 욕망을 갖게 했다. 램지 부인이 고집한 결혼을 거부하고 그녀 자신만의 비전을 찾는 원인이 되었다. 그런 것들은 분명히 릴리만이 가질 수 있는 특별한 경험이었다.

동시에, 그 소설이 이 부분에서 묘사한 사건들은 주관과 객관 사이의 구별을 복잡하고 모호하게 만든다. 한 편에서 보면, 이 경험은 오직 릴리만의 것이다. 기억이 되살아나는 것은 그녀에게는 엄청난 경험이었다. 슬픔, 후회, 상실감, 동경... 이 모든 것들이 강렬한 감각적 기억과 함께 그녀의 의식을 스쳐 지나갔다.("하늘과 바다가 붉게 물들었고, 포도주 냄새……")

하지만 그녀가 경험하는 모든 것들은 각각 고립된 것이 아니라, 다른 것들과의 관계 속에 있었다. 램지 부인, 파울 랠리, 그리고 그 저녁 파티에 모인 손님들…… 그녀의 상황에 주의를 기울이게 하는 이 복잡한 기억들 ―맛은 단지 그 구성 요소들 중 하나일 뿐이다―은 모두 주관적인 것이고 그녀의 "내면"을 지향하고 있다. 그러나 그녀의 관심이 단지 자신의 개인적이고 내면적인 자아만을 지향하고 있는 것은 아니다. 그날 저녁 파티에서 그녀가 관계한 사람들은 그녀의 의식의 대상이 되기 때문이다.

우리가 앞에서 살펴본 바와 같이, 맛의 주관성에 대한 전통적인 문제는 이 감각이 몸의 상태에만 주의를 기울인다고 주장한다. 릴리의 앎의 대상들은 마음이 아니라 몸의 느낌과 관련되어 있다. 그러나 울프는 릴리의 경험이 몸과 마음, 주관과 객관, 자아와 타자를 아우르는 것이라고 생각한다.

좀 더 정확하게 말하면, 그녀가 알고, 이해하고, 통찰한 것은 감각적인 몸의 반응과 의식된 마음이 분리되지 않는 경험이다. 자아의 복잡한 특징들과 자아와 타자의 관련성은 이 책에서 다루는 문제를 훨씬 넘어서는 주제다. 그런 관점에서 맛의 철학적 문제에 대한 고찰은 우리를 전통적인 철학적 탐구의 출발점으로 인도한다. 몸과 마음의 관계, 주관성과 객관성, 자아 동일성 등이 그런 전통적인 철학의 주제들이다.

이 책은 감각의 위계에 대한 분석 및 비판, 그리고 그 안에 있는 맛에 대한 폄하와 함께 시작하였다. 그리고 욕정적인 쾌락으로부터 정신적인 통찰에 이르기까지 신체 감각과 그 기능에 대한 이해와 함께 끝을 맺는다. 그러나 그런 이해에서 감각 위계의 측면은 여전히 중요한 것으로 남는다.

전통적으로 맛과 식사의 즐거움은 다른 감각 경험들보다 철학적 무게감이 적은 것으로 생각되어 왔다. 그것들은 기껏해야 단순한 쾌락으로, 최악의 경우에는 방종한 쾌락으로 해석되어 왔기 때문이다. 그러나 그것은 잘못된 평가다. 나는 그런 생각을 떨쳐버리기를 희망한다. 비록 그 가치가 상당히 수정되기는 했지만, 맛에 대한 전통적인 정의들은 그대로 남아 있다.

맛의 대상은 순식간에 사라져 버리는 것이지만, 식사는 우리의 일상적인 삶의 세계에서 반드시 되풀이되는 것들이다. 식사와 그것을 만드는데 요구되는 모든 일들은 끊임없이 반복되고 계속된다. 그러나 식사가 반성적으로 다루어질 때, 이 실제적인 사실은 단순히 쾌락만을 의미하지는 않는다. 그런 쾌락을 넘어서서 더욱 심오한 의미를 갖게 된다.

맛, 음식 그리고 식사를 면밀히 검토해 보면, 그것이 가정적이고 일상적인 것이라고 해서 사소하고 천박하다고 생각하는 것은 잘못이다. 전통 철학을 지배해 왔던 근엄한 지적 관심은 온화하고 위로가 되는 세계관을 찾기 어렵게 한다. 그와 달리 디네센, 울프, 그리고 멜빌의 소설세계는 현실적이면서도, 타협적이지 않으며, 감상적이지 않은 통찰을 갖게 한다. 맛에 대한 반성보다 더 큰 진리를 깨닫게 하는 것은 없다.

맛은 쾌락과 여성을 은유,
젠더적 사유로 정립한 음식철학 고전서

"아리스토텔레스가 요리를 했더라면…"

아마도 《음식 철학》의 학문적 계보와 위상은 달라졌을 것이다. 음식
과 페미니즘을 연결 고리로 젠더적 사유에 주목했던 철학자 소르 주
아나(1648~1695년)는 이런 가설로 음식철학의 알고리즘 사유를 꿈꿨
다. 지독한 남성 우월의 사유체계를 가졌던 아리스토텔레스가 '만약
요리를 했더라면, 그는 음식에 관해 더욱 많은 글을 썼을 것'이고, 그
의 지적 유산은 인류의 음식문명을 아름답고 풍요롭게 만들었을 것
이란 아쉬움을 《음식 철학》 저자인 캐롤린 코스마이어 교수는 1장 마
지막에 묘비명처럼 새겨 넣었다. 저자는 뉴욕 주립대 버펄로 캠퍼스
(Professor of Philosophy at the University at Buffalo, State University of
New York)의 철학 교수다.

저자의 이런 생각 때문일까? 이 저서는 〈음식철학〉 분야에서 지난 20년간 고전으로 자리잡았다. 캐롤린 코스마이어 교수의 《Making Sense of Taste: Food and Philosophy》 책이 2020년에 한국에 첫 번역됐다. 우리나라의 음식 담론에서 처음 만나는 〈음식철학서〉다. 먹방과 쿡방의 푸드 포르노, 맛과 가격 중심의 맛집 소개, 칼로리에 집중했던 산업화 시대 패스트푸드가 음식담론을 주도했던 시대에서 벗어날 시그널로 받아 들여진다. 음식을 미학적 관점과 철학적 관점에서 바라봐야 할 시점에 와 있다는 신호탄이다.

2020년은 [COVID-19]로 인류가 새로운 가치를 찾아야 하는 언텍트의 뉴노멀 원년이다. 산업화 시대 생산성과 효율성 중심의 가치는 한 순간에 무너져 내렸다. 비욘드(beyond) 코로나는 일상의 음식 분야에서도 변곡점을 맞았다. 남성들이 부엌에서 셰프로 참여하고, 온 가족이 식탁에 모여 앉아 맛을 이야기하는 달콤한 느린 일상을 즐기는 아날로그 타임을 선물 받았다. 저자가 〈한국어판에 부쳐〉 글에서 "맛은 미학적 감각이며 요리를 예술의 형태로 표현하고, 일상적 식사도 미학적 의미를 갖는다."는 맥락도 비욘드 코로나의 일상과 크게 다르지 않다고 보여진다.

〈음식철학〉은 음식 담론에서 마지막 남은 미지의 영역이다. 음식 과학 영역은 산업화로 가장 발달했고, 음식 인문학과 미식(가스트로노미)은 출판계에서 한창 발굴 중이며, 음식 평론은 맛 중심으로 꽃을 활짝 피웠다. 최근의 음식인문학은 음식 경제사, 음식 역사까지 영토를 넓혀가는 중이다. 일본 리츠메이칸대학(立命館大學)에 재직 중인 아사쿠라 도시오(朝倉敏夫, 인류학 박사) 교수가 주도한 식과학부(Gastronomic Arts and Sciences)는 이런 시대적 흐름에 발맞춘 것으로 보인다. 국내 대학에서도 식과학부 같은 음식인문학부가 개설될 날이 멀지 않은 것 같다. 식과학부는 인문과학, 사회과학, 자연과학의 지식과 견해를 종합적으로 융합하여 〈음식〉에 관한 제반 문제를 연구하고 해결책을 찾아가는 학제적인 성격의 학부이다.

고대철학은 맛감각을 최하위 배치 했다
칸트와 계몽주의 거쳐, 현대철학의 미학으로 발전

고대 그리스에서부터 싹을 틔운 서양 철학은 21세기에 들어서야 인간이 '먹는다'는 사실에 주목하면서, 사유의 또 다른 형식으로서 음식을 철학의 고유한 연구 영역으로 받아들이기 시작했다.

저자는 2,500여 년 전 고대 그리스에서 어떠한 이유에서 음식을 철학의 영역에서 배제되었는지 서술하면서 플라톤과 아리스토텔레스 철학을 철학사라는 세계사의 법정에 회부하고 준엄하게 꾸짖었다. David M.Kaplan이 편집한 음식철학(The Philosophy of Food, 2011년 출판)은 윤리학이나 미학이라는 16개의 개별적인 철학적 관점에서 음식과 철학 사이를 오가며, 다소 산만한 주장과 논의를 펼쳐 나간다. 반면 캐롤린 코스마이어 교수는 일관되게 음식과 감각이라는 단일 주제로 음식철학의 체계를 엮어내고 있다. 플라톤과 아리스토텔레스를 거쳐 칸트와 헤겔에 이르기까지 방대한 서양 철학사의 〈음식 철학 궁전〉으로 초대해 차근차근 소개하며 독자들을 설득해 나간다.

이 책에서 가장 어려운 1부에서 저자는 음식이 왜 철학의 중심에서 밀려 났는지를 감각의 서열에서 찾고 있다. 맛의 감각(미각과 후각)은 인간의 낮고, 저급한 쾌락의 속성으로 분류하는 고대 철학의 역사에서 뿌리 깊게 내리고 있다. 플라톤과 아리스토텔레스는 시각과 청각을 '높은 감각', 미각과 후각을 '낮은 감각'을 분류했다. 인간의 최고 능력인 지식과 도덕, 예술 행위는 시각과 청각으로 성취한다는 불변의 가설을 세운 고대 철학자들을 고발한 셈이다. 이들이 만들어 낸 형이상학적 가설은 현대 이전까지 맛(미각과 후각)은 아름다움의 대상으로도, 예술 작품으로도 평가 받지 못했다.

4개 미각 뽑아낸 플라톤
미각은 '신성한 뇌'에 거주하지 못한다

철학의 지적 전통을 세운 플라톤은 4개의 미각(쓰고, 달고, 시고, 짠 맛)을 뽑아내는 지적 성과는 이뤘지만, 혀의 지각에 대해 악평을 서슴지 않았다. "혀의 지각들은 머리의 신성한 곳에 거주하지 않고, 지적인 영혼에 영향을 주는 것도 아니다"라고 말했다. 소화기관인 위에 대해 그는 "게걸스럽게 먹어대는 육욕의 영혼을 위한 여물통"이라고 평가하면서 미각의 타락성과 위험성을 경고했다. 소크라테스도 삶의 마지막 순간, 철학자는 음식과 술, 그리고 섹스에 관심을 갖지 말아야 한다고 말했다(파이돈). 아리스토텔레스도 감각의 위계에 대해 보다 복잡한 관점을 제시했지만, 시각과 청각의 우월성과 고귀함에 집중한 철학적 관점은 크게 다르지 않다. 그리스 철학자들의 지적 전통이 크게 달라지지 않았고, 이런 철학적 전통은 17, 18세기 계몽주의 등장까지 지속된다. 계몽주의 시대 많은 사상들이 무소불위의 지위를 누려온 그리스 고대철학을 공격하면서 시작됐고, 음식철학도 맥락을 같이 한다.

저자인 캐롤린 코스마이어 교수는 이같이 형이상학적 전통에서 한 발짝 성큼 나아간다. 남성은 감각을 다스릴 줄 아는 지성의 통제력을 갖췄고, 여성은 욕망과 쾌락과 짝을 이루는 감각 위계를 설명한 플라톤에 직격탄을 날렸다. 저자는 젠더적 추론으로 이 같은 주장은 받아들일 수 없다고 비판했다. 아리스토텔레스는 그의 형이상학적 범주의 근본 토대에 여성과 남성을 적대적 대립관계로 만들어 놓은 오류를 저질렀다는 것이다. 아리스토텔레스는 서양의 지적 전통에 남성은 우월한 존재이고, 여성을 폄하하는 철학적 주제에 가장 영향력 있는 사상가라는 지적에 공감이 된다.

맛은 여성과 짝을 이루는 '감각'
'음식 철학' 사유를 불가능하게 만들어

요약하면 맛은 쾌락의 대상이며, 여성과 짝을 이루는 낮은 서열의 감각이라는 것이다.

저자는 전통 철학의 감각 서열이 젠더적 사유에 어떻게 영향을 미쳤는지 날카롭게 분석하며, 고대 그리스 철학자들의 주장은 과학적으로 빗나간 것이라고 지적한다. 맛은 신체 감각과 쾌락의 비천함으로 가정해 버리면서 철학적 물음을 던질 수 없게 만들었다는 것이다.

이후 17~18세기 칸트와 볼테르, 현대 철학의 미학적 관점에서 미각이 아름다운 예술 작품을 감상하는 것과 같은 사회적 품격을 갖게 됐는지를 살펴본다. 은유적인 맛의 의미와 함께 '감각적 지각의 과학'인 미학(aesthetics)을 제시한다. 이 부분은 2부 〈미학과 비미학적인 감각들〉 편에서 자세하게 다룬다. 어려워 쩔쩔매는 음식철학의 알고리즘을 일반인들도 이해 가능한 음식 언어로 서술한다. 캐롤린 코스마이어 교수가 〈음식과 감각〉이라는 주제를 칸트의 판단력 비판과 연관지어 서술하고 있는 대목에서 독자들은 책읽기를 멈추거나, 미로와 맞닥뜨릴 수도 있다. 하지만 지난 40년간 칸트 철학을 연구한 권오상 박사의 쉽고 친절한 우리말 번역은 〈음식 철학〉의 미로 속에서 아드리네의 실타래가 되어 줄 것으로 확신한다.

독일의 철학자 헤겔은 자신의 〈철학사 강의〉에서 유럽인들은 그리스라는 단어를 듣기만 해도 가슴이 벅차오른다고 말했다. 로마 군인들이 아테네를 함락하고 마침내 지중해 문화권을 주도해 나갈 때, 그리스 노예들이 로마인들에게 철학과 문학을 가르쳤다. 이들은 호모의 시에서부터 플라톤의 공화국, 아리스토텔레스의 시학 등을 로마의 귀족과 그 자녀들에게 가르쳤다. 키케로의 서신집도 아테네에 유학 중이던 아들에게 보낸 편지글이다. 돈을 좀 더 아껴 쓰고 늦잠 자는 버릇을 고쳐서 학문에 증진할 것을 권한 내용이다. 로마의 귀족 자제들은 이후 아테네를 직접 찾아가서 플라톤이 세웠던 아카데미아에서 심도 있는 학문을 했다.

유럽인, 그리스 단어만 들어도 가슴 벅차
Food Studies는 고유한 학문 영역의 새 개념

로마시대 그리스어가 라틴어와 같이 공식 언어가 된 후, 유럽은 생활 언어에서 라틴어 영향, 학문 분야에선 그리스어의 수혜를 받게 된다. 로마인들은 그리스어로 학문을 연구하기 시작하면서, 학문 분야를 지칭하는 라틴어 용어에 's'를 덧붙이기 시작했다. 로마인들이 그리스식 학문 용어의 용례를 답습한 해프닝이지만, 이런 전통은 영어권에서도 계속됐다. 경제학economics, 물리학Physics, 형이상학metaphysics, 윤리학ethics에 각각 's'자가 오늘날 떨어지지 않고 어미에 붙어 있다.

로마인에게서 시작된 그리스식 학문 용어의 혼동은 '음식'을 학문으로 다루고자 할 경우에도 동일하게 일어난다. 영어 food studies를 우리말로 옮기면 음식학으로 번역할 수 있는데, study의 복수 형태를 취하고 있는 studies는 우리말로 번역했을 때 복수의 의미가 전달되지 않는다. 고대 그리스어처럼 학문명을 뜻하는 여성명사의 's'를 지칭하지 않게 된다.

　영어권 학자들이 food와 studies를 연결 짓게 된 것은 음식food이라는 주제가 다양한 영역과 여러 학문에서 다루어지고 있는 구조적 복합성을 염두에 둔 까닭이다. 대학이라는 학문 연구기관이 주도적으로 음식food을 연구해야 한다는 취지를 반영한 것이다. 영어 단어 food studies에서 studies는 음식과 관련된 여러 인접 학문들을 지칭하는 복수개념에서 파생된 것이 아니라, 음식에 관한 연구가 오랜 학문적 전통을 지닌 물리학Physics, 형이상학metaphysics, 윤리학ethics과 같이 독자적이면서도 고유한 학문 영역으로 21세기에 인식되면서 새로 만들어진 개념이다.

　food studies에서 studies가 고유한 학문을 의미하는 것이 사실이지만, 음식이라는 주제는 사회과학, 인문학, 그리고 자연과학과 공학 모두를 아우르는 학제간의 Interdisciplinary 연구 영역 전반을 포괄하고 있다. 음식은 인류학의 중요한 연구 주제가 되고 사회학, 고고학, 영양학의 주제가 되기도 한다.

미국 퍼시픽 대학의 켄알베라Ken Albala 교수의 분류 방식을 보자. 음식이라는 연구 주제는 실로 다양한 학문과 연결된다. 음식과 인류학, 음식과 사회학, 음식과 커뮤니케이션, 영양 인류학Nutritional anthropology, 공공보건 영양Public health nutrition, 음식과 고고학, 음식과 저널리즘, 음식과 문화사, 음식과 요리의 역사, 음식과 문학, 음식과 언어학, 음식과 신학, 음식과 예술, 음식과 영화, 음식과 TV, 음식과 미국학, 음식과 민속학, 음식과 박물관, 음식과 법률, 음식과 젠더, 음식과 조리 방법 그리고 경영학, 음식과 대중문화, 음식과 정의 그리고 권리, 음식과 민족, 음식과 동물의 권리, 음식과 감각, 음식과 농경, 음식과 윤리학과 같은 다양한 관점에서 다루어 질 수 있다.

끝으로 영국 옥스퍼드대학원과 캐임브리지대학원에서는 음식을 철학적으로 사유하는 방법론을 익히기 위해서는 캐롤린 코스마이어 교수의 저작을 반드시 숙독해야 한다. 더욱이 1999년에 저술된 이 저작물을 필적할만한 책이 20년이 지나도록 나오지 않는 점을 보면, 저자의 학문적 성과와 철학적 통찰에 감탄할 뿐이다. 독자 여러분들도 읽어가면서 저자의 지적 통찰을 확인하게 되고, 음식 서가의 정중앙에 배치할만한 책으로 선정하게 될 것으로 예상한다.

대학의 음식 관련 학과나 대학원, 음식 독서모임 등 다양한 분들의 세미나 자료로 활용해도 손색이 없을 정도로 자료가 방대하다. 한국의 음식 담론에 큰 주제를 끌어올만 한 음식 철학서다. 지난 2년간 한글 번역을 맡아 꼼꼼하게 진행하고 집필할 정도로 문장을 낱낱이 다시 쓴 음식철학연구소 책임연구위원 권오상 박사님께 심심한 감사를 드린다.

김병철(음식철학연구소장)

김병철

헤겔 철학사를 중심으로 〈철학 없는 철학사와 철학사 없는 철학〉이라는 주제로 독일 뷔르츠부르크대학에서 공부했다. 독일 뷔르츠부르크 〈Evang. Studierendengemeinde〉에서 〈칸트철학〉을 강의했고, 일반인 대상의 〈논어 강좌〉를 담당했다. 현재 〈궁중음식연구원〉에서 중국문헌과 우리 고전 문헌을 바탕으로 〈미식학〉 강좌를 진행하고 있다. 다산에 관한 몇 편의 논문과 저서가 있다. 2015년에는 다산 정약용의 《대학공의大學公議》를 영문명 《Reading Great Learing from unbiased perspective》로 엮어 출판했다.

한국의 음식인문학 새 지평 열었다

고대철학, 맛의 쾌락성을 경계한다
근대철학, 맛의 표준이 존재한다

이 책의 논의들은 다음 네 가지 물음이 전제되어 있다. 첫째, 고대 서양철학의 감각 위계설이 정당한가 하는 것이다. 둘째, 근대 유럽 철학에서 전개된 감각의 논의가 정당한지에 대한 것이다. 셋째, 맛과 음식, 식사가 과연 철학적으로 규명될 수 있는지에 대한 것이다. 넷째, 맛과 음식, 식사의 상징 기능이 어떻게 예술로 표현될 수 있는지에 대한 것이다.

저자의 논의 내용을 좀 더 구체적으로 살펴보면 다음과 같다. 제1장 〈감각의 위계서열〉은 감각들이 어떻게 위계체계를 갖게 되었는지를 논의한다. 플라톤과 아리스토텔레스 시대부터 미각과 후각은 시각이나 청각보다 낮은 감각으로 취급되었다. 맛은 도덕성의 발달에서 피해야 할 대상이었으며, 아름다움의 대상으로도 인정받지 못했다. 반면에 시각과 청각은 인간에게 지식을 제공하는 고귀한 것이었다.

제2장 〈맛의 철학〉은 근대 유럽 철학에 나타난 맛 이론을 다룬다. 로크는 맛이 모양, 색깔 등과 같이 단순관념에 속한다고 보았다. 흄은 맛의 개별성과 상대성을 지적하면서도 "일반적으로 동의할 수 있는" 맛의 표준이 있다고 보았다. 칸트는 그의 미학에서 맛 판단의 보편성과 필연성이 가능함을 밝힌다. 헤겔의 미학에 따르면 후각과 미각의 본성은 그 대상의 손실이나 변형을 요구한다. 그것은 예술 작품의 영속성을 유지할 수가 없다.

제3장 〈맛의 과학〉은 맛의 감각이 실제로 어떻게 작용하는지에 대한 것이다. 혀의 조직과 맛의 화학적 성질에 대해 논의한다. 생리학자들에 의하면 맛의 감각은 빈약한 것이다. 맛의 수용체는 단맛, 신맛, 짠맛, 쓴맛의 네 가지 기본 맛이다. 이런 맛들이 어떻게 화학적으로 결합하여 여러 가지 풍미를 만들어 내는지 설명하고 있다.

제4장 〈맛의 의미와 의미 있는 맛〉은, 맛과 음식이 인지적인 것이라는 사실을 강조한다. 음식은 세련된 풍미를 넘어서까지 확장되는 상징 기능을 갖는다. 음식은 예술의 형식과 같이 미학적 상징체계를 갖는다. 현대의 데이비드 프랠, 엘리자베스 텔퍼, 로저 신너 등의 미학이론과 넬슨 굿맨의 예술 인식론 등이 그 근거가 된다.

제5장 〈시각화된 식욕〉은 시각 예술에서 음식의 상징성이 어떻게 표현되는지를 고찰한다. 음식의 모습과 색깔은 건축과 공예에서 장식용 무늬로 사용돼 왔다. 현대 미술에서 그런 감각적 속성들은 정물화의 주제와 형식들을 제공한다. 음식에 대한 예술적 표현은 일상의 삶을 비추는 거울과 같은 역할을 한다.

제6장 〈식사 이야기〉는 서사예술에서 맛, 음식, 식사의 상징성이 어떻게 표현되는지에 대한 고찰이다. 그것은 "미각적 의미론"이라는 명칭으로 소개되고 있다. 허먼 멜빌의 서사시 《모비 딕》, 이자크 디네센의 《바베트의 만찬》, 버지니아 울프의 소설 《등대로》 등에서 그런 상징성과 의미를 찾아볼 수 있다.

이 책에서 전개된 저자의 논의들은 철학적으로 상당한 깊이가 있다. 또한 철학과 미학, 인류학, 생리학, 예술 인식론, 시각 예술, 서사 예술 등에 이르기까지 그 연구의 폭이 매우 넓다. 역자는 이 책이 음식 철학과 음식 인문학 연구의 새로운 지평을 여는 기폭제가 될 수 있다고 생각한다.

우선 맛의 감각에 대한 철학과 미학의 심층적 탐구가 가능하다(1장과 2장). 예술 인식론은 음식을 인식론적으로 탐구하는 계기가 될 것이다. 의례와 음식의 관계는 형이상학적 탐구의 계기가 될 수 있다(4장). 시각예술과 서사예술은 음식 인문학으로 발전될 수 있는 잠재력이 있다(5장과 6장).

번역 글을 보다 잘 쓸 수 있게 방향을 제시해 주시고 오랫동안 기다려주신 헬스레터 출판사 황윤억 대표님과 이 책을 번역할 계기를 주고 어려울 때 힘이 되어준 김병철 소장(음식철학연구소)님께 감사드린다.

옆에서 늘 관심 있게 지켜봐주고 중요한 조언을 아끼지 않았던 아내에게 고마운 마음을 전한다.

권오상 박사

권오상(權五相)

권오상(權五相)은 칸트 철학의 근본 문제를 시간개념 중심으로 해석한 《칸트의 자아 동일성에 관한 연구》(1995)로 박사 학위를 받았다. 여성주의 철학에 대한 칸트적 해석을 통해 '양성평등의 현재와 미래적 전망' 등 논문을 몇 편 발표했다. 철학상담 분야의 인지치료 문제를 칸트적 관점에서 연구해 '칸트의 선험적 반성론과 철학 상담'(칸트 연구) 등 논문도 다수 발표했다. 저서는 《철학상담 방법론》(공저), 《현대사회와 직업윤리》(공저) 등이 있다. 현재 음식 철학연구소 책임연구위원이며, 강원대학교 학술연구교수로서 '맛의 철학적 의미'에 관한 연구를 진행하고 있다.

옮긴이의 글

음식철학

_맛의 의미, 페미니즘과 어떻게 연결될까

지은이 | Carolyn Korsmeyer
옮긴이 | 권오상
펴낸이 | 황윤억

초판 1쇄 인쇄 2020년 12월 8일
초판 1쇄 발행 2021년 1월 5일

기획 | 음식철학연구소(김병철 소장, 권오상 책임연구위원, 함인순 전문위원, 최일규 전문위원, 서하영 연구원)
주간 | 김순미
편집 | 황인재
디자인 | 엔드디자인
경영지원 | 박진주

인쇄, 제본 | (주)우리피앤에스
발행처 | 헬스레터 (주)에이치링크
출판 등록 | 2012년 9월 14일 제2015-225호
주소 | 서울시 서초구 남부순환로 333길 36 해원빌딩 4층
전화 | 02-6120-0258(편집), 02-6120-0259(마케팅), fax 02-6120-0257
한국전통발효아카데미 | cafe.naver.com/enzymeschool, www.ktfa.kr
전자우편 | gold4271@naver.com
ⓒ1999 by Carolyn Korsmeyer, phD

ISBN 979-11-970366-2-0 03160